Rudolf Seiß

Dynamik der geistlichen Entwicklung

Widmung:

Meiner lieben Frau und Gehilfin meines Lebens, Gisela Seiß.

Rudolf Seiß

Dynamik der geistlichen Entwicklung

Schritte und typische Verlaufsformen geistlichen Wachstums

Brunnen-Verlag · Basel und Gießen

ABCteam-Bücher erscheinen in folgenden Verlagen:

Aussaat Verlag Neukirchen-Vluyn
R. Brockhaus Verlag Wuppertal
Brunnen-Verlag Basel und Gießen
Christliches Verlagshaus Stuttgart
(und Evangelischer Missionsverlag)
Oncken Verlag Wuppertal und Kassel

Wo nicht anders angegeben, wurden die Bibelzitate der Lutherbibel 1985 entnommen.

Umschlag: Kirchhofer Editorials, Basel
Umschlagfotos: Ki-Archiv
Satz: Uhl + Massopust, Aalen
Druck: Ebner Ulm
Printed in Germany

ISBN 3-7655-1029-7

Inhalt

Vorwort

Geistliches Wachstum, das ist Heiligung, ohne die niemand Gott schauen wird. Und Heiligung, das ist der innere Weg: stark werden am inneren Menschen. Dieser Weg führt in erfahrbaren Schritten vom Vorhof in das Heiligtum und bis vor den Gnadenthron Gottes im Allerheiligsten.

Es sind innere Schritte vom Kind bis zum vollen Reifealter (Väter und Mütter in Christus). In diesem Buch wird versucht, diesen Weg im Kontext der biblischen Aussagen und der persönlichen Erfahrungen aufzuzeigen; so aufzuzeigen, daß sich jeder darin wiederzufinden vermag, der den ganzen Weg mit Jesus Christus gehen möchte.

Rudolf Seiß

Erster Teil

Allgemeine Gesetze und Bedingungen geistlichen Lebens

Kapitel 1

Das Neue mitten im Alten

Auf einer Tagung (1980) mit dem Thema «Geistliches Wachstum» wurde mir während des Vortrages deutlich, daß die Zeit meiner geistlichen Kindheit abgelaufen sei. Mein Vater im Himmel hatte mir eine lange Kindheitsperiode geschenkt mit Gaben, Wundern und Zeichen, mit vielen Überraschungen, mit allem, woran sich Kinder so richtig erfreuen und wodurch sie staunen lernen, was für einen wunderbaren Vater sie haben. So erleben wir ja auch in Zeiten der Erweckung Zeichen der Liebe und Wundertaten Gottes, die das Evangelium begleiten und Hinwendung und Begeisterung für seine Botschaft auslösen. Die Anbetung dieses allmächtigen Gottes kommt dann ganz von selbst aus der Mitte dieser Erweckung. Die Begeisterung darüber, was der Vater kann und wie groß und mächtig er ist, bestimmt auch das Leben eines im Vertrauen zu seinen Eltern aufwachsenden Kindes.

Ich erinnere mich noch gut an folgende Situation: Meine Tochter Ina war noch nicht ganz zwei Jahre alt, als ich sie auf dem Arm zu unserem Wohnhaus trug. Da entdeckte sie den Mond, der zum Greifen nahe über dem Dachfirst stand. Sie griff danach, mußte aber feststellen, daß ihr Arm zu kurz war. Da sagte sie: «Papa, Mond», zeigte nach dem Mond und schaute mich an in der Erwartung, daß der «große Papa» auch das fertigbringt. Das ist der Glaube und das Vertrauen eines Kindes zu seinem Vater.

Es ist verständlich, daß mit viel Liebe und Verwöhnung aufgewachsene Kinder es schwer haben, diesen Status des Kindseins innerlich zu verlassen. Wenn wir über die Zeit hinaus daran festhalten, werden wir «kindisch». Aber wir alle sollen ablegen, was kindisch ist, um im Vertrauen reif zu werden. Die

Reife besteht in der zunehmenden Unabhängigkeit von Zeichen und Wundern und von (be-)greifbaren Erweisen der Nähe Gottes. Auch ein Kleinkind löst sich von der Bindung an die sichtbare Anwesenheit der Mutter. So ist allen Entwicklungspsychologen das Spielchen von Kleinkindern bekannt, die sich hinter dem Türrahmen verstecken, dann wieder hervorgucken und «kuckuck» rufen, um dann wieder hinter dem Türrahmen zu verschwinden. In diesem Spiel verinnerlichen sie die Beobachtung und Erfahrung: Wenn ich die Mutter nicht mehr sehe, ist sie dennoch da, und ich kann sie immer erreichen. Das entspricht der geistlichen Wahrheit, die Jesus dem Thomas sagte, der seinen Glauben vom «Begreifen» abhängig machte: «Selig sind, die nicht sehen und doch glauben (vertrauen)!» (Joh. 20,29).

Die reife Liebe ist auf Gegenliebe nicht angewiesen. Sie ist unabhängig von Zeichen der Liebe, unabhängig von Gaben und Süßigkeiten. Jesus sagt: «... wenn ihr liebt, die euch lieben, was werdet ihr für Lohn haben? ... Tun nicht dasselbe auch die Heiden?» (Matth. 5,46.47). Ein Kind liebt, weil es geliebt wird. Es ist eine Rückstrahler-Liebe. Dies gilt auch für die Liebe zu Gott. Er hat uns zuerst geliebt, und wir lieben ihn, weil wir seine Liebe erfahren haben. Zur Prüfung unserer geistlichen Reife fragt er uns aber nach der Liebe, die auch dann bestehen bleibt, wenn wir in Zeiten der Dürre, der scheinbar unerhörten Gebete und des Leidens seine Liebe nicht spüren. Nach der Enttäuschung am Herrn, der nun gekreuzigt wurde, statt das Königreich Davids zu erneuern, und nach der Trauer über seine Verleugnung wird Petrus von Jesus gefragt: «Hast du mich (trotz allem) lieb?» (Joh. 21,17).

Jeder kennt auch das Bild unreifer Ehen, wo ein oder beide Partner sich durch gegenseitige Forderungen und Erwartungen überfordern; ihre Beziehung ist eine Rückstrahler-Liebe. Sie verwechseln das Erleben von Geliebtwerden mit Liebe und merken gar nicht ihre eigene Unfähigkeit/Unwilligkeit, unabhängig von einer Gegenliebe zu lieben.

Die reife Liebe ist unabhängig von der Zuwendung des anderen. Sie läßt sich nicht irritieren und hinterfragt nicht sofort die Beziehung («Was ist nicht in Ordnung?»), wenn diese belastet wird. Sie denkt auch nicht, daß da, wo Gottes Liebe ist, Leid nicht sein kann. Leid gehört zur reifen Liebe (siehe Hiob). Auch Jesus wurde nicht nur mit dem Heiligen Geist getauft, sondern auch mit dem Feuer des Leidens. Wir betonen heute viel zu sehr die Geistestaufe und vergessen, daß die Feuertaufe (= Leidenstaufe) dazugehört, ja auf die Geistestaufe folgen *muß*, wenn die geistliche Entwicklung zu ihrem Ziel kommen soll. Der Apostel Paulus bittet um die Erkenntnis der «Kraft seiner Auferstehung und die Gemeinschaft seiner Leiden» (Phil. 3,10). Die Kraft der Auferstehung kommt nach dem Sterben und nur zeichenhaft vorher.

Die Söhne der Frau des Zebedäus sollten nach der Bitte der Mutter mit Jesus auf dem Thron sitzen und mit ihm regieren. Jesus fragt die Mutter aber, ob ihre Söhne bereit seien, auch den Kelch zu trinken, den er trinken wird. Die hohe geistliche Qualität, die zum Regieren mit Jesus fähig macht, entsteht nur in der Überwindung von Leid (Matth. 20,20; Offb. 2,10).

Die kindlichen Erfahrungen eines Gotteskindes sind wunderbar und gehören zu seiner Entwicklung. Doch wenn der Mensch in der Nachfolge Jesu an ihnen kleben bleibt, kommt er nicht zu jener tiefen Liebe, die von Zeichen unabhängig ist. Die Zeichen begleiten die Botschaft vom Evangelium und haben nur Hinweisfunktionen (Mark. 16,17; 1. Kor. 14,22).

Die Zeichen, Wunder und Gaben hören deshalb nicht auf, wie einige Ausleger meinen; und schon gar nicht berechtigt ist die *Angst* vor Zeichen und Wundern, es könnte dabei der Teufel mitmischen. Auch ist die Beiseitestellung der Gnadengaben nicht Ausdruck einer Reife, die diese Phase überwunden hätte oder gar nicht erst brauchte. Im Gegenteil, das ist keine Reife, sondern Angst. Aber es steht geschrieben: «Furcht ist nicht in der Liebe» und «Die vollkommene Liebe treibt die Furcht aus» (1. Joh. 4,17.18).

Gott hat einen Plan und ein Ziel mit jedem seiner Kinder. Wir wollen sein wie die «Davoneilenden», weil wir wissen, daß wir nicht auf dem Berg der Verklärung bleiben können, sondern wieder hinabsteigen müssen in die Bewährung des Alltags: Liebe, unabhängig von besonderen Tagen und Zeichen, Liebe aus dem Eins-Sein mit Christus. Und das beinhaltet auch Liebe zu denen, die uns ablehnen. Ziel der Nachfolge und unseres geistlichen Wachstums ist nicht primär unser menschliches und geistliches Wohlergehen. Es geht vielmehr um Sein Reich. Jesus verkündigte nicht nur die frohe Botschaft unserer Erlösung, sondern auch das Evangelium vom Reich (Matth. 4,23). Nicht die eigene Vollmacht steht im Zielpunkt, also keine narzistische Nachfolge, sondern seine große Liebe und Herrlichkeit: sein Reich.

Es geht Gott nicht darum, daß wir gesund sind und Wunder erleben; es geht einzig und allein darum, daß wir etwas sind zum Lobpreis seiner Herrlichkeit (Eph. 1,4-14). Und deshalb heilt er, tut Wunder oder läßt uns auch in Leid und Krankheit, damit unser Vertrauen zu ihm wachse.

So offenbart sich in unserer geistlichen Entwicklung die Weisheit Gottes; seine Erziehung und Liebe: «So erkennst du ja in deinem Herzen, daß der Herr, dein Gott, dich erzogen hat, wie ein Mann seinen Sohn erzieht» (5. Mose 8,5). Deshalb ist der Blick auf die körperliche und seelische Entwicklung des Menschen immer wieder eine Hilfe, um die teilweise schwer zu konkretisierende geistliche Entwicklung erkennbar und erlebbar zu machen. Wenn Gott der Vater ist über alles, was Kinder heißt im Himmel und auf Erden (Eph. 3,14-21), dann gibt es da auch Vergleichbares zwischen psychosomatischer und geistlicher Entwicklung. In der seelisch-körperlichen Entwicklung gibt es mit der geistlichen Entwicklung vergleichbare Bedingungen und Strukturen. Deshalb kann der Apostel Paulus auch sagen, daß das Unsichtbare Gottes – das ist seine ewige Kraft und Gottheit seit Erschaffung der Welt – an den Werken der Schöpfung durch Nachdenken wahrgenommen wird (Röm. 1,19.20). Und die seelisch-körperliche Entwicklung ist ja auch das Werk seiner Hände. Also können wir auch im Sinne eines gleichnishaften Bezuges an Hand der seelischen Entwicklung

Begriffe und Kategorien gewinnen, die das geistliche Wachstum beschreiben.

So wie Mose das Zelt des Bundes (die Stiftshütte) nach dem Bild (= Vision), das ihm Gott gezeigt hatte, bauen mußte (2. Mose 26,30), so kann die körperlich-seelische Entwicklung die geistliche Entwicklung gleichnishaft transparent machen. Aber dies geschieht allein durch den Heiligen Geist; denn als die Menschen Jesus sahen, erfaßten nur die Jünger durch Offenbarung des Heiligen Geistes seine Herrlichkeit, die anderen sahen nur die Wunder und den großen Wundertäter. Sie kannten nur seinen Namen, ihn selbst aber erkannten sie nicht. Und er offenbarte sich ihnen nicht (Joh. 2,23.24).

Es ist nicht möglich, die geistliche Entwicklung zu psychologisieren, denn Geistliches muß geistlich beurteilt werden. Aber es ist angebracht, die uns allen bewußte seelische Entwicklung als Raster zu benutzen, das uns sensibel macht für unsere geistliche Entwicklung. Wie im Seelischen gibt es auch im Geistlichen eine gesunde und eine kranke Entwicklung.

Beiden Entwicklungsprozessen ist gemeinsam, daß ihre Dynamik einen finalen Charakter hat, d. h. sie erhält ihren zentralen Impuls durch die Kraft der Hoffnung, die sich auf ein Ziel richtet. In beiden Prozessen verläuft die Entwicklung in Abschnitten: von der Zeugung zur Geburt, über die Kindheit und Jugend zum Erwachsenenalter – von der Unmündigkeit zur Mündigkeit (Eph. 4,14; 1. Joh. 2,12-14). Es gibt altkluge, unechte frühreife Entwicklungen im Seelischen und auch im Geistlichen (Phil. 3,16; 2. Petr. 1,5-7), und es gibt Entwicklungsverzögerungen (Hebr. 5,12).

Es ist eine alte Weisheit, daß sich der Mensch final erlebt. Er lebt nicht nur so dahin; er weiß, daß er seinen Weg geht, aber er kann diesen Weg nur in den Begrenzungen von Geburt und Sterben erfassen. Darüber hinaus weiß er nicht, woher er kommt und wohin er geht.

Die Frage nach diesem Weg des Menschen ist die Summe aller Philosophie. Weil die Philosophen, wenn sie Gott nicht durch Jesus Christus persönlich kennen, auch das eine absolute und zentrale Ziel unserer Entwicklung nicht kennen, sehen sie in der Begrenztheit ihres Denkens viele Ziele und kommen zu der irrigen Auffassung, daß «viele Wege nach Rom führen» und daß in der Frage nach den letzten Dingen etwas Bestimmtes nicht gesagt werden könne.

Toleranz wird so zur Tugend derer, die verlorengehen, weil sie nicht anerkennen wollen, daß es nur *einen* Weg gibt zu Gott: den Weg durch Jesus Christus. Sie extrapolieren das Relative und verführen zum Götzendienst, indem sie lehren, ein jeder werde nach seiner Fasson selig.

Das Tier kennt instinktiv seinen schöpfungsgemäßen Weg und geht ihn mit innerer, angeborener Sicherheit: «Der Storch unter dem Himmel weiß seine Zeit, Turteltaube, Kranich und Schwalbe halten die Zeit ein, in der sie wiederkommen sollen; aber mein Volk will das Recht des Herrn nicht wissen» (Jer. 8,7). Im Unterschied zum Tier reflektiert der Mensch über seinen Weg, den er gehen muß; und er kann ihn deshalb nur vom Ziel her erkennen und gehen. Wenn er das Ziel nicht kennt, definiert er den Weg selbst als Ziel (= Buddhismus). Niemals aber ergibt sich ein Ziel aus dem (zufälligen) Handeln; das wäre ein Leben in «Versuch und Irrtum». Vielmehr ergibt sich das Handeln vom Ziel her. Unser Weg ist so, wie unser Ziel ist.

Der natürliche Mensch steht unter dem Ziel von Sterben und Gericht: «Denn der Sünde Sold ist der Tod; die Gabe Gottes aber ist das ewige Leben in Christus Jesus, unserm Herrn» (Röm. 6,23). Und der Weg dazu ist der Weg seiner Gebote: «Es ist dir gesagt, Mensch, was gut ist und was der Herr von dir fordert, nämlich Gottes Wort halten und Liebe üben und demütig sein vor deinem Gott» (Micha 6,8). Im Gericht nach unserem letzten Atemzug wird offenbar werden, ob wir des Todes gestorben sind oder ob wir (ewig) leben, obgleich wir sterben (1. Mose 2,17; Hebr. 9,27).

Beim Menschen ergibt sich deshalb das konkrete Handeln aus dem Ziel. Ein Mensch braucht ein/sein Ziel, wenn er seinen Weg finden soll, sonst verliert er die Orientierung und gerät in

Angst. Sichtbare Ziele erfassen wir mit dem Denken, sie betreffen den Außenraum unserer Existenz. Je kurzlebiger und relativer diese Ziele sind, um so unsicherer sind die Wege und um so stärker die reizabhängige Außenleitung. Der innere Mensch braucht ein Ziel, sonst verliert er seine Identität. Das innere Ziel wird und ist uns nur gegeben durch das geistliche Umfeld (Reich der vergänglichen Welt oder Reich Gottes).

Für die Erkenntnis der inneren Ordnung ist der Intellekt als Instrument der Außenorientierung ungeeignet. Der Mensch bedarf zur Erkenntnis der inneren Ordnung der Dimension der Offenbarung. Er muß diese Dimension grundsätzlich anerkennen, wenn er sich auf dem Weg nach innen nicht verlieren will in Phantasie und Spekulation. Phantasie und Spekulation sind eine vom Außenbewußtsein abhängige Innerlichkeit. Der natürliche Mensch, der nichts vernehmen kann vom Reiche Gottes, erfährt seine Innerlichkeit (Phantasie und Traum) in Abhängigkeit von der vergänglichen Außenwelt und auf diese bezogen. Die Phantasie, das wird an der Märchenphase deutlich, ist die Erstellung einer inneren, von der Realität nicht bedrängten Ordnung zur Vorbereitung einer Einordnung der realen Außenwelt-Erfahrungen. Die innere Erfahrung der geistlichen Dimension ist anderer Art und von erstgenannter grundsätzlich verschieden. Sie ist nicht einfach Rückzug in eine relativ abgeschottete Innenwelt verborgener Gedanken und Wünsche («Wie es drinnen aussieht, geht niemanden etwas an!»), sondern einer dem Außenaspekt über- und vorgeordnete, offenbarte personale Mitte.

Am Anfang war eben der Geist Gottes und nicht der Wasserstoff (im Gegensatz zur Behauptung von H. v. Dittfurth: «Am Anfang war der Wasserstoff.»). Wer diese geistliche Erfahrung des Auferstandenen nicht gemacht hat, wird die Bezeugung der Auferstehung, von der er gelegentlich hört, nicht anders als von außen sehen und beurteilen können; auf der Ebene von Phantasie und Märchen, eben symbolisch – tiefenpsychologisch: «Alle Religionen – auch die christliche – sind als kulturgeschichtlich bedingte Variationen eines archetypischen Materials zu betrachten. Der Schlüssel zu diesem Material ist der luzide (= hellsichtig-visionäre) Traum» (E. Drewermann 1991). Aber Jesus ist das Wort Gottes, das am Anfang der Schöpfung war; und dieses Eine Wort ward Fleisch: Gott offenbarte sich und offenbart sich heute und weiter. Und die, die es durch seinen Geist erfassen, wissen es mit innerer Gewißheit, daß dies eben keine Phantasterei ist.

Wer sich dem Wirken des Heiligen Geistes aber nicht öffnet und stellt, dem bleiben die zentralen Aussagen der Bibel unverständlich, dem Verstand eine Torheit (1. Kor. 1,23). Und sie nehmen das Wort, verdrehen es, deuten es je nach Zeitgeist historisch-kritisch (Bultmann) oder tiefenpsychologisch (E. Drewermann). Das ist der Weg der falschen Lehrer und falschen Propheten (2. Petr. 3,15.16).

Unter Berufung auf Kant gibt Riedl («Evolutionäre Erkenntnistheorie») an, woher solche «Begriffe über Gott» kommen: «Das spekulative Interesse der Vernunft drängt uns, alle Anordnungen in der Welt so anzusehen, als ob sie aus der Absicht einer allerhöchsten Vernunft entsprossen seien» (Riedl, 1979, S. 173). Wie wahr ist doch das Wort Gottes!

Die geistliche Dimension muß uns offenbart werden. Ohne die vergebende Liebe Jesu führt der Weg nach innen in eine Sackgasse.

«Gott ... hat einen hellen Schein in unsere Herzen gegeben» (2. Kor. 4,6). Sein Licht scheint in unsere Finsternis (Joh. 1,5). Und in diesem seinem «Lichte sehen wir das Licht» (Gottes) (Ps. 36,10) und können es unterscheiden von den Irrlichtern dieser vergänglichen Welt (2. Kor. 11,14; Kol. 2,8; 1. Tim. 4,1).

Diese Innenseite hat in Jesus Christus äußere Gestalt gewonnen: «Wahrlich, wahrlich, ich sage dir: Wir reden, was wir wissen, und bezeugen, was wir gesehen haben; ihr aber nehmt unser Zeugnis nicht an. Glaubt ihr nicht, wenn ich euch von irdischen Dingen sage, wie werdet ihr glauben, wenn ich euch von himmlischen Dingen sage? Und niemand ist gen Himmel aufgefahren außer dem, der vom Himmel herabgekommen ist, nämlich der Menschensohn» (Jesu Selbstzeugnis nach Joh. 3,11-13).

Als sicheren Führer (Hirten) auf diesem Weg brauchen wir den Einen, der alle Himmel, alle Höhen und die Tiefen der Finsternis durchschritten hat und den Menschen von innen kennt. Wer den Außenaspekt wissenschaftlicher Herangehensweise verabsolutiert, kann den darwinistischen Ansatz schwer relativieren und versucht alles, auch die Eigengesetzlichkeit der inneren Evolution, von außen zu sehen und von der Zweckmäßigkeit her zu begründen. Oder er wendet sich von der wissenschaftlichen Herangehensweise ganz ab und überläßt sich irrationalen Erfahrungen und Verführungen (Geheim-«Wissenschaften»).

Im Unterschied zu allen esoterisch-spiritistischen Geheimlehren wurde das Geheimnis der Innerlichkeit Gottes öffentlich ausgesagt. Es läßt sich durch das Zeugnis in Wort und Leben mitteilen: Jesus hat «frei und öffentlich geredet» (Joh. 18,20) und das Geheimnis Gottes offenbart: Das Ewige Wort wurde Fleisch, das Unbegreifliche begreifbar (Apg. 10,41). «Und wir sahen seine Herrlichkeit» (Joh. 1,14).

Höherentwicklung ist nach Gottes Absicht Entwicklung zur inneren Freiheit der Liebe und nicht Kampf um das nackte Überleben. Durch die Abwendung von Gott (1. Mose 3 und Röm. 8,20) geriet die Schöpfung unter den Selektionsdruck der Macht (= Außenaspekt), wie es von Darwin erkannt wurde. Auf welche Weise auch immer Gott Schöpfung werden ließ, in welchen Zeiträumen, ist für unsere Nachfolge und unser Heil nicht entscheidend. Aber wir können sehen, daß der von Gott vorgezeichnete Weg zur Freiheit in der Gesamtheit der Schöpfung und auch im persönlichen Einzelfall eine abrupte Einschränkung erfahren hat durch den Einbruch der Finsternis, als Satan die ganze Kreatur wider ihren Willen gefesselt hat im Tode, so daß sie bis heute darunter seufzt (Röm. 8,19-22).

Diese Entwicklung gilt auch, und im besonderen Maße, für die Innenseite der Schöpfung: Die Freiheit des von Gott geschaffenen Menschen wurde von der Angst (vor dem Tode) gefesselt (Hebr. 2,14.15). Die folgende Abbildung involviert weder die evolutionistische noch die kreationistische Auffassung. Sie macht nur deutlich, daß es eine schöpfungsgemäße Entwicklung zur inneren und auch äußeren Freiheit gibt. Gott hat durch seinen Sohn Jesus Christus den blockierten Weg wieder freigemacht. Wir sind zur Freiheit berufen; innerlich und äußerlich (Gal. 5,13; 2. Kor. 3,17).

Es ist die Außenorientierung, die uns blind macht für die innere Wirklichkeit. Dieses Sich-Verlassen auf das Sichtbare ist wie der Vorhang vor dem Heiligtum; es trennt uns vom Heiligen, von der Wahrheit. Als Jesus am Kreuz starb, zerriß der Vorhang, und der Weg nach innen, in das Licht Gottes, wurde frei. Es geht nicht darum, die Sichtbarkeit – unsere Bedürfnisse – zu leugnen oder abzutöten, sondern wir können und sollen mitten durch sie hindurchgehen in der Kraft und im Namen dessen, der diesen Weg freigemacht hat. Dann erhalten wir den Durchblick «in das vollkommene Gesetz der Freiheit» (Jak. 1,25).

Geistliches Wachstum ist die Wiederherstellung der Beziehung zwischen Gott außer uns und unserem Innersten unter Durchbrechung der Außenorientierung unserer Existenz (= Innenleitung durch den Heiligen Geist).

Wir beobachten im Handeln Jesu vier konkrete Schritte auf dem Weg zur Innenleitung (= Leitung durch den Geist Gottes):

1. Herausforderung durch die Sichtbarkeit, d.h. von bestimmten Situationen und/oder Menschen («Sie haben keinen Wein mehr» Joh. 2,3).
2. Distanzierung von dieser Herausforderung («Was geht's dich an, Frau?») und Abwendung von einer möglichen Außenleitung.
3. Wendung nach innen, d.h. Wendung zu Gott, dem Vater («Was er den Vater tun sieht ..., das tut gleicherweise auch der Sohn» Joh. 5,19).
4. Wiederhinwendung zur Außensituation, um unter der

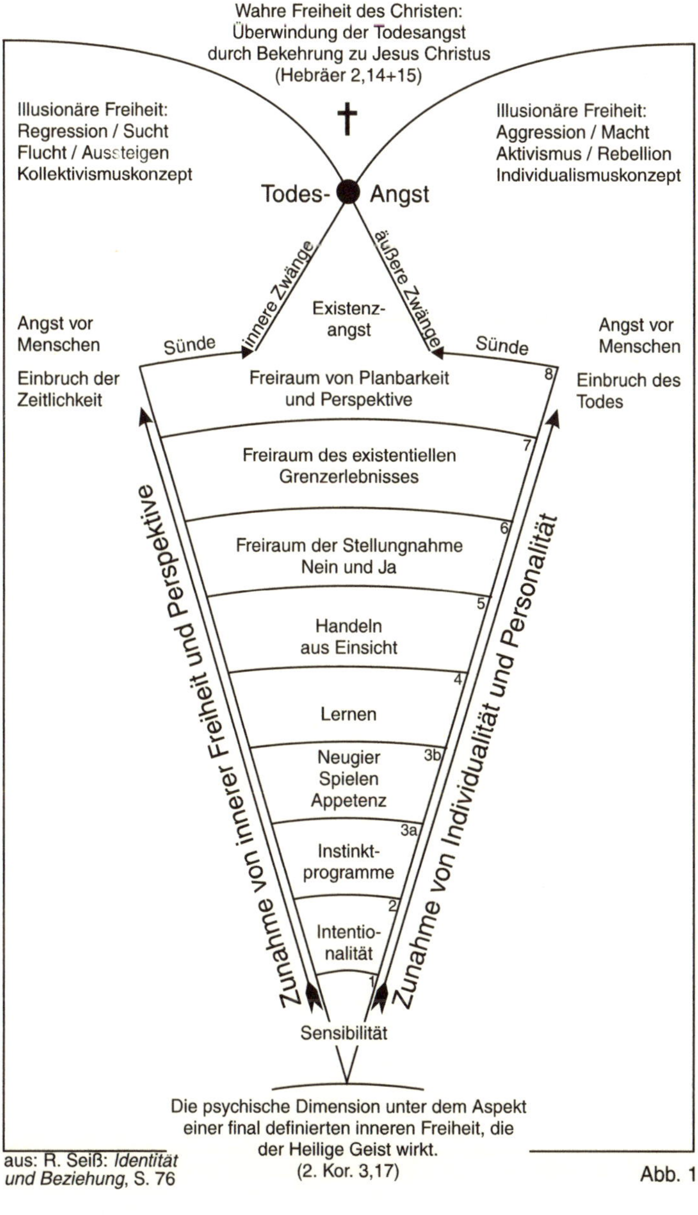

aus: R. Seiß: *Identität und Beziehung*, S. 76

Abb. 1

Leitung des Geistes Gottes (Innenleitung) in der Situation Gott zu verherrlichen, Gottes Willen zu tun («Füllt die Wasserkrüge ...» Joh. 2,7).

Der Weg nach innen hat das Ziel eines Lebens von innen nach außen. Der Weg nach innen ist kein Selbstzweck. Dieser Weg muß notwendig über Grenzen führen, an denen jeweils die Frage nach der Legitimation und Kraft der Innenleitung beantwortet werden muß. Entweder macht sich der Mensch selbst zu Gott, ist sich selbst Maßstab, indem er seine eigene Natur (sein Gefühl) als letzte Basis seines «guten und rechten» Handelns postuliert. («Ihr werdet sein wie Gott!» – das ist der Ansatz der humanistischen Psychologie. In das Metaphysische gewendet, endet dieser Weg in der Vergötzung der Natur und in pantheistischen Vorstellungen.) Oder der Mensch bekennt sich zu der Grenze, daß er sich selbst nicht Inhalt und Ziel sein kann. Aber auch durch die «Auflösung des Selbstes» vermag er das Problem nicht zu lösen (= buddhistischer Weg). So mag es dann geschehen, daß er offen wird für den Weg des Evangeliums: «Ich lebe, doch nun nicht ich, sondern Christus lebt in mir. Denn was ich jetzt lebe im Fleisch, das lebe ich im Glauben an den Sohn Gottes, der mich geliebt hat und sich selbst für mich dahingegeben» (Galater 2,20). Die geistliche Entwicklung ist der Weg nach innen, der Weg in «die innere Burg» (Teresa von Avila, 1979). Und dieser Weg ist identisch mit der Person des Erlösers, der da sagt: «Ich bin der Weg» (Joh. 14,6). Alle anderen Wege über die Außengrenze hinweg sind Wege des Todes (Jes. 28,15).

Ohne Jesus Christus gehen wir in die Irre, bleiben stehen in Sackgassen der Unorientiertheit, in den Eitelkeiten philosophischer Reflexionen und in den ideologischen Utopien (Kol. 2,8). Geistliches Wachstum ist eine einzige Sterbehilfe, die den Menschen zu Gottes Zeit «heimgehen läßt». Welche Freiheit, welche Größe seiner Liebe! Ohne die Überwindung des Todes durch Jesus Christus gibt es keinen positiven Weg nach innen.

Der Mensch soll etwas sein zum Lobpreis der Herrlichkeit Gottes. Kein Mensch kann sich dieses Ziel selbst nehmen. Es muß ihm gegeben werden vom Vater im Himmel. So formulierte es Johannes der Täufer, als er seinen Weg vom Ziel her bedachte: «Er muß wachsen, ich aber muß abnehmen» (Joh. 3,30). Dieser Lobpreis ist unsere Bestimmung, und das heißt, als Herausgerufene (Berufene) Gottes Weisheit und Liebe zu verkündigen vor der ganzen sichtbaren und unsichtbaren Welt. Nach 1. Kor. 4,9 sind wir ein Schauspiel vor der sichtbaren und unsichtbaren Welt. Es geht also nicht um Selbstverwirklichung, Selbstvergötzung und Selbstverherrlichung, sondern darum, Licht und Salz der Erde zu sein, d.h. Hinweis darauf, daß Gott uns geschaffen hat zu einer Antwort, zu einer Orientierung in dieser dunklen Zeit. Dieses Ziel gibt uns die richtige Perspektive für Zeit und Ewigkeit.

«Diesen Weg, Herr, laß uns gehen,
dieser Weg, Herr, führt zum Vater nach Haus,
diesen Weg, Herr, hilf uns selber bestehen,
geh uns voran, Herr, treib die Feigheit uns aus»
(ein Lied von einer Tagung mit Roland Brown).

Roland Brown (1897 – 1986) war Pastor einer Baptistengemeinde in Chicago und verkündigte weltweit die «lebendige Macht des Gebets».

Dieses Ziel bestimmt also den Weg unserer inneren Entwicklung und beinhaltet unsere äußere Führung. Gott hat seinen Plan mit uns. Nachfolge ist ständige Entscheidung im Sinne einer persönlichen, freien Einwilligung in diesen Plan Gottes. Sünde ist ein Verlassen dieses Planes durch trotzige Eigenwilligkeit.

Jesus Christus hat uns zuerst geliebt. Das ist unverdiente Gnade. Es sind seine Augen, die uns sahen, als wir noch nicht gebildet waren (Ps. 139,13.16; Jer. 1,5; Eph. 1,4). Sein Wille hat uns gezeugt (1. Petr. 1,23; Jak. 1,18), damit wir als sein

Volk seinen Ruhm verkündigen (Jes. 43,21). Wenn dann das Heil der Stunde gekommen ist (Kairos), dann erreicht der Heilige Geist durch ein Wort Gottes das Herz des Menschen.

Vor vier Jahren hatte ich mit einem Ingenieur in verantwortlicher Position wiederholt Gespräche über Jesus. Aber die Türen waren noch zu. Er sei ein Realist, war seine freundliche Antwort. Dieser Mann wurde pensioniert, und unsere Kontakte hörten auf. Jetzt, nach Jahren, rief er plötzlich an und teilte mir mit, daß seine Frau vor zwei Monaten gestorben sei; er möchte mit mir einmal sprechen. Seine Stunde war gekommen, sein Herz war offen für das Evangelium.

Ähnlich ging es mir mit einer ehemaligen Studentin. Wir hatten am Anfang ihres Studiums ein Gespräch, aber ihre Hinwendung zu Gott war nur halbherzig. Ich hatte sie noch über Jahre in meiner Fürbitte, bis ich sie schließlich Gott anbefahl und von meiner Gebetsliste strich. Wenige Tage später tauchte sie plötzlich nach einem Uni-Vortrag auf. Ich hatte sie fast nicht erkannt. Sie weinte, und ich gab ihr einen Gesprächstermin. Nach Jahren übergab sie nun ihr Leben Jesus. Ihre Stunde war gekommen.

Fürwahr, unsere Zeit steht in seinen Händen. Gott gibt zu seiner Zeit sein Wort in unser Herz und wartet auf unsere Zustimmung. Das Wort geht also nicht vom Kopf in das Herz, um so verwirklicht zu werden, wie viele (auch Christen) meinen. Denn das wäre Humanismus und Werkgerechtigkeit. Nein, Gott redet zum Herzen (Matth. 13,19). Und der Mensch kann dieses Wort annehmen oder ablehnen, sich vom Licht abwenden oder ihm zuwenden. Wenn die innere Zeit noch nicht gekommen ist, versteht der Mensch nicht, was in sein Herz gesät wurde. Der Böse nimmt es wieder weg. Die Einwilligung in die Ansprache und damit in den Anspruch Gottes muß stattfinden. Erst nach dieser Annahme/Aufnahme des Wortes findet durch Gottes Geist und Willen die Zeugung statt. Nun wirkt die Macht Gottes, so daß ein Kind Gottes heranwächst (Joh. 1,12.13). «Ich spreche hier nicht von den göttlichen Wahrheiten, die ich mich hüten würde, unter die

Kunst zu überzeugen, fallen zu lassen, denn sie sind unendlich über der Natur: Gott allein kann sie in die Seele legen und auf die Weise, die ihm gefällt. Ich weiß, er hat gewollt, daß sie vom Herzen in den Geist gelangen und nicht vom Geist in das Herz, um jenes hochmütige Vermögen der Vernunft zu demütigen, die den Anspruch erhebt, über die Dinge, welche der Wille wählt, Richter sein zu müssen, und um diesen siechen Willen zu heilen, der sich durch seine schmutzigen Neigungen ganz verdorben hat. Und daher kommt es, daß man sagt, wenn man von den menschlichen Dingen redet, man müsse sie erkennen, bevor man sie liebe, was ins Sprichwort übergegangen ist; die Heiligen dagegen sagen, wenn sie von den göttlichen Dingen sprechen, man müsse sie lieben, um sie zu erkennen, und daß man durch die Liebe in die Wahrheit eintrete, woraus sie einen ihrer nützlichsten Denksprüche gemacht haben» (Blaise Pascal: Von der Kunst zu überzeugen, Basel 1974, S. 76).

Hunger nach dem Wort ist zunächst Hunger nach Milch und später Hunger nach fester Speise. Die Gemeinschaft mit Jesu Leiden, das ist die «feste Speise»: Erfüllung und Bestimmung des neuen Lebens und Voraussetzung zu seiner Vollendung in der ewigen Herrlichkeit. «Wer zum Dienste Gottes hinzutritt, der wisse, daß er zur Kelter gekommen ist. Er wird bedrängt, zerstampft, niedergetreten, aber nicht, um in dieser Welt zugrunde zu gehen, sondern um hinüberzufließen in die Weinkammern unseres Gottes» (Augustinus).

Es geht im geistlichen Wachstum nicht um eine (moralische) Verbesserung der alten Natur (= Humanismus), sondern um ein Teilhaftigwerden an der Göttlichen Natur (2. Petr. 1,4). Es geht nicht um eine äußere, «machbare» Frömmigkeit (= Werkgerechtigkeit), sondern um eine totale, innerste Neuwerdung durch den Geist (2. Kor. 4,6; 5,17): Organismus, nicht Organisation. Ein Organismus lebt, die Organisation funktioniert nach Buchstaben und Paragraphen. Ein Organismus ist nie ohne Sinn, eine Organisation kann ihren Zweck und ihr Ziel verlieren; damit wird sie sinnlos, bis ihr, von wem auch immer, ein neuer Zweck gegeben wird. Das gilt im Kleinen wie im Großen (Weltorganisation).

Jesus gebraucht oft das Bild vom Leib und seinen Gliedern, das Bild vom Weinstock und seinen Reben. Wir sind sein Leib, d. h. wir sind nie ohne Ziel und Sinn. Wir haben in uns sein ewiges Leben. Das wird in einer Abendmahlsliturgie der Jesus-Bruderschaft in Gnadenthal eindringlich formuliert: «Lieber himmlischer Vater, wie dieses Brot und dieser Wein, aus vielen Körnern und Trauben von den Feldern und Bergen gesammelt, eins wurden, so wirst du deine Gemeinde von den Enden der Erde zusammenbringen zu einem Reich» (= zu einem Leib).

Dieser Leib geht seiner Vollendung entgegen, «erbaut auf den Grund der Apostel und Propheten, da Jesus Christus der Eckstein ist, auf welchem der ganze Bau ineinandergefügt wächst zu einem heiligen Tempel in dem Herrn. Durch ihn werdet auch ihr miterbaut zu einer Wohnung Gottes im Geist» (Eph. 2,20-22). Hier gelangt zur Vollendung, was mit der Zeugung durch den Willen Gottes seinen Anfang nahm in jedem Einzelnen, vom Haupt bis zum letzten Glied.

Dieses Ziel ist in jedem Glied wirksam. Und jedes Glied am Leib hat demgemäß seine Spezifizierung erfahren und ausdifferenziert, eine Ausdifferenzierung, die schon in der geistlichen Zeugung (Herausrufung) grundgelegt wird (vergleichbar dem Prinzip der «Individuation»), (E. Blechschmidt, 1982).

Bei den Studien über die Physiologie der Zellen wurde mir deutlich, daß der Vergleich der Gemeinde mit einem Leib und seinen Gliedern viel tiefer geht und mehr ist als nur ein schönes Bild von Zusammengehörigkeit. Der ganze Leib wächst in dem Maße, wie seine Zellen wachsen. Und die Zellen erhalten ihre Bestimmung vom Leib in dem Maße, wie sie am System wechselseitiger Regulation beteiligt sind. Der amerikanische Zellphysiologe Hayflick hat jahrzehntelang die Entwicklung von Zellen erforscht. Er konnte beobachten, daß Zellen, die aus dem Organismus entfernt sind, in Nährlösung gelegt, sich weiter teilen können, bis sie an eine Grenze kommen, an der die Teilungen aufhören. Sie sterben dann. Für menschliche Zellen sind das etwa fünfzig Teilungen.

Wenn es zutrifft, wie man annimmt, daß die im lebenden Organismus vorhandenen Einzelzellen sich beim Menschen alle zwei Jahre durch Teilung erneuern, dann ergibt sich daraus eine Lebensspanne von ca. hundert bis hundertzwanzig Jahren. Das ist auch die Angabe, die wir im 1. Buch Mose lesen, als Gott das Lebensalter der Menschen, die gottlos geworden waren, auf hundertundzwanzig Jahre begrenzte (1. Mose 6,3). Wichtiger aber noch und auch interessanter als die Erkenntnis dieser «Hayflick-Grenze» sind die Beobachtungen über die Veränderungen, die an den isolierten, ausdifferenzierten Zellen geschehen, wenn sie sich außerhalb ihrer Einbindung in den ganzen Organismus in Nährlösung teilen und sich der Grenze ihrer Sterblichkeit nähern: sie werden immer gleichförmiger.

Die Hayflick-Grenze selbst ist für jede Spezies eine andere, «aber alle Zellen, gleich aus welchem Organismus sie stammen, erleiden dasselbe Schicksal, wenn sie sich isoliert vom Ganzen diesem Endpunkt nähern: sie scheinen das Gedächtnis zu verlieren. Nach einer entsprechend langen Kulturperiode sehen alle Zellen, ungeachtet ihrer Herkunft, gleich aus. Höchst verschiedene Einheiten, beispielsweise aus den Speicheldrüsen von Fruchtfliegen, aus den Eierstöcken von Schafen, aus dem Innenohr von Mäusen oder aus den Blütenblättern von einer Blume gleiten ab in die Anonymität. Sie entwickeln sich zu amorphen, schuppenartigen Zellen ohne besondere eigene Form und ohne Hinweis auf ihre Herkunft oder Bestimmung. Sie werden zu dahinvegetierenden Idioten. Diese anonymen, isolierten Zellen tragen noch ihre genetischen Blaupausen in sich, sie ernähren sich und wachsen, ihr Zytoplasma pulst und brodelt, und sie teilen sich programmgemäß, aber sie sind zu sich selbst kopierenden Automaten geworden ohne besonderen Plan. Sie haben ihre Identität und ihren Zweck verloren» (L. Watson, 1980, S. 36).

Wenn man solche isolierten Zellen wieder zurückverpflanzt in den Organismus, dann werden sie nur bis zu einem bestimmten Zeitpunkt wieder angenommen; jenseits dieses Zeitpunktes werden sie abgestoßen.

Bringt man isolierte menschliche Zellen aus ihrer Nährlösung heraus und legt sie in eine Nährlösung, die Pferdeserum enthält, so werden sie zu pferdeähnlichen Zellen und entwickeln sich stürmisch in diese neue Richtung.

Wenn wir das alles bedenken, verstehen wir etwas davon, daß der von Gott losgelöste Mensch einer solchen isolierten Zelle gleicht. Er weiß nicht mehr, woher er kommt und wohin er geht, wozu er gehört. Er kennt seine Bestimmung nicht mehr, lebt isoliert, anonym – alle tragen Jeans und wollen anonym beerdigt werden. Sie sind zu sich selbst kopierenden Automaten geworden und nennen das dann Selbstverwirklichung. Oder der von Gott losgelöste Mensch gerät unter den Einfluß eines neuen «Serums» und entwickelt sich stürmisch in diese Richtung; er übernimmt eine neue, fremde Identität, identifiziert sich mit einer bestimmten («progressiven») Ideologie, wird Marxist, Nihilist, Okkultist, nur nicht ein Mensch, geschaffen nach Gottes Bild. Die dazu nötigen Informationen erhält er nicht mehr und/oder kann sie nicht mehr richtig empfangen: Christus ist das Haupt der Gemeinde, sie ist sein Leib (Eph. 4,15).

Nun verstehen wir die Ermahnung «Bleibt in mir» (Joh. 15,4) nicht mehr moralisch, sondern existentiell. Wir können erkennen, daß es einen Abfall gibt, einen Zeitpunkt, wo Menschen nicht wieder zurückintegriert werden können in den eigenen, den einen Leib des Christus (Hebr. 6,4-6). Geistliches Wachstum erfolgt nur im Kontext geistlicher Gemeinschaft.

Unser menschlich-seelisches und auch unser geistliches Wachstum sind final, d. h. vom Ziel her definiert. Und dieses Ziel sprengt unsere Vorstellungskraft (die Sichtbarkeit): «Euer Leben ist verborgen mit Christus in Gott» (Kol. 3,3). Das gilt für unser seelisches und vor allem für unser geistliches Leben. Wir sollen uns kein «Bildnis» machen (2. Mose 20,4).

Wir sind in unserem Dasein in den Plan Gottes eingebunden durch Einordnung und Zuordnung. Im Doppelgebot der Liebe manifestiert sich diese existentielle Verankerung: «Du sollst Gott lieben», das ist die große Einordnung (= vertikale Dimension), und «deinen Nächsten wie dich selbst», das ist die personale Zuordnung (= horizontale Dimension), (R. Seiß, Identität und Beziehung, 1986, S. 84).

Martin Buber übersetzt deshalb sehr viel treffender: «Du sollst deinen Nächsten lieben, *denn er ist so wie du.*» Dieses Doppelgebot läßt sich nicht auseinanderreißen und aus getrennten Positionen aufeinander projizieren, wie es beispielsweise die moderne Theologie tut, wenn sie Gott als ein Ereignis der Zwischenmenschlichkeit darzustellen versucht. Durch das Doppelgebot der Liebe ist jedes Glied (jede Zelle) mit jedem anderen verbunden zu einer Entwicklung auf Gott hin, zu einer «Wohnung Gottes im Geist». Im Schnittpunkt von vertikaler Einordnung und horizontaler Zuordnung verwirklicht sich unser Alltag in der jeweils subjektiven Entscheidung. In diesem Ich-Punkt wird die quantitative Zeit zum Kairos, wenn Gott durch den Heiligen Geist in unser Hier und Jetzt souverän eingreift und Existenz gestaltet nach seinem Plan (d. h. uns erzieht als ein guter Vater).

Jesus sagt, daß ein Reich nur dann bestehen kann, wenn nicht von inneren Widersprüchen zerrissen die Interdependenz belastet wird oder die Verbindung durch Uneinigkeit zerbricht (Matth. 12,25). Deshalb hören wir in seinen Abschiedsreden immer wieder, daß er von Gott das Einssein seiner Nachfolger und das Verbundensein mit ihm und dem Vater und dem Heiligen Geist erbittet (Joh. 17). Und deshalb muß auch alle Rivalität zwischen den Gliedern aufhören. Der Heilige Geist erträgt dieses fleischliche Verhalten nur bei «geistlichen Kindern». Der «erwachsene» Christ verhindert mit solch kindischem Verhalten sein bestimmungsgemäßes geistliches Wachstum zur vollen Reife (1. Kor. 3,1-4).

Der Apostel Paulus erinnert die Gemeinde in Korinth an die Tatsache, daß sie alle Glieder an einem Leib sind (1. Kor. 12,12-27).

Auch dieses Bild von dem einen Leib, wo sich alle Glieder im

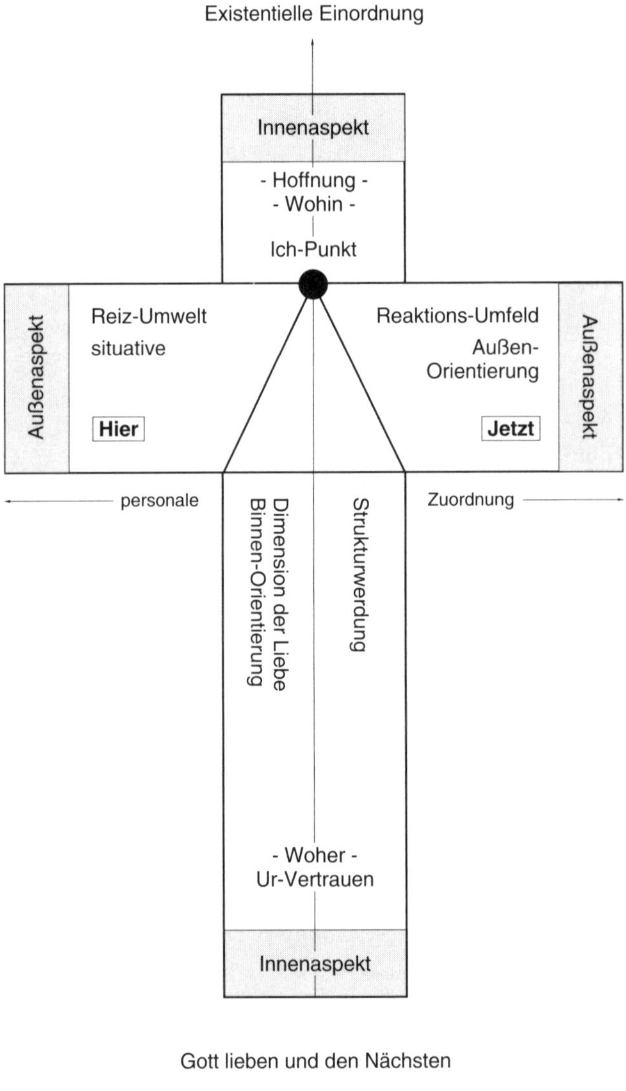
Existentielle Einordnung
Innenaspekt
- Hoffnung -
- Wohin -
Ich-Punkt
Außenaspekt
Reiz-Umwelt
situative
Hier
Reaktions-Umfeld
Außen-
Orientierung
Jetzt
Außenaspekt
personale
Zuordnung
Dimension der Liebe
Binnen-Orientierung
Strukturwerdung
- Woher -
Ur-Vertrauen
Innenaspekt
Gott lieben und den Nächsten

Abb. 2

Fürwahr, Jesus Christus trug unsere Schmerzen

Viele chemische Substanzen bilden, wenn sie aus Lösungen kristallisieren, Formen von mehr oder weniger kreuzartiger Struktur. Doch ist eine Flüssigkeit bekannt, deren Erstarrungsweise besonders deutliche und besonders viele große und kleine Kreuze hinterläßt. Es ist die Träne, das Schmerzsymbol.

Verband wissen und zusammengehalten werden von der Liebe, «die da ist das Band der Vollkommenheit» (Kol. 3,14), ist mehr als ein schönes Bild im Sinne einer landläufigen Auslegung dieses Textes. Gott, der uns geschaffen hat, weiß, daß wir existentiell auf diese Verbundenheit angewiesen sind. Und das nicht nur prinzipiell als Gegenstück zur Isolierung (siehe Hayflick-Grenze), sondern auch ganz individuell als Wechselbeziehung der einzelnen Glieder im Leib, d. h. der einzelnen Zellen im Organismus. Leben ist Bezogensein. Nicht das «Ich», sondern das «Ich und Du» ist der Baustein unserer Existenz (M. Buber).

In diesem Zusammenhang gibt es ein anderes interessantes Experiment, das Krebszellen und gesunde Zellen vergleicht (A. Popp, 1974). Zwischen gesunden Zellen besteht eine stärkere Resonanz als zwischen Krebszellen. Elektromagnetische Wechselwirkungen in Tumorzellen zeigen, daß sie bei Bestrahlung mit normalem Licht stärker nachleuchten als gesunde Zellen. Tumorzellen «saugen» das Licht förmlich auf und strahlen es nach außen wieder ab, wenn die Lichtquelle abgeschaltet ist, während gesunde Zellen bei Bestrahlung sofort in Wechselwirkung mit anderen gesunden Zellen treten, so daß das Licht mehr im System bleibt und nicht so stark abgestoßen wird. Das liegt an der stärkeren Kooperation der gesunden Zellen. Sie behalten sozusagen «das Licht in ihren Gefäßen». Tumorzellen empfangen das Licht, geben es aber nicht an die Nachbarzellen weiter: Sie «denken» nur an sich selbst. Es sind kranke Zellen, die den Leib verderben.

Die Strahlung zwischen den Zellen gibt die notwendigen Informationen weiter, ohne die eine Anpassung des Gesamtsystems nicht gelingen kann. Jede Entwicklung aber ist Anpassung an die allgmeinen und die individuellen Lebensbedingungen. Damit die Anpassung gelingt, müssen die Umweltbedingungen bestimmte Konstanten aufweisen. Ohne Konstanten kann die Abstimmung der Einheit von Subjekt und Objekt nicht gelingen. Im Tierreich ist das keine Schwierigkeit, denn das Tier kann seine Umwelt nicht verändern; all seine Reaktionen auf die Umwelt und die dadurch gegebenen Entwicklungen sind eben Ausdruck der Anpassung an eine prinzipiell nicht veränderbare Umwelt, die als Konstante wirksam ist. Die Anpassungen sind instinktiv geregelt (z. B. im Paarungsverhalten durch Revierabgrenzung und Nestbau). Der Mensch aber kann seine Umwelt verändern und aspektiv interpretieren. Die notwendigen Konstanten für die Entwicklung (= Anpassung) sind durch Tradition gegeben oder werden durch Programme gesetzt, sind aber wandelbar, relativ. Es gibt für den Menschen nur *eine* nicht veränderbare Bedingung seiner Existenz, *eine* Bedingung, die man zwar verdrängen, aber nicht weg-interpretieren kann: das ist die Konstante des Sterbens.

Die Entwicklung des Menschen hat deshalb auch immer zu tun mit der Anpassung an diese Konstante des Sterbens und dem im Sterben wirksamen Tod als Macht. Die werdensgeschichtliche Anpassung ist der zentrale Faktor der Identität. Wenn heute allgemein vom Identitätsstreß geredet wird, dann weist das darauf hin, daß die Menschen keine wirksamen Konstanten mehr haben, an denen und durch die sie sich angepaßt (= lebensfähig) entwickeln können. Eine Katze paßt sich an die Lebensgewohnheiten der Mäuse an (sie kann diese nicht ändern), kann dadurch überleben und gewinnt damit ihre Identität, wird zur typischen Katze. Ein Mensch, der sich an die Konstante von Tod und Sterben so anzupassen vermag, daß er angesichts des Todes überleben kann, der hat als Mensch seine volle Identität gefunden. Dazu ist nur ein Christ fähig, weil er den Einen kennt, der dem Tod die Macht und dem Sterben die Hoffnungslosigkeit genommen hat: Jesus Christus. *Er* versöhnt uns mit der absoluten Konstante: mit der Liebe Gottes. Und die Liebe Gottes ist stärker als der Tod.

Alle geistliche Entwicklung ist eine Erziehung zum Vertrauen in die Liebe Gottes, die es möglich macht, dem Tod zu widerstehen, so daß aus dem Sterben ein Heimgehen wird.

Ohne die Erlösung endet die seelische Entwicklung in der Sackgasse des Selbstbetruges. Sie findet ihre Erfüllung nicht; der Mensch bleibt letztlich ohne tiefe und echte Identität. Jede seelische Entwicklung ist deshalb durch diese Unerfülltheit gekennzeichnet. Die menschliche Liebe ist zutiefst belastet von der Grundtrennung der Menschen infolge der Sünde. Diese Distanz zueinander kann nur durch Vertrauen überbrückt werden. Das Maß und die Kraft dieses Vertrauens wird allerdings begrenzt von der Angst, zu kurz zu kommen.

Diese Begrenztheit kann nur überwunden werden von einer Liebe, die göttlichen Ursprungs ist und sein muß, weil der Mensch das Urmißtrauen – den Tod – nicht zu überwinden vermag. Die begrenzte seelische Entwicklung vollzieht sich deshalb im Spannungsfeld von Autonomie (rationalisiert als «Selbstverwirklichung») und Abhängigkeit (rationalisiert als kollektivistische Ideologie). Das ist der grundständige Existentialkonflikt: Wir sind unter der Macht der Vergänglichkeit und des Todes, lehnen uns dagegen auf und sind doch unbedingt abhängig davon. Wir entwickeln Mechanismen zur Bewältigung dieses Existentialkonfliktes, aber wir vermögen ihn nicht zu lösen, weil Todesangst und Mißtrauen sich nicht beseitigen lassen, weder durch Demonstrationen noch durch Absichtserklärungen. Unsere seelische Entwicklung ist der Versuch zu vertrauen, aber die Kräfte des Mißtrauens sind stärker (siehe: Seiß, 1989).

Der Mensch wehrt sich gegen diesen Grundkonflikt seiner Existenz, gegen das Getrenntsein/Alleinsein. Er bemüht sich um die Bewältigung dieser Ängste durch Stärkung der Autonomie mittels Besitz, Macht, Einfluß und Möglichkeiten; aber dadurch bindet er sich noch mehr an die Vergänglichkeit, und diese Bindung ist die Quelle neuer, sekundärer Verlust-Ängste. Angst und Mißtrauen lassen sich nicht durch Macht, Besitz oder Einfluß überwinden, sondern allein durch Liebe.

Geistliche Entwicklung ist keine organisierte Selbstverbesserung, sondern unterliegt der Ordnung eines (geistlichen) Wachstums, vergleichbar dem Wachstum einer Pflanze vom Samenkorn bis zur Frucht, vergleichbar einem Leib, der gezeugt wird, heranwächst, seiner Bestimmung gemäß lebt und stirbt. Nur ist der geistliche Same anderer Art. So wie der

Samen, so ist der Leib. Der Samen der Schlange (will heißen: Satans) führt zu einem spirituellen Leib der Verdammnis; der Samen des Heiligen Geistes führt zu einem Herrlichkeitsleib: Die einen werden auferstehen, um gerichtet zu werden, die anderen werden auferstehen als Begnadigte, schon zu Lebzeiten Gerichtete (das ist Vergebung der Sünde), um ihr Erbteil des ewigen Lebens zu empfangen.

Ohne die Erlösung durch Jesus Christus bleibt der Mensch an Tod und Vergänglichkeit gebunden. Doch wir sind berufen zur Freiheit von der Macht des Todes. Denn wir sind nach Gottes Bild geschaffen, und Gott ist nicht ein Gott der Toten, sondern der Lebenden, also derer, die hier und in Ewigkeit leben, das heißt: in seiner Nähe sind. Im Gleichnis Jesu heißt es von dem «verlorenen Sohn», daß er tot war. Als er aber bei seinem Vater Vergebung fand und wieder aufgenommen wurde, sei er wieder lebendig geworden. Der «verlorene Sohn» war ja nicht gestorben, und trotzdem war er tot. Daraus folgt, daß Totsein nicht dasselbe ist wie Gestorbensein. Totsein ist Getrenntsein, ist Fernsein von Gott. Im Sterben wird offenbar, ob einer des Todes stirbt und seine Gottlosigkeit manifest wird oder ob in seinem Sterben die Gottverbundenheit und das Bleiben in der Gottesnähe endgültig und unverrückbar deutlich wird. Für den letztgenannten Fall ist Sterben Gewinn, wie es der Apostel Paulus sagt (Phil. 1,21).

Diese Hoffnung und Gewißheit ewigen Lebens ist die Identität der Christen und die Mitte der geistlichen Entwicklung. Diese innere Freiheit überwindet die Spannung von Autonomie und Abhängigkeit im Hier und Jetzt, denn unser Leben als Nachfolger Jesu ist «verborgen mit Christus in Gott» (Kol. 3,3).

Das entscheidende Ziel der seelisch-geistlichen Entwicklung ist, daß wir davonbringen «der Seelen Seligkeit» (1. Petr. 1,9). Für diese erlösten Seelen wird der Herr einen neuen Leib haben, der zugleich eine Behausung Gottes im Geiste ist: der Auferstehungsleib. Er ist der Leib der Herrlichkeit mit einer lebendigen Seele (im Unterschied zu der toten = von Gott getrennten Seele) und mit einem lebendig machenden Geist.

Deshalb kann der Apostel Paulus auch schreiben: «Nun aber bleiben Glaube, Hoffnung, Liebe, diese drei» (1. Kor. 13,13). Wo noch eine Hoffnung ist, da bleibt auch noch etwas zu hoffen, da gibt es noch Veränderung, da gibt es Entwicklung und Dynamik. Die Entwicklung des geistlichen Menschen hat ein Ziel, das über das Sterben hinausführt: «Es wird gesät ein natürlicher Leib und wird auferstehen ein geistlicher Leib» (1. Kor. 15,44). «Wir haben hier», wie die Schrift sagt, «keine bleibende Stadt, sondern die zukünftige suchen wir» (Hebr. 13,14).

Die seelische Entwicklung weist über die körperliche Entwicklung hinaus, zumal unsere körperlich-materialistische Orientierung gar nicht wissen kann, was Bewußtsein, was Seele eigentlich bedeutet bzw. ist. Deshalb ist unsere seelische Entwicklung in einem direkteren Sinne als die körperliche ein Hinweis auf das Geheimnis Gottes und seinen Plan mit uns, weil wir in unserer seelischen Entwicklung die Finalität unseres Lebens unmittelbar spüren. Die Bindung der Seele an den Leib (= psychosomatische Kopplung) ist ein Artefakt unseres begrenzten Denkens, und das Leib-Seele-Problem ein unlösbares Scheinproblem (Dualismus).

Der finale Aspekt der Entwicklung ist der umfassendste und über das Sterben hinaus gültige. Er bringt uns näher an die Wirklichkeit und an die Wahrheit heran als irgendein anderer Aspekt unserer Existenz; und er gilt für Geist, Seele und Leib gleichermaßen.

Diese finale Wirklichkeit einer seelisch-geistlichen Entwicklung ist nicht in den Grenzen des relativen Wissensstandes einer objektivierenden Wissenschaft zu erkennen. Die Wissenschaft beinhaltet nur den Außenaspekt unserer Existenz; über den Innenaspekt hat sie per Selbstdefinition keine Aussagemöglichkeit. Denn Wissenschaft ist immer Wissenschaft vom Gegenstand, vom Gegenüber. Die Innenseite der Dinge läßt sich aber nicht objektivieren. Daraus folgt, daß die Wissenschaft vom Menschen am Zentrum seiner Existenz vorbeiforscht, weil sie den Innenaspekt, das Zentrum nicht abzubilden vermag: Liebe läßt sich nicht objektivieren, und doch ist sie die bestimmende Mitte unseres Daseins.

Der geistliche Mensch ist zur Liebe geschaffen und deshalb vom natürlichen Menschen her nicht zu begreifen; und der geistliche Mensch kann mit seinem Verstand auch sich selbst nicht begreifen: Der natürliche Mensch vernimmt nichts vom Reiche Gottes, nichts von seiner Herrschaft und seiner Wirklichkeit (1. Kor. 2,14). Nur der Heilige Geist kann uns zeigen, was uns von Gott geschenkt ist (1. Kor. 2,12) und wer wir sind.

Die Wahrheit (der Liebe Gottes) ist der objektiven Wahrscheinlichkeit unserer wissenschaftlichen Erkenntnisse übergeordnet. Menschliche Entwicklung erhält ihren Sinn und ihr Ziel allein von der göttlichen Liebe her als der höchsten Einheit in höchster Vielfalt. Die Liebe Gottes ist der alles umfassende Horizont unserer Entwicklung. Der Horizont des natürlichen Menschen ist begrenzt: «Man kann sagen, daß die Persönlichkeit in Abschnitten wächst, die durch die Bereitschaft des menschlichen Organismus vorherbestimmt sind, einen sich ausweitenden Horizont bewußt wahrnehmend und handelnd zu erleben; einen Horizont, der mit dem nebelhaften Bild einer Mutter anfängt und mit der Menschheit endet – oder doch mit jenem Ausschnitt der Menschheit, der für das spezielle Leben dieses Menschen zählt» (E.H. Erikson, 1966, S. 58).

Die Entwicklung ist nach diesem Modell eine Aufeinanderfolge spezifischer Entwicklungsaufgaben, die vom Heranwachsenden gelöst werden müssen und in Abhängigkeit von der ablaufenden Dynamik alternativ (entwicklungspositiv oder entwicklungsnegativ) entschieden werden können. Jede Entwicklungsaufgabe kumuliert deshalb in einem Krisenpunkt.

Dieses Modell seelischer Entwicklung ist auch zeichenhaft gültig für die geistliche Entwicklung. Auch die geistliche Entwicklung ergibt sich aus der Dynamik eines sich immer mehr ausweitenden Horizontes der Freiheit, die aus der Geborgenheit in der Liebe Gottes kommt. Die Mitte dieser Freiheit ist das Vertrauen, das anfängt in dem Vertrauen zur Mutter, zur Familie und darüber hinaus zu Gott in Jesus Christus, zum

Bruder und zur Schwester, zur Familie Gottes. Gott ist unser aller Vater; Vater all derer, die mit ihm durch Jesus versöhnt sind.

Geistliche Entwicklung geht auch durch Krisen, die stets die Frage nach dem Vertrauen («Bewährung des Glaubens») zum Inhalt haben.

In dieser Entwicklung werden wir nicht über unser Vermögen hinaus versucht. «Gott ist treu, der euch nicht versuchen läßt über eure Kraft» (1. Kor. 10,13). Diese Aussage bedeutet doch, daß da einer ist, der uns versuchen möchte über unsere Kraft, über unser Maß. Das ist der Satan; er will unsere Verwerfung durch Gott im Gericht. Er will uns kippen. Doch Gott behält den Überblick über jede Situation unseres Lebens, und er reizt uns sozusagen aus bis zum letzten, damit wir ein Höchstmaß an Vertrauen und damit an Liebesfähigkeit gewinnen. Gott läßt es aber nicht zu, daß wir über unsere Kraft versucht werden. Er hält uns fest und bewahrt uns zum ewigen Leben, aber nur solange wir ihm vertrauen wollen. Gott zwingt niemanden, denn Liebe und Zwang schließen sich aus. Jenen, die dem Evangelium nicht gehorsam sind und Gott nicht kennen wollen, wird ihrem Unglauben gemäß vergolten werden (2. Thess. 1,8).

So hat Gott mitten im Alten, mitten in der vergänglichen Welt, etwas Neues hervorgebracht: die neue Kreatur, die der Macht der Vergänglichkeit und des Todes entnommen ist. Sie ist eingezeugt in den Nährboden des Alten. Während das Alte vergeht, wird der neue Mensch bleiben und auferstehen, so wie ein Schmetterling die Puppe verläßt. Die gesamte geistliche Entwicklung beinhaltet eine wachstümliche Überwindung des alten, gottlosen Menschen durch «Christus in euch (und in uns), die Hoffnung der Herrlichkeit» (Kol. 1,27). Fassen wir in einer Übersicht geistliche und menschliche Entwicklung zusammen (Abbildung):

LEBEN OHNE CHRISTUS	LEBEN IN / MIT CHRISTUS
Das ICH im Mittelpunkt	Gott und sein Reich im Zentrum
Existenz in Trennung von Gott	Leben in der persönlichen Beziehung zu Gott durch Jesus Christus
Der Macht des Todes unterworfen	Erlösung von der Macht des Todes
Verlustängste als zentrales Existenzgefühl	Überwindung von Verlustängsten
Kompensation der Verlustängste durch Habenwollen	Freiheit von der Macht des Habenwollens
Kampf um Überlegenheit	Innerer Friede
Angst vor Versagen	Geborgenheit
Rivalität, Neid, Lüge	Wahrheit; Liebe, unabhängig von Gegenliebe
Bindung an sich selbst: **Einsamkeit**	Erlöst von sich selbst: **Verbundenheit**
Ewiger Tod	Ewiges Leben

Abb. 4

Kapitel 2

Gottes Heilshandeln am Menschen ist Grundlegung einer neuen Identität

Gott will, «daß allen Menschen geholfen werde und sie zur Erkenntnis der Wahrheit kommen» (1. Tim. 2,4), und derselbe will auch unsere Heiligung (1. Thess. 4,3); denn ohne Heiligung wird niemand den Herrn sehen (Hebr. 12,14).

Deshalb fordert uns Gottes Wort auf: «Schaffet, daß ihr selig werdet mit Furcht und Zittern. Denn Gott ist's, der in euch wirkt beides, das Wollen und das Vollbringen» (Phil. 2,12.13). Hier ist die große Spannung: Von Gott her gesehen sind die, die seine Hand und Erlösung ergreifen, Berufene vor Grundlegung der Welt. Und er bereitet sie auf diese Entscheidung vor, führt sie an diesen Punkt der Umkehr, obwohl sie in der Begrenztheit ihrer Sicht dieses gar nicht im voraus wissen können. Es geschieht verborgen. Und von diesem Zeitpunkt an sind sie im Sinne freiwilliger und bewußter Zustimmung Menschen, die sich in den Heilsplan Gottes hineingenommen erleben. Unser Anfang mit Gott und in Gott ist für uns zunächst verborgen. Kinder Gottes werden wir nur durch den Willen Gottes: «Nicht ... aus dem Willen eines Mannes, sondern von Gott geboren» (Joh. 1,13). Dieses Wort vergleicht die Schaffung der neuen Kreatur, und damit die Neuwerdung der Schöpfung, mit dem Geheimnis der Zeugung eines Kindes. Und wenn es in der Verborgenheit des Mutterschoßes heranwächst, dann wird es nach einer von Gott bestimmten Zeit der Entwicklung auch ans Licht kommen; es wird geboren.

Mein eigenes Leben ist hierzu ein gutes Beispiel. Als Kleinkind wuchs ich bei meinen Großeltern auf; später dann bei meinen Eltern. Nirgends sah ich aber, daß bei Tisch gebetet wurde oder irgendwie geistliches Leben seinen Ausdruck fand. Ich wurde auch nicht konfirmiert. Dann kam ich als Student im ersten Semester an die Universität nach Göttingen. Da ich aus der damaligen DDR geflohen war und in Westdeutschland keine Bekannten oder Verwandten hatte, war ich völlig mittellos. In diesem Kontext lernte ich Christen der Studentenmission (SMD) kennen. Nach einem Jahr harten Diskutierens konnte ich mich bekehren, weil ich begriffen hatte, daß man nicht durch Diskussionen zum Glauben an den lebendigen Gott kommt, sondern nur durch das Anrufen seines Namens. So betete ich sinngemäß: «Herr Jesus Christus, wenn es dich gibt, wie diese Leute sagen, dann will ich mein Leben dir übergeben, meine Sünden bekennen und dich kennenlernen.» Nach dem Bekennen meiner Sünden und dem *Amen* hatte ich zwei Erlebnisse: Ich hatte das körperliche Empfinden, als würde einer eine schwere Last von meiner linken Schulter nehmen; wie einen Balken, den man abwirft. Und zweitens fiel mir ein Kindergebet ein: «Ich bin klein, mein Herz mach rein, soll niemand drin wohnen als Jesus allein.» Ich wußte nicht, wo dieses Kindergebet herkam, konnte ich mich doch nicht daran erinnern, in meiner Kindheit irgendwann einmal ein Gebet gehört zu haben. Viel später, als meine Mutter uns in der BRD besuchen konnte, fragte ich sie, ob sie mir auf dieses Erlebnis eine Antwort geben könne. Da sagte sie mir, daß meine Urgroßmutter mit mir gebetet habe; sie war eine gläubige Frau und starb, als ich etwa drei Jahre alt war. Vermutlich hatte sie dieses Kindergebet mit mir gesprochen. Wenn auch das verborgene Handeln Gottes an mir noch viel früher begonnen haben mag, so war dieses Kindergebet mit meiner Urgroßmutter ein Markstein im verborgenen Handeln Gottes an mir, den er mir erst zu einem viel späteren Zeitpunkt bewußt gemacht hat.

In der Schrift finden wir immer wieder Gleichnisse, die verdeutlichen, daß das Neue im Verborgenen als Samen in der Erde heranwächst. Jesus spricht: «Mit dem Reich Gottes ist es so, wie wenn ein Mensch Samen aufs Land wirft und schläft und aufsteht, Nacht und Tag; und der Same geht auf und wächst – er weiß nicht, wie. Denn von selbst bringt die Erde

Frucht, zuerst den Halm, danach die Ähre, danach den vollen Weizen in der Ähre» (Mark. 4,26-28).

Gott läßt seine Sonne scheinen über Gerechte und Ungerechte. Er hat seinen Heiligen Geist ausgegossen über alles Fleisch und hat uns geliebt, als wir noch Feinde waren (Röm. 5,10).

Daß er uns geliebt hat, als wir noch Feinde waren, besagt doch, daß seine schöpferische Liebe im Alten, im Vorigen etwas in Gang gesetzt hat, das es uns nun möglich macht, nicht mehr des Vorigen zu gedenken, sondern auf das Neue zu hoffen. Wir sind gezeugt durch den Heiligen Geist. Und der Heilige Geist treibt sein Werk in uns, noch ehe wir es merken, bis wir an einem bestimmten Zeitpunkt gewahr werden, daß wir angerührt worden sind und Schmerzen bekommen über eine Neuwerdung unserer Existenz; wir erkennen, daß wir geschaffen sind von Gott, um in der Liebe zu leben, und daß das alte Leben zu dieser Liebe nicht fähig ist. Wir leiden unter diesem Zustand und erleiden damit die Schmerzen unserer Neuwerdung (Schwangerschaft), bis es zur Wiedergeburt kommt: zur bewußten Wahrnehmung des Neuen. Der neue Mensch «lebt nicht vom Brot allein», sondern von Gottes Geist und Wort (Matth. 4,4). Sein Wort (der Same) muß, wenn es Wurzeln schlagen soll, auf einen vorbereiteten Boden fallen; nicht auf einen steinigen, sondern auf ein gutes, gepflügtes Feld mit aufgebrochenen Schollen, einem Menschen vergleichbar, in dessen Leben Verhältnisse und Schicksale ihre Spuren, ihre schmerzhaften Wunden hinterlassen haben. Der so bereitete Boden ist ein Boden der Sehnsucht nach Erlösung, nach Liebe, nach Frieden, nach Gerechtigkeit und Geborgenheit. Diese Sehnsucht nach Trost öffnet das Herz für den Tröster, den Heiligen Geist.

Die Psychologie kann zeigen, daß wir alle diese Sehnsucht nach Erlösung in uns haben. Der Mensch ist in seiner Tiefe ein religiöses Wesen.

Heute wird die Menschheit weitgehend beherrscht von der Ideologie der Machbarkeit in Gestalt von Aufklärung im Sinne der Französischen Revolution (Freiheit, Gleichheit, Brüderlichkeit). Einerseits zum Marxismus radikalisiert, ist sie andererseits gemildert zur heutigen Alltagsideologie des Westens geworden, ohne von ihrer aggressiven Intoleranz viel verloren zu haben (wenn auch geschwächt durch den Niedergang des Kommunismus).

Ihre Versprechungen sind aus christlichen Vorstellungen entstanden, und zwar nach dem Schema der Umdeutung geistlicher, das Jenseits betreffender Verheißungen in diesseitige Versprechungen. «Ob die Menschheit den Weg von der unwiderlegbaren Wahrheit des Glaubens zur erweisbaren Unwahrheit der Ideologie weitergehen wird, entzieht sich heute einer begründbaren Voraussage. (Das diesbezügliche Urteil der Ideologie ist eben ein Urteil aus der Ideologie.) Sicher ist jedoch – als empirischer Tatbestand –, daß die Religion entweder als solche oder in der Umdeutung zur Ideologie das für die gesamte Menschheit Unentbehrliche ist, das durch alle der Geschichte (und Vorgeschichte) bekannten Zeiten und Völker seine das gesamte Leben beherrschende Bedeutung erwiesen hat und nirgends Andeutung eines Verlustes dieser Rolle erkennen läßt» (P. Jordan, 1970).

Aber eine neue Heils-Ideologie, grausamer als der Kommunismus, erhebt schon ihr Haupt: der intolerante fundamentalistische Islam («Heiliger Krieg!» – vergl. M. Bahr: «Nahostkonflikt», 1991, S. 145,150f). Religiosität ist Sehnsucht nach dem Paradies. Und wer statt Revolution lieber aussteigen bzw. transzendieren möchte, hofft auf das Zeitalter des Wassermanns (New Age). Der neue Betrug ist hinterlistiger, weil deutlich irrationaler als die gesellschaftskritischen Ideologien. Er ist religiös und unter Berufung auf Gott nicht mehr hinterfragbar (eben okkult).

Die analytische Psychologie C. G. Jungs und die moderne Instinktlehre (K. Lorenz u.a.) können aufzeigen, daß uralte Menschheitserfahrungen in angeborenen Verhaltensformen (Instinkten) und Erkennensformen (angeborenen, auslösenden Signalen) und in ererbten inneren Bildern (Archetypen) ihren Niederschlag gefunden haben. Dieser Niederschlag alter menschlicher Erfahrungen des Erkennens und Erlebens, bis zurück zu den dunkelsten Anfängen, ist kein toter Niederschlag – gewissermaßen ein verlassenes Trümmerfeld –, sondern es handelt sich um lebendige Reaktions- und Bereitschaftssysteme, die auf unsichtbarem und daher um so wirkungsvollerem Wege das individuelle Leben bestimmen.

Unser Bewußtsein verfügt über ein individuell erworbenes Erfahrungsmaterial von wenigen Jahrzehnten. Das Individuum aber wird erfahrungsgemäß immer wieder vor Aufgaben und Situationen gestellt, zu deren Lösung die persönlichen Erfahrungen nicht ausreichen. In solchen Augenblicken, die in der Regel als besonders schicksalhaft erlebt werden – als Lebenskrisen und Zusammenbrüche, wo vor der Unlösbarkeit der Situation der Verstand schweigt und es keine greifbaren, rationalen Lösungsmodelle gibt –, greift die Seele in einer Art Selbstregulierungsprozeß zurück auf die instinktiven (archetypischen) Anpassungssysteme des Kollektiven Unbewußten.

Diese Entdeckung von C. G. Jung ist in der Tat klug und weitreichend. Religiosität ist ein Archetypus, der die gesamte Menschheit verbindet: Er ist die Erinnerung an die Erfahrung eines plötzlichen Verlustes der Nähe Gottes. C. G. Jung irrt sich aber, wenn er von diesem Archetypus ausgehend jeden Glauben als Manifestation dieser archetypischen Rahmenstruktur sieht, also Christus als «ein Symbol des (archetypischen) Selbstes» (C. G. Jung: «Aion – Untersuchung zur Symbolgeschichte» Zürich, 1951, S. 63. Vergleiche auch: C. G. Jung, «Geheimnis der goldenen Blüte», beide Titel in: Ges. Werke von C. G. Jung, Bd XIII, Freiburg 78). Dieser Archetypus des Religiösen ist nicht jener Grund, der gelegt ist und den nur Jesus Christus legen kann (1. Kor. 3,11). Christus ist kein Aspekt des Archetypus, kein Symbol des Selbst, wie C. G. Jung meint, sondern der Sohn des lebendigen Gottes. Der Archetypus weist nur hin auf etwas Grundlegendes, das alle Religionen suchen, aber nicht finden können. Älter noch und tiefliegender als jener allgemein menschliche Archetypus des Religiösen scheint mir die Grunderfahrung des «Geschaffenseins-nach-seinem-Bild» zu ein. Diese tiefste Daseins-Schicht nenne ich das «Ontische Unbewußte» (R. Seiß, 1986, S. 110).

Diese älteste Schicht unseres Daseins ist die gespeicherte Urerfahrung des Menschen, die sich aus der unmittelbaren Begegnung mit Gott im Paradies ergeben hat. Es ist die Erinnerung an die gelebte Beziehung mit Gott. Als durch den Sündenfall den Menschen die Augen aufgetan wurden und sie ihre Nacktheit, ihre Blöße, ihr Getrenntsein von Gott entdeckten und sich nur noch kreatürlich sahen, waren sie außerstande, diese alte Beziehung zu Gott noch zu spüren und wahrzunehmen. Das Mißtrauen hatte sie von Gott getrennt, und es trennte sie in der Folge auch voneinander. Sie hatten ihre geistliche Beurteilungsfähigkeit verloren. Sie fanden auch bei sich selbst keinen Zugang zu dieser ontischen Primärerfahrung. Die Sünde (Trennung von Gott) wurde zum Seinsgrund.

Wenn aber die persönliche Beziehung (= Verbundenheit durch Beten und Hören) verlorengeht, beginnt um so heftiger das Reden *über* Gott und der Streit darüber, welcher nun der richtige Gott sei. Wer die Verbundenheit mit dem lebendigen Gott verliert, folgt seinen eigenen Vorstellungen, Bildern und Archetypen von/über Gott. Die Archetypen sind angeborene Dispositionen, vergleichbar mit Rahmen, die einem bestimmten Bild, das (nach Tradition und Situation verschieden) in der Individualentwicklung zur Ausgestaltung kommt, den Kontext geben, der es deutet und gewichtet. So schafft sich der Mensch seine Götter und Götzenbilder, aber den lebendigen Gott kennt er nicht mehr.

Die Archetypen sind die tiefste Ebene des natürlichen Menschen, der natürlichen Existenz. Noch tiefer aber als diese Erfahrung liegt die Primärerfahrung einer lebendigen Beziehung zu Gott. Der natürliche Mensch ist durch die Sünde von dieser Erfahrung getrennt.

Die Vordergründigkeit der Dimension des Sichtbaren, das reflexive, sich an der Gegenständlichkeit brechende Bewußtsein ist die Manifestation der Sünde. «Da wurden ihnen beiden die Augen aufgetan, und sie wurden gewahr, daß sie nackt waren» (1. Mose 3,7). Das ist Dominanz der Sichtbarkeit.

Der Mensch kann von sich aus diese Barriere der aufgetanen Augen, diese «Wand des Fleisches», nicht überwinden. Der natürliche Mensch lebt deshalb solange aus den natürlichen, archetypischen Tiefenschichten, bis er in Grenzsituationen und durch den Anruf Gottes in seiner noch tiefer liegenden Primärerfahrung getroffen wird. Tief im «Ontischen Unbewußten» vernimmt der Mensch eine uralte Frage: «Adam, wo bist du?» Und wenn er sich nicht versteckt, sondern antwortet: «Hier bin ich» – dann beginnt das neue Leben.

So kann dem Menschen in seiner Betroffenheit die tiefste Wurzel seines Daseins bewußt werden. Er begreift sich als einer, der auf Gott hin geschaffen ist, und vernimmt dessen Anruf: «Wer von Gott ist, der hört Gottes Worte» (Joh. 8,47). Geistliche Entwicklung geht also nicht vom Kopf ins Herz, wie man vielerorts meint (= Humanismus), sie geht genau den umgekehrten Weg: von innen nach außen, vom Herzen in die Sinne (den Kopf).

So wie nun die archetypischen Erfahrungen des in Sünde gefallenen Menschen durch den Geist dieser Weltzeit in jedem lebenden Menschen wieder aktualisiert werden (konkrete Gestalt und Form annehmen), so kann auch die in der Tiefe jedes Menschen liegende Primärerfahrung des Geschaffenseins nach Gottes Bild durch den Anruf Gottes bewußt werden. Diese Primärerfahrung, diese Erinnerung an das Gute ist aber nicht das Gute. Es bleibt dabei, daß im Menschen nichts Gutes ist. Wir haben keinen Zugang zum Paradies, wir haben nur die Erinnerung daran, daß es dieses Paradies gibt. Die Religionen sind Projektionen und Ausdruck dieser Erinnerung und Sehnsucht. Erinnerungen und Sehnsucht sind aber nicht die Wirklichkeit selbst.

Als Sadhu Sundar Singh, einer der heiligen Menschen unseres Jahrhunderts, von seinem Anruf durch Gott sprach, erzählte er, wie er Christus das erste Mal in einer Vision erblickt hatte. Dabei hatte er das Gefühl, als ob irgendeine alte, verges-

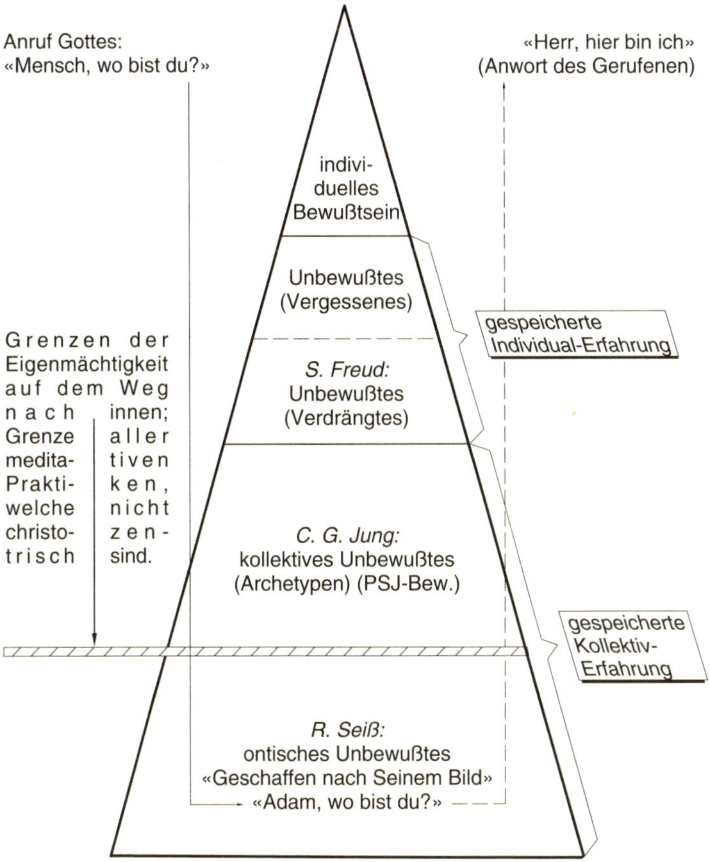

Aus: R. Seiß: Humane Pädagogik. Bad Heilbrunn, 1986, S. 144

Vergessenes: Speicherungen, die durch neue oder zur Zeit wichtigere Eindrücke einfach überlagert werden.

Verdrängtes: Es besteht ein unbewußter Widerstand gegen einen Impuls aus dem Unbewußten. Und das kann zu Fehlleistungen führen. (Bsp.: Ein Redner verspricht sich und sagt «Brechanlage» statt «Sprechanlage», weil es ihn unbewußt drängt, die Mißstände im Hörsaal anzusprechen, aber sein Wachbewußtsein widersteht diesem Impuls, der sich dann entstellt als «'Brech'-Anlage» doch zu Wort meldet.

Kollektives Unbewußtes: Angeborene Formen des Erkennens und Verhaltens. Instinkte (Bsp. Sexuelle Auslöser).

Abb.5

sene Beziehung zwischen ihm und Christus bestehen müsse; als spräche Christus: «Ich bin der, durch den du erschaffen wurdest.» Es war ungefähr dasselbe Gefühl, das er empfunden hatte, als er seinen Vater nach vielen Jahren der Trennung wiedersah. Seine alte Liebe erwachte aufs neue. Er wußte, daß er ehemals sein gewesen war.

Wo und unter welchen Umständen auch immer ein Mensch geboren wird, er kann sich Ort und Umstände nicht aussuchen. Das gilt auch für die geistliche Geburt. Jedes vom Heiligen Geist gezeugte, aus Gott geborene Kind hat sein eigenes Nest und braucht dieses Nest geistlicher Gemeinschaft. Deshalb werden wir in Hebr. 10,25 ermahnt, die Versammlungen unserer Gemeinden nicht zu verlassen. In dieser Gemeinschaft erhält das heranwachsende Kind seine Prägung, bekommt seinen Nestgeruch. Jedes Neugeborene braucht Nest und Nestwärme. Hier bekommt es die Milch (des Evangeliums), die es zu seiner Ernährung braucht: das Wort Gottes und die persönliche Zuwendung Gottes durch Handauflegung, Vergebung der Sünden, Tröstung, Ermahnung und Zurechtweisung (Hebr. 6,1.2).

Die weitere Entwicklung ist ein Weg, den wir gehen in Raum und Zeit, begrenzt von den Leitplanken des Dekalogs (= Zehn Gebote) und den persönlichen Erfahrungen, z. B. Gebetserhörungen, Weisungen, Visionen, Inspirationen (direktes Reden des Heiligen Geistes als Stimme oder als gewisser Gedanke usw.). Die Mitte dieses Weges aber ist die Liebe, vergleichbar mit der Mittellinie der Fahrspur; nicht so grob und greifbar wie die Leitplanken, sondern zart und kristallklar. Es ist die Liebe, gegeben durch Gottes Wort und Geist: «Dein Wort ist meines Fußes Leuchte und ein Licht auf meinem Wege» (Ps. 119,105).

Wie die Abbildung verdeutlicht, ist die Liebe die Mitte unseres Weges. Sie ist so stark, weil sie so zart ist. Sie repräsentiert den Innenaspekt des Heiligen Geistes. Diese Mitte ist für Satan unerreichbar. Diese neue Mitte ist von Gott gegeben. Und was uns von Gott gegeben ist, kann nicht sündigen, denn es ist von Gott geboren (1. Joh. 3,9). Durch den Heiligen Geist können

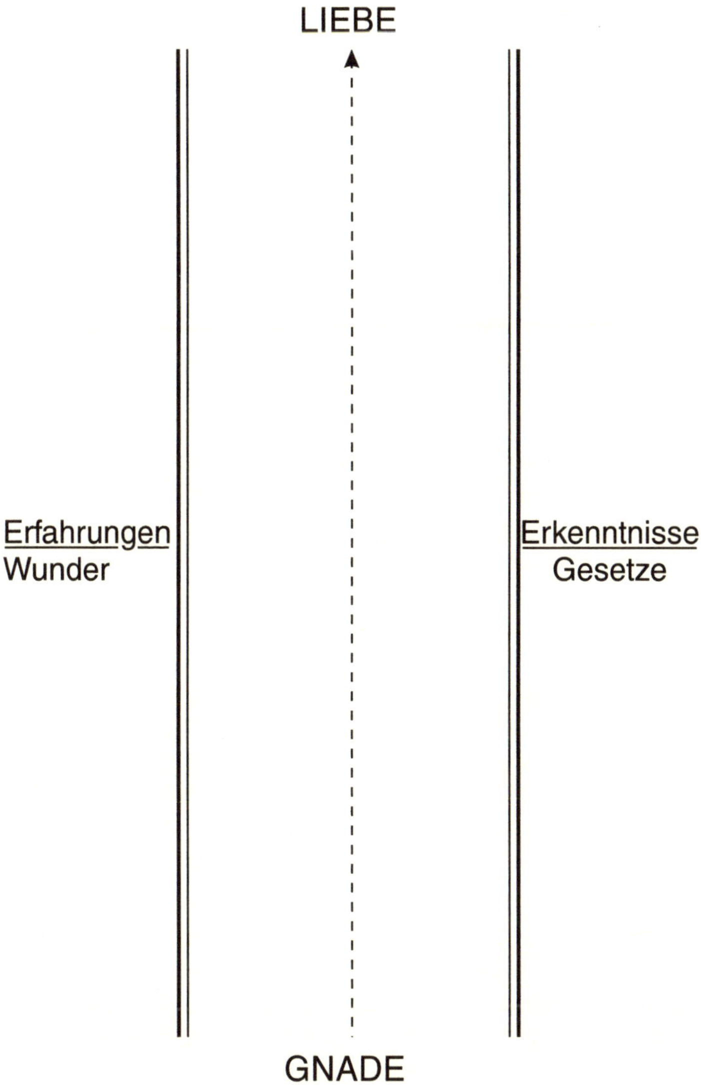

Abb. 6

wir wissen, was uns von Gott geschenkt ist (1. Kor. 2,12) nämlich die Heilige Dreieinigkeit (Vater, Sohn und Heiliger Geist). Welch ein unbegreifliches Geschenk, für Satan uneinnehmbar, weil die Liebe (= der Vater) dem Tod und dem Haß, die Wahrheit (= der Sohn) der Lüge und die Freiheit (= der Heilige Geist) dem Zwang überlegen ist.

Die Leitplanken sind nur Orientierungshilfen für unseren Weg in der Sichtbarkeit und Vergänglichkeit. Solange wir durch diese Zeit hindurchgehen, brauchen wir sie, aber sie sind nicht die Mitte. «Wenn ich ... alle Erkenntnis ... hätte ... und hätte die Liebe nicht, so wäre ich nichts» (1. Kor. 13,2.3), und: «Der Mensch lebt nicht vom Brot allein, sondern von einem jeden Wort, das aus dem Mund Gottes geht» (Matth. 4,4).

Deshalb muß jeder, der geistlich wachsen will, die persönliche Beziehung zu Gott pflegen und in der «Stillen Zeit» sein Antlitz suchen, gemäß dem Wort: «Mein Herz hält dir vor dein Wort: ‹Ihr sollt mein Antlitz suchen.› Darum suche ich auch, Herr, dein Antlitz» (Ps. 27,8).

Wie schwierig und an manchen Wegabschnitten unverständlich uns dieser Weg auch erscheinen mag, es ist doch immer der einmalige Weg dessen, der ihn geht. Denn Liebe ist niemals prinzipiell, allgemein, anonym. Sie ist stets individuell, so individuell, daß diejenigen, die diesen Weg gehen, einen neuen Namen bekommen, den nur Gott kennt und derjenige, der ihn von Gott empfängt (Offb. 2,17). So persönlich ist das Verhältnis eines jeden Einzelnen, der den Heiligen Geist empfangen hat, zu Gott, seinem Schöpfer. Das gilt für diese Zeit, und das gilt für die Ewigkeit. Deshalb sind das Alte und das Neue Testament jeweils für sich und in ihrer Gesamtheit ein allgemeiner Ausdruck des Heilsplans der Liebe Gottes, innerhalb dessen sich der individuelle Weg in der Übereinstimmung mit diesem Plan in seiner Einmaligkeit vollzieht. Eine allgemeine Erkenntnis und Anerkenntnis des Heilsgedankens Gottes ist noch nicht der persönliche Weg, es ist lediglich eine notwendige Voraussetzung zum Erkennen der Liebe Gottes. Diese Erkenntnis ermöglicht uns die Orientierung in den Ordnungen

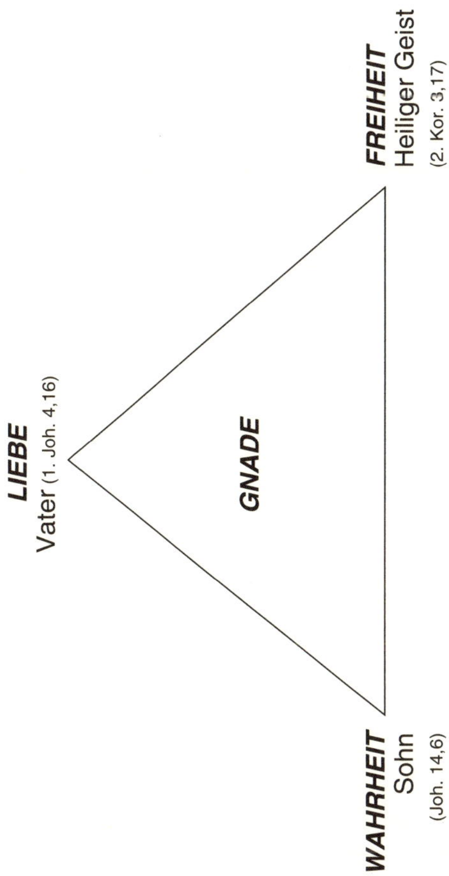

Wir haben eine von Gott geschenkte Mitte.

Abb. 7

und Gesetzen Gottes. Innerhalb dieser Ordnungen und Gesetze des Himmelreichs findet der Mensch seinen einmaligen Weg dann, wenn er sich ganz persönlich von Gott durch seinen Geist und sein Wort ansprechen läßt. Glaube ist kein Fürwahrhalten und keine Summe richtiger Erkenntnisse, sondern eine Beziehung zur Person des Auferstandenen.

In dieser Stille vor Gott findet jeder seinen inneren Ort, und in der Annahme dessen, was dieser innere Ort beinhaltet, liegt die Voraussetzung für jede weitere geistliche Entwicklung. Gottes Wort und Geist erreichen uns zu einer bestimmten Zeit (nicht zu früh und auch nicht zu spät) an einer bestimmten Strecke unseres Lebensweges, an einem bestimmten inneren Ort. So heißt es vom Herrn: «... heute habe ich dich gezeugt» (Hebr. 1,5). Aber auch wir können gewiß sein, daß wir zu unserem «Kairos» gezeugt werden durch Gottes Willen und Geist (Joh. 1,13; 1. Kor. 4,15). Erst nachdem der Behinderte achtunddreißig Jahre lang am Teich Bethesda auf einen Menschen gewartet und geklagt hatte: «Ich habe keinen Menschen», trifft ihn Jesus, vergibt ihm die Sünde und heilt sein Gebrechen (Joh. 5,1-14). Es war seine Zeit, seine vorbereitete innere Situation.

Wir müssen uns unseren inneren Ort immer wieder neu zeigen lassen, solange wir auf dem Wege der Nachfolge sind. Folgen wir dem Rat des Sehers Johannes, in Jesu Namen um Augensalbe zu bitten (Offb. 3,18), dann haben wir den richtigen inneren Ausgangspunkt für jeden nächsten Schritt. Nur so wächst aus dem allgemeinen großen Heilsplan Gottes das individuelle, persönliche Leben heraus. Aus dem allgemeinen Wort fließt uns das persönliche Wort zu (1. Thess. 2,13). Jedes Wort kann zu einer persönlichen Predigt werden. Dieses persönliche Wort (Rhema) ernährt uns, erhält uns und läßt uns wachsen, bis wir schließlich die Frucht hervorbringen, zu der wir gesetzt sind (Joh. 15,16).

Gezeugt werden wir nach dem Willen Gottes (Jak. 1,18) durch seinen Heiligen Geist. Von neuem geboren werden wir aus Wasser und Geist, d. h. aus der dem Menschen möglichen

Umkehr mit der Bitte um Vergebung der Sünden einerseits und dem Handeln Gottes in dieser Umkehr durch den Akt der Sündenvergebung und der Gabe des Heiligen Geistes andererseits. Mit dieser unserer Antwort auf das Suchen und Rufen Gottes beginnt der Dialog mit unserem Schöpfer, Erhalter und Bewahrer; ein Dialog, der vom Glauben zum Schauen führt. Und mit dem Dialog beginnt die geistliche Entwicklung unter Mitwirkung der eigenen Meinung und Verantwortung (1. Kor. 5,4; Apg. 15,28; 1. Kor. 7,40).

Den Akt des Aufeinander-Bezogenseins kann man nicht auseinanderreißen in das Tun Gottes und das Tun des Menschen; hier ist das Tun des einen zugleich auch das Tun des anderen. Es ist eben ein Akt der Liebe, der von Gott ausgeht («Er hat uns zuerst geliebt»), der aber ohne uns nicht zustande kommen kann. Der Mensch kann diesem Willen Gottes, der ja für alle Menschen gilt, durchaus widerstehen. Deshalb erleben wir, daß nicht allen Menschen geholfen wird, weil viele eben der Liebe Gottes unbewußt und bewußt widerstehen. Aus diesem Grund betet der Psalmist um Licht in bezug auf seine unbewußten Sünden (Ps. 90,8). Keiner kann einen anderen zur Liebe zwingen, auch Gott nicht; denn Liebe und Zwang schließen sich gegenseitig aus. So bleibt es dabei: Der Mensch wird zu einer neuen Kreatur gezeugt, wenn Gottes Ruf ihn trifft und er diesen annimmt.

Wir wachsen auch nur in dem Maße, wie wir zustimmend uns auf Gott verlassen, selbst wenn wir manches noch nicht begreifen. Auch wenn wir Gott bewußt aufgenommen haben, sind seine Gedanken höher als unsere Gedanken: «Vater, ich verstehe dich nicht, aber ich vertraue dir» – dies war ein Gebet, das mir geholfen hat, in der Liebe zum Vater zu wachsen.

Das ganze geistliche Wachstum ist ja ein Prozeß von Innenleitung und Außenleitung. Wo und wie Gott uns wachsen läßt, ist von uns aus eben nicht zu überblicken. Da brauchen wir immer neu das Vertrauen eines Kindes.

Abraham glaubte Gott, als er ihm sagte: «So zahlreich (wie die Sterne) sollen deine Nachkommen sein!» (1. Mose 15,5.6).

Es heißt nicht: «Abram glaubte *an* den Herrn», sondern: «Abram glaubte *dem* Herrn». Unser Vertrauen ist gefragt, nicht unser «demütiges» Für-wahr-Halten. Immer aber müssen wir unterscheiden zwischen dem, was wir wissen (erkennen), und dem, was wir leben (vertrauen). Gott sieht unser Herz an, wenn wir ihm vertrauen, aber er hält auch seine Zusage, wenn wir uns zum Zweifeln verführen lassen und das Warten auf die Erfüllung seiner Verheißungen lächerlich finden (1. Mose 18,10-15). Unsere Untreue vermag seine Treue nicht aufzuheben (Röm. 7,3), und seine Berufungen gereuen ihn nicht (Röm. 11,29).

Nur in dem Maße, wie uns geistliche Erkenntnisse mehr und mehr teilhaben lassen an dem Einen, der die Wahrheit ist, wird diese Wahrheit in unserem Leben selbst Wirklichkeit in Gestalt von Liebe zu Gott und Liebe zu den Menschen. Gott fragt uns nach dem, was wir sind, nicht nach dem, was wir erkannt haben (1. Kor. 13,2).

Die natürliche Entwicklung ist gekennzeichnet vom gegenseitigen Habenwollen und dem gegenseitigen Geben. Geben und Nehmen im Gleichgewicht, das scheint für viele eine Form der Liebe: Ich gebe dir Liebe, und ich nehme von dir Liebe. In der geistlichen Entwicklung, beim neuen Menschen, geht es aber nicht um Geben und Nehmen, sondern darum, in Liebe zu *sein*. Ein In-Liebe-Sein ist frei von der Angst des Rivalisierens, ob das Gleichgewicht zwischen Geben und Nehmen noch stimmt, oder ob es einseitig verschoben ist. Die geistliche Entwicklung macht uns deshalb unabhängig von Menschen, weil sie uns fähig macht, in Liebe (= in der Liebe Gottes) zu *sein*. In dem Maße, wie wir in der Liebe Gottes bleiben, sind wir unabhängig von menschlichen Zuneigungen und Ablehnungen, denken nicht menschlich, sondern göttlich (Joh. 17,21; 1. Joh. 1,7).

Der Same, den Gottes Geist in uns legt, ist ein Keim der Hoffnung und des Vertrauens. Er ist stärker als die Macht des Mißtrauens. Dieses liebende Vertrauen ist der Grund, den Gott durch seinen Sohn in uns legt. Und Jesus Christus betet dafür, daß wir diesen Grund unter unseren Füßen nicht verlieren (Luk. 22,32). «Einen andern Grund kann niemand legen als den, der gelegt ist, welcher ist Jesus Christus» (1. Kor. 3,11). Auf diesen Grund sollen wir bauen. Unser Leben, das gegenwärtige und das zukünftige, wird es zeigen, ob und was wir auf diesem Grund gebaut haben. Jesus erläutert diesen Grund, wenn er sagt: «Wer diese meine Rede hört und tut sie, der gleicht einem klugen Mann, der sein Haus auf Fels baute... Und wer diese meine Rede hört und tut sie nicht, der gleicht einem törichten Mann, der sein Haus auf Sand baute» (Matth. 7,24.26).

Der Grund unseres Lebens ist Gehorsam auf das Wort – aus Liebe! Das gilt für die seelische Entwicklung (Überwindung der Trotzphase) ebenso wie für die geistliche Entwicklung (Überwindung des Mißtrauens gegenüber Gott, siehe Röm. 16,26).

Durch das Bleiben im Vertrauen, durch das Festhalten an der Hoffnung, die uns Gott anbietet (Hebr. 6,18), bringt uns seine Gnade an den für uns vorgesehenen Platz (Joh. 17,24; 1. Thess. 4,16.17).

Sünde ist Verfehlung dieses Zieles. Glaubendes Vertrauen aber bringt uns an den Ort, der im Heilsplan für uns vor Grundlegung der Welt vorgesehen ist. Abfall ist das Verlassen dieses Weges und Planes (Hebr. 6,4-8; 2. Petr. 2,15-22). Abfall ist ein Verlassen der Ordnungen Gottes (Hiob 10,22) und ein Bleiben in der Gottferne durch Abwehr und Abweisung des Rufens Gottes. Ein Mensch, der dem Ruf Gottes widersteht, muß seine Erlösungsbedürfnisse in das Unbewußte verdrängen. Dieses verdrängte Sehnen taucht in Form verschiedener Religionen und Ideologien aus dem Unbewußten vieler auf und verdeckt so die wahren Bedürfnisse durch Ersatzhandlungen und Götzenbilder. Solche Abwehr nicht gebilligter Bedürfnisse und Triebe ist für die Entstehung von Neurosen gut bekannt. Auch hier geht es um Verdrängung von Trieben, die als peinlich erlebt werden, die sich aber entstellt, verzerrt doch Geltung verschaffen als neurotisches Symptom (beispielsweise verdrängte Mütterlichkeit als «Liebe» einer Frau zu einem 25 Jahre jüngeren Mann). So sind Kreuzigung und Auferstehung vielen Menschen und dem Intellekt ein Ärgernis und eine Torheit (1. Kor. 1,21.23).

So kann im Einzelfall die Sehnsucht nach dem lebendigen Gott abgewehrt und verschoben werden auf allgemeine Welterlösungslehren (Ideologien) und/oder pluralistische, tolerante, alles gelten lassende, unverbindliche Religiosität mit vielen Göttern, auch einem «unbekannten Gott» (Apg. 17,23).

«Wenn die Athener schon zur Zeit des Epimenides sich mehrerer hundert Götter rühmten, dann waren es zur Zeit des Apostels Paulus wohl noch Hunderte mehr. Es liegt in der Natur des Götzendienstes, daß er in sich einen eingebauten ‹Inflations-Faktor› hat. Wenn Menschen zugunsten von minderwertigen Gottheiten den einen allwissenden, allmächtigen und allgegenwärtigen Gott ablehnen, entdecken sie schließlich – zu ihrer großen Enttäuschung –, daß es einer Unzahl solcher geringerer Götter bedarf, um die alles umfassende Bedeutung und Macht des wahren Gottes auch nur halbwegs auszufüllen» (Don Richardson, «Ewigkeit in ihren Herzen», Bad Liebenzell, 1983. S. 29).

Ablehnung des Heilshandelns Gottes führt den einzelnen Menschen und die Menschheit ins Leid. «Du mußt innewerden und erfahren, was es für Jammer und Herzeleid bringt, den Herrn, deinen Gott, zu verlassen und ihn nicht zu fürchten» (Jer. 2,19).

Kapitel 3

Gesunde und kranke Entwicklungsverläufe

Ein Sprichwort sagt: Die Natur macht keine Sprünge. Damit ist nicht gemeint, daß alles kontinuierlich verläuft (siehe Quantenphysik), sondern daß es eine bestimmte Reihenfolge in den einzelnen Wachstums- und Entwicklungsstufen gibt, wovon keine ungestraft (durch menschliche Manipulation, beispielsweise durch frommen Druck) übersprungen werden kann/darf.

Auch wenn die moderne Entwicklungspsychologie die Phasentheorie verworfen hat und Entwicklung als eine kontinuierliche Veränderung versteht, so stimmt das vielleicht theoretisch, aber praktisch ist es nicht hilfreich. Aus der Nähe betrachtet kann man nämlich die großen Phasen nicht mehr sehen. Sie lassen sich nur aus dem Abstand erblicken und verschwinden aus dem Blickfeld, je mehr man ins Detail geht. Man sieht dann sozusagen «den Wald vor lauter Bäumen nicht mehr».

Es ist eine Alltagserfahrung der gut beobachtenden Mütter und Erzieher, daß man manchmal den Entwicklungsfortschritt eines Kindes meint mit den Händen greifen zu können: Plötzlich kann es laufen, plötzlich kann es kleine Sätze sprechen. Natürlich erfolgen diese Fortschritte nicht aus dem Nichts heraus. Das Manifestwerden der Fortschritte erfolgt aber in deutlichen Veränderungen, in einzelnen Abschnitten.

Auch bei ganz gewöhnlichen Lernprozessen erkennt man, daß es bestimmte Lernplateaus gibt, wo der Lernfortschritt nicht so deutlich ist wie in anderen Abschnitten des Lernprogramms.

Die Entwicklung ist schon deshalb diskontinuierlich, weil mit dem Älterwerden eines Kindes das Kind selbst in seine Entwicklung eingreift. Es vermag sich der nächsten Entwicklungsaufgabe zu stellen oder sich dieser zu entziehen. Es ist am

Fortschritt oder am Stehenbleiben oder auch am Rückschritt seiner Entwicklung selbst beteiligt.

So gibt es auch für das geistliche Wachstum Entwicklungsstufen, an denen Wachstum deutlich wird, auch Stehenbleiben und Rückschritte (bis hin zu einem möglichen Abfall vom Glauben); aber die Mühe des Heiligen Geistes um unsere Entwicklung ist immer vorhanden. Und wir greifen durch unsere Einwilligung oder Nicht-Einwilligung selbst ein in diesen Prozeß.

Das Allgemeine ist oft zu abstrakt, um praktische Hilfe sein zu können. Das Einmalige, Besondere ist aber so individuell, daß Verallgemeinerungen die Wirklichkeit verfälschen würden. Das Typische liegt dazwischen. Wir können mit Recht sagen, daß es typische Entwicklungsverläufe gibt. Sie sind konkret genug, um einer persönlichen Orientierung zu dienen, aber man kann sich als Einzelner nicht damit identifizieren und sagen: «Das bin ich. Das ist meine Entwicklung», weil Typen stets zu aspektiv sind, d. h. sie beinhalten nur *eine* Sichtweise.

Wenn hier etwas über Bedingungen und Gesetzmäßigkeiten von Entwicklung gesagt wird, dann dienen diese Erkenntnisse lediglich der Erweiterung des Reflexionshorizontes unserer Aspekte. Doch es sind keine Fakten, die man so einfach-plausibel bei sich und/oder anderen meint feststellen zu können/zu müssen, wozu wir allerdings neigen und auf entsprechende Angebote in der Literatur zurückgreifen (beispielsweise Richard Rohr: Enneagramm 1991).

Bedingungen und Gesetzmäßigkeiten der seelischen Entwicklung erhellen gleichnishaft die Dynamik der geistlichen Entwicklung und ihre inneren Gesetze.

Für die seelische Entwicklung gilt, daß ein Kind unter drei definierten Bedingungen den Schritt auf eine neue Ebene wagt:

a) Wenn das vorige Entwicklungsniveau hinreichend tragfähig ist, d. h. wenn die vorausgegangene Aufgabe entwicklungspositiv gelöst (bewältigt) ist,
b) wenn ein Freiraum gegeben ist, der den Schritt möglich macht,

c) wenn die Informationen über die neue Situation (beispielsweise die Schule) eine ausreichende Orientierung ermöglichen.

Wird eine bestimmte Entwicklungsaufgabe in einem Lebensabschnitt nicht bewältigt, kann sich kein tragfähiger Grund herausbilden, und die weitere Entwicklung wird gestört. Nicht nur in der geistlichen, auch in der seelischen Entwicklung können wir auf Sand bauen, wenn wir die existentiellen Fragen der Anpassung an die Bedingungen und Konstanten der Umwelt nicht entwicklungspositiv beantworten.

Das Fundament, das die Stockwerke trägt, ist eine gesunde Schwangerschaft und Geburt; ohne diese gibt es keine Entwicklung. Ohne einen gesunden und kräftigen geistlichen Impuls (= Erweckung) und eine gute geistliche Geburt gibt es auch keine gesunde geistliche Entwicklung: «Sie bekehren sich, aber nicht recht, sondern sind wie ein schlaffer Bogen» (Hos. 7,16).

Die Psychologie, insbesondere die Psychoanalyse, hat klar erkannt, daß jeder Entwicklungsfortschritt durch eine Krise gekennzeichnet ist (siehe: E.H. Erikson: «Identität und Lebenszyklus», Franke 1976 / «Jugend und Krise» Stuttgart 1980 / R. Seiß: «Identität und Beziehung», Stuttgart 1986, S. 48-51), die sich dadurch ergibt, daß die alten, gewohnten Strukturen den sich neu stellenden Aufgaben nicht mehr ganz gewachsen sind und deshalb aufgegeben/verlassen werden müssen, während die Möglichkeiten zur Bewältigung der neuen Situation noch zu wenig sicher sind. Jeder Entwicklungsschritt wird deshalb eingeleitet durch eine Entscheidung zur Erarbeitung neuer Perspektiven und Horizonte, oder er wird verhindert durch eine Verweigerung derselben: «Ändert euch durch Erneuerung eures Sinnes» (Röm. 12,2). Der Übergang vom Alten zum Neuen führt durch eine Zone der Unsicherheit und bedarf deshalb eines Auffangnetzes wie bei einem Trapezkünstler, der von einem Trapez (Ort A) zu einem anderen (Ort B) durch den freien Raum schwebt. Das Auffangnetz heißt Vertrauen. Wenn die vorangehende Entwicklungsaufgabe nicht zu ihrem Ziel gekommen ist, bleibt eine Bereitschaft zur Regression bestehen, und eine deutliche Angst vor dem Neuen belastet die weitere Entwicklung. Das Auffangnetz ist ein Vertrauen, das Neues wagt und Altes losläßt.

So wurde das Volk Israel durch die Wüste geführt. Dort erlebten sie Gottes Macht, Wunder und Zeichen: die Versorgung mit Manna und mit dem Wasser aus dem Felsen. Aber als sie vor dem Land der Verheißung standen und Kundschafter ausgesandt hatten, kamen diese zurück und brachten über das Land, das sie erkundet hatten, ein böses Gerücht auf unter den Israeliten und sprachen: «Das Land, durch das wir gegangen sind, um es zu erkunden, frißt seine Bewohner, und alles Volk, das wir darin sahen, sind Leute von großer Länge. Wir sahen dort Riesen, Anaks Söhne aus dem Geschlecht der Riesen, und wir waren in unseren Augen wie Heuschrecken und waren es auch in ihren Augen» (4. Mose 13,32f.).

Nur Kaleb und Josua beriefen sich auf die Verheißungen: In ihnen war ein anderer Geist (4. Mose 14,24). Und sie wollten diesen Schritt wagen: «Laßt uns hinaufziehen und das Land einnehmen, denn wir können es (mit Gottes Hilfe) überwältigen» (4. Mose 13,30).

Doch das Volk änderte seine Gesinnung nicht. Deshalb starben alle, die älter als zwanzig Jahre waren, in der Wüste. Nur Kaleb und Josua blieben am Leben, weil bei ihnen ein Geist der Treue zu Gott am Werke war. Es war der Geist des Vertrauens, der für die neue Situation gebraucht wurde; der Geist, der nicht menschlich, sondern göttlich denkt. Die anderen waren noch nicht so weit, um diesen Schritt im Vertrauen zu vollziehen: «Als Mose diese Worte allen Israeliten sagte, da trauerte das Volk sehr. Und sie machten sich früh am Morgen auf und zogen auf die Höhe des Gebirges und sprachen: ‹Hier sind wir und wollen hinaufziehen in das Land, von dem der Herr geredet hat; denn wir haben gesündigt.› Mose aber sprach: ‹Warum wollt ihr das Wort des Herrn übertreten? Es wird euch nicht gelingen›» (4. Mose 14,39-45).

Wir sehen, daß sich geistliches Wachstum nicht durch momentanes Aufbegehren und ein trotziges «Dennoch» ersetzen läßt. Gott akzeptiert diese pubertäre Unreife bei seinem Volk nicht, sondern wartet geduldig auf gereifte und unter Belastung gewachsene Tragfähigkeit. Befreiung und innere Freiheit lassen sich nicht einfach durch Aktionen «machen». Freiheit wächst im Maße des zunehmenden Vertrauens. Das Anerkennen von Sünden und Fehlern und eine opportune Betroffenheit verändern die Lage nicht plötzlich. Der Mensch, der seine Sünden bekennt, muß auch bereit sein, deren Folgen auszuleiden, um am Leiden zu reifen. Gott will Wunder tun, aber nicht, wenn er sehen muß, daß wir dadurch unreif und kindisch werden.

Wenn der Mensch sich dann in einer Art Trotz dennoch auf die nächste Entwicklungsstufe wagt, sich beispielsweise im Protest vorzeitig von den Eltern ablöst (begünstigt durch eine antiautoritäre Pädagogik), dann wird der Fortschritt ihm eben nicht gelingen. Er wird keine Kraft haben, den inneren und äußeren Feinden seiner weiteren Entwicklung zu widerstehen.

Sigmund Freud hat diesen Sachverhalt bei der Behandlung seiner psychisch belasteten, neurotischen Personen klar erkannt. Er zeigte auf, daß sich der Schritt zum nächsten Entwicklungsplateau zwischen einem Sich-Festhalten am Alten und Wagen des Neuen vollzieht (siehe: S. Freud, «Drei Abhandlungen zur Sexualtheorie», Fischer TB 1978). Es bedarf nicht nur eines äußeren Loslassens des Alten. Der Schritt ins Neue bedarf vor allem einer inneren Sicherheit, eines Glaubens, der sich geborgen weiß in Gottes Worten und Verheißungen. In der seelischen Entwicklung spricht man vom Nahraum/ Freiraum der inneren Geborgenheit. Wenn der zur Entscheidung anstehende Entwicklungsschritt nicht getan, verzögert oder voreilig getan wird, können sich Fehlentwicklungen ergeben, weil der «Nahraum der Geborgenheit» (R. Seiß, 1986) nicht gegeben ist.

Jesus geht neben uns her und führt uns Schritt für Schritt. Seine Nähe gibt uns stets die Geborgenheit, die wir benötigen.

Es gibt ein Poster, das diese Wahrheit sehr schön verdeutlicht: Auf seinem Weg durch die Wüste dieser Welt schaut ein Mensch sich nach vielen Jahren um und sieht zwei Spuren im Sand: die Füße des Herrn und seine eigenen. Dann aber sieht er auf einer langen Strecke nur noch *eine* Spur und fragt den Herrn: «Wo bist du denn da gewesen?» Und der Herr antwortet: «Da habe ich dich getragen, als du zu schwach warst zum Gehen.» So fühlen und wähnen wir uns manchmal verlassen, und doch trägt uns Gott in seiner Treue durch. Er ist bei uns.

Wenn wir in unserer seelischen und geistlichen Entwicklung schneller oder auch langsamer gehen, als es vom Gang der Entwicklung und der Weisheit Gottes her vorgesehen ist, erleiden wir Schmerzen und entwickeln uns seelisch und auch geistlich ungesund (schwärmerisch oder dogmatisch), bleiben unmündige Kinder oder werden hochmütige Pharisäer. In Israel kann man zuweilen sehen, wie zwei gleiche Tiere unter einem Doppeljoch gehen. Jesus sagte: «Nehmt auf euch mein (Doppel-)Joch» (Matth. 11,29). Wenn ein Tier schneller geht als das andere, verkantet sich das Doppeljoch, und das schmerzt. Also werden wir durch Leiden erzogen, nicht schneller, aber auch nicht langsamer zu gehen als unser Herr, der mit uns geht.

Bei Entwicklungsstörungen beobachtet die Psychologie eine Verzögerung (Retardation) der Entwicklung; oder auch Regression, d. h. einen Rückfall in alte, nicht zeitgemäße Erlebnis- und Verhaltensmuster; oder auch eine provokative Scheinreife (Altklugheit). Gemeinsam ist diesen Fehlentwicklungen die Unangemessenheit (Übertreibung, Untertreibung) und das Sich-Festhalten an einer Sichtweise (= Überzeugung), an einem Bild, das man sich macht. Im übertragenen Sinn kann man von Fixierung sprechen. Der Begriff Fixierung kommt in der psychoanalytischen Lehre häufig vor und beschreibt folgende Phänomene: Jeder Mensch trägt die Spuren infantiler Erfahrungen; der Neurotiker aber bleibt mehr oder weniger verhüllt in diesen alten Befriedigungsformen verhaftet. Die Fixierung kann sich beziehen auf ein früheres, lustbesetztes Objekt (beispielsweise die Brust der Mutter) oder auch auf eine frühere Modalität der Befriedigung (bspw. wenn an Stelle eines vollzogenen Beischlafes das sexuelle Bedürfnis durch die Modalität von Schauen und Sich-Zeigen befriedigt wird). Wenn es in der Entwicklung zur reifen Befriedigung aktuelle Schwierigkeiten gibt, kann die belastende Situation dadurch verlassen werden, daß sich die Entwicklung zurückbewegt auf frühere, nicht ausgereifte, aber aus der Sicht der Gegenwart relativ konfliktfreie Modalitäten der Befriedigung. Die Entwicklungsaufgaben und Konflikte zur Ausdifferenzierung einer reifen Befriedigungsform werden dadurch nicht bewältigt. Ihnen wird ausgewichen, weil die infantile Befriedigungsform sehr viel «erfüllender» und begehrenswerter erlebt wird.

Auch im geistlichen Wachstum kann das Rad der Entwicklung nicht zurückgedreht werden. Eines Tages passen die alten Verhaltens- und Befriedigungsmuster nicht mehr in die gegenwärtige Entwicklungslandschaft. Sie stören die Entwicklung, führen zu Fehlverhalten, Abwehr und Fehlentscheidungen, wenn sie, bedingt durch einen nicht bewältigten aktuellen Konflikt, wieder reaktiviert werden. So hat Mose im Konflikt mit dem murrenden Volk entgegen der Weisung Gottes auf eine alte Erfahrung zurückgegriffen und den Felsen geschlagen (2. Mose 17,6). Mose versagte, und Gott verwehrte ihm, das Land der Verheißung zu betreten. Da half auch späteres Bitten nicht (5. Mose 3,23-26): Mangel an Reife läßt sich nicht einfach durch Gebet korrigieren – aber Gott gibt die Möglichkeit zum schmerzlichen Nachreifen.

Als die Rotte Korach sich anbot, das murrende Volk wieder zu den Fleischtöpfen Ägyptens zurückzubringen, und damit der geistlichen Führung und dem inneren Wachstum widerstand, erschien dem Volk die alte Knechtschaft in Ägypten herrlich. Doch Gott ließ die Rückkehr nicht zu. Durch sein Eingreifen starben sie alle in der Wüste. Es gelang ihnen nicht, nach Ägypten zurückzukehren, aber sie kamen auch nicht weiter voran; sie blieben stehen und starben an jenem Ort. Wer in der geistlichen Entwicklung nicht nach vorn schaut, wer sich umsieht nach alten Strukturen, ist nach Jesu eigenen Worten nicht geschickt zum Reich Gottes. Wer bei den Anfangsgründen steckenbleibt, verliert an geistlicher Kraft, wird moralisch, überfordert sich und ist vom Abfall bedroht (Hebr. 6,1-6).

Als Gott Abraham aus seinen natürlichen Verhältnissen herausführte, nahm er jemand mit, der dazu nicht reif genug war, was sehr bald deutlich wurde: Beim ersten Streit orientierte sich Lot an seinen Bedürfnissen. Während Abraham in der Wüste, d. h. auf dem Wege der Verheißung blieb, schaute Lot auf das Sichtbare: in die grünen Auen von Sodom und Gomorra. Und er zog nach Sodom (1. Mose 13,10). Und als die Engel Lot mit Gewalt aus der Verderbnis erretteten, sah sich Lots Weib um, blieb fixiert, gebunden an das Sichtbare, und erstarrte zur Salzsäule (1. Mose 19). Wir sollen die Schwachen tragen, aber nicht aus menschlicher Rücksichtnahme mitschleppen. Sie werden uns sonst möglicherweise zum Hindernis auf unserem Weg.

Jeder Mensch gelangt in seiner Entwicklung dahin, wohin er seiner inneren Situation gemäß gelangen kann und gelangen muß. Der Mensch lebt von innen nach außen und nicht umgekehrt; und nur *das* ist seine Freiheit. Alles andere hat nur den Schein von Freiheit, ist aber in Wirklichkeit Trug: «Wo ... der Geist des Herrn ist, da ist Freiheit» (2. Kor. 3,17). Deshalb nimmt die Freiheit eines Menschen in dem Maße zu, wie er vom Geist geleitet wird, geistlich gesinnt ist, und wie er in der Kraft des Geistes geübt hat, die Vergänglichkeit (das Fleisch) zu überwinden (= Heiligung).

Der Schreiber des Hebräerbriefes klagt: «Darüber hätten wir noch viel zu sagen; aber es ist schwer, weil ihr so harthörig geworden seid. Und ihr, die ihr längst Lehrer sein solltet, habt es wieder nötig, daß man euch die Anfangsgründe der göttlichen Worte lehre, und daß man euch Milch gebe und nicht feste Speise. Denn wem man noch Milch geben muß, der ist unerfahren in dem Wort der Gerechtigkeit, denn er ist ein kleines Kind» (Hebr. 5,11-13).

Es gibt Pastoren, die predigen über Jahrzehnte hin immer nur vom Kreuz und von der Vergebung, aber nie von der

Heiligung. Ihre Gemeindeglieder bleiben unterentwickelte Kinder (= fleischliche Christen: 1. Kor. 3,1). Wer das Geheimnis des Mit-Jesus-Christus-Gekreuzigtseins existentiell nicht bewältigt, nicht verinnerlicht hat, der wird bei Konfliktfällen, bei neuen geistlichen Sichtweisen zurückschrecken und sich auf die Anfänge zurückziehen, zumal sich das immer sehr fromm anhört und prinzipiell richtig ist. Er spürt dabei aber nicht, daß er seiner geistlichen Entwicklung, seiner Heiligung, seiner zunehmenden Brauchbarkeit und Verfügbarkeit durch Gott widerstrebt. Wir sind ja nicht nur mit ihm gekreuzigt, sondern sollen in der Kraft seiner Auferstehung leben. Jesus hat nicht nur das Evangelium gepredigt (das ist unsere Erlösung), sondern «das Evangelium vom Reich» (Matth. 3,23). Und das ist Kraft der Auferstehung, sein Reich, seine Herrschaft. Wer im Erforschen der Schrift nicht um die Erleuchtung durch den Heiligen Geist bittet, wird zwar in sich viel Dogmatisches speichern. Doch weil er Nachfolge nicht wirklich aus der Ganzheit der Schrift verstanden hat, sondern nur dem Buchstaben und seinem eigenen Bild folgt, nicht aber dem Heiligen Geist, wird er die lebendigmachende Kraft des Geistes nicht erfahren. Bei entsprechenden Konflikten und Herausforderungen der Gegenwart wird er dann auf Teilaspekte der Schrift, die er irgendwann einmal gelesen hat, zurückgreifen und diese seinem menschlichen Denken, seinen Bildern unterordnen. Dabei betrügt er sich selbst und die anderen. Er geht und lehrt dann einen falschen Weg, entweder weil seine geistliche Geburt eine «Fehlgeburt» war oder weil sein eigener Weg von Fehlentwicklungen gezeichnet ist.

Ein gutes Beispiel dafür ist das Heft von Franz Alt: «Frieden ist möglich» (München 1983). Er schreibt: «Aber kein Nicht-Theologe wird die Bibel von vorn bis hinten mit Gewinn durchlesen» (S. 22). Das ist eine typische Unterstellung. Ich selbst habe die Bibel, ohne Theologe zu sein, von vorne bis hinten mit sehr viel Gewinn durchgelesen und habe ihre Gesamtaussage – im Unterschied zu Herrn Alt – aufgenommen und nicht bloß bestimmte Aussagen beachtet, die sich meinem Urteil fügten.

Denn Geistliches muß geistlich beurteilt werden und soll nicht dogmatisch-theologisch-intellektuell dem eigenen Bild und (Vor-)Urteil unterordnet werden. Unter solchen Bedingungen wird dann bei Herausforderungen durch die Gegenwart (Bedrohung durch einen Atomkrieg) selektiv auf Teilaspekte der biblischen Aussagen zurückgegriffen; im Falle des Buches von F. Alt auf «den Geist der Bergpredigt». Wenn Herr Alt zumindest das ganze Neue Testament gelesen hätte, wäre ihm aufgefallen, daß seine Aussage: «Jesus sprach immer von den Konditionen für dieses Leben. Jesus war politisch» (S. 84) total falsch ist. Denn Jesus hat ausdrücklich gesagt: «Mein Reich ist nicht von dieser Welt» (Joh. 18,36). Und an anderer Stelle sagt er: «Wenn ich aber durch Gottes Finger die bösen Geister austreibe, so ist ja das Reich Gottes zu euch gekommen» (Luk. 11,20). Es ist schlimmer, mit geistlichen Halbwahrheiten umzugehen, als die Wahrheit überhaupt nicht zu kennen. Eine Fehlentwicklung ist schlimmer als überhaupt keine Entwicklung: Lieber heiß oder kalt statt lau und zweideutig (Offb. 3,15). Gott haßt die Sünde, liebt den Armen und Elenden und bringt ihn zurecht. Doch wenn das Kind Gottes die persönliche Beziehung zum Auferstandenen vernachlässigt oder diese gar nicht eingeht, fällt es zurück auf nicht verstandene, nicht bewährte und nicht eingeordnete biblische Aussagen, die es dann mangels geistlichen Überblicks verabsolutiert und für seine Bilder und Zwecke mißbraucht.

Die Psychoanalyse konnte erkennen, daß die Fixierung auf unausgereifte Teilaspekte der kindlichen Sexualität im Erwachsenenalter zu perversen Verhaltensweisen führt. Ganz in diesem Sinne beobachten wir auch in der Theologie perverse Aussagen, wenn Teilaspekte der Bibel anthropozentrisch, bedürfnisorientiert, selektiv ausgelegt und verabsolutiert werden, wie das z. B. bei der feministischen Theologie der Fall ist. Hier regiert nicht der Geist, sondern das Bild: Evangelium auf der Schwundstufe von Ideologie. Hier entsteht kein geistliches Wachstum. Und wenn sie überhaupt im Geiste angefangen haben sollten, so argumentieren sie jetzt fleischlich, politisch.

Das ist der Wurzelgrund von Sektenbildung, und das ist der Wurzelgrund von jeder falschen Prophetie. Wer die Schrift liest wie ein Buch, aus dem er das zitiert, was ihm gerade gefällt, ist kein Apostel der Wahrheit, sondern verbreitet seine eigenen Meinungen und Standpunkte. Man soll in der Schrift forschen, und dazu gehören Zeit und Stille und die Bereitschaft, sich unter die Erziehung des Heiligen Geistes zu stellen.

Die falschen Propheten mit ihren dem Verstand einleuchtenden Argumenten und Interpretationen fanden schon immer zahlreichen Zulauf. So war es bei Bultmann mit seiner historisch-kritischen Entmythologisierung biblischer Texte, und so ist es gegenwärtig mit der tiefenpsychologisch-symbolischen Exegese (E. Drewermann). Die Schrift warnt vor falschen Propheten und falschen Lehren (1. Tim. 4,1), mit denen die Unbelehrbaren die Schrift verdrehen und die ungefestigten Seelen verführen (2. Petr. 3,14-18; Apg. 20,29.30). Deshalb beinhaltet geistliche Entwicklung die zunehmende innere Unabhängigkeit (= Freiheit) von dieser Welt und ihren (auch theologischen) Meinungen und Manipulationen.

Wenn ein Mensch geistlich wachsen will, muß er in der Schrift forschen und in die einzelnen Entwicklungsschritte, die Gott uns in seiner großen Geduld gehen lehrt, einwilligen. Wenn wir «bewahren das Wort seiner Geduld», wenn wir in seinem Wort bleiben, dann werden wir auch durch sein Wort in der Zeit und für die Ewigkeit bewahrt bleiben; bewahrt vor Irrtümern, vor Selbstbetrug, vor falschen Propheten, falschen Lehrern, falschen Lehren und vor geistlichen Fehlentwicklungen. Lassen wir uns nicht verwirren und das Evangelium verkehren! Wie sagte doch der Herr selbst zu denen, welche die Auferstehung leugneten: «Ihr irrt, weil ihr weder die Schrift noch die Kraft Gottes kennt» (Mark. 12,24).

Zweiter Teil

Individuelle Gesetzmäßigkeit der geistlichen Entwicklung

Kapitel 4

Spannung von Innenleitung versus Außenleitung

Gott ist nie eine anonyme Kraft oder Macht oder ein Geist unter vielen anderen Geistern (Polytheismus), sondern er ist stets der persönliche Gott. Er hat uns durch den Tod und die Auferstehung seines Sohnes mit sich selbst versöhnt und uns zu einer lebendigen Hoffnung von neuem geboren. Wir sind nun seine Kinder. Und so einmalig wie diese Geburt, so einmalig ist auch eines jeden Weg: unvergleichbar, unverwechselbar und doch zutiefst verbunden mit allen (eins mit allen), die auch Kinder dieses Gottes sind. Doch alle individuellen Wege haben gemeinsame Merkmale und Strukturen, in denen sich jeder wiederfinden kann, der diesen Weg der Nachfolge geht.

Die individuelle Entwicklung, der persönliche Weg steht unter dem Auftrag und der Verheißung: «Ihr werdet die Kraft des Heiligen Geistes empfangen ... und werdet meine Zeugen sein ... bis an das Ende der Erde» (Apg. 1,8). Das Licht soll durch uns in die Dunkelheit scheinen. Es soll in der Dunkelheit unserer globalen Verhältnisse, aber auch in unserem persönlichen Alltag hier und heute aufleuchten: «Ihr seid das Licht der Welt.» Wo wir hinkommen, da ist Licht, und wo wir nicht hinkommen, da bleibt es dunkel. Ohne die Erleuchtung des Heiligen Geistes, der uns in alle Wahrheit leitet, würde kein Mensch die Wahrheit, den Weg und das Leben erkennen und gehen können.

Und wenn wir als Christen begreifen, daß wir in der Tat in dieser Welt die einzige Antwort sind, dann werden wir mit großer Freimütigkeit bekennen können: «Ich bin Christ.» Da wird keiner mehr mit der Haltung kommen: «Ach, entschuldigt bitte, ich bin ja sonst ganz normal, aber irgendwo bin ich auch noch Christ.» Ohne die Erleuchtung des Heiligen Geistes ist der Mensch blind. Wenn Arno Plack in seinem Buch «Die Gesellschaft und das Böse» seinen Vorschlag zur Befriedung der Menschheit vorstellt, dann finden wir das nur bestätigt: Er sagt, es sollte eine neue Aufklärung geben – die sexuelle hätten wir ja schon hinter uns –, die alle Menschen erkennen ließe, daß sie sich in einer Randlage im Kosmos befinden. Denn das Bewußtwerden dieser Randlage im Kosmos, die Betroffenheit darüber, daß wir nur ein winziges Stäubchen sind, würde allem innerglobalen Streit – so spekuliert Plack – auf diesem Globus ein Ende bereiten, weil wir uns sagen müßten: «Wenn wir nur so ein winziger Punkt sind, was streiten wir uns denn dann?» (A. Plack, S. 325). Wie kann ein gebildeter Mensch – wenn man das Buch liest, merkt man, daß es von einem sehr intelligenten Menschen geschrieben wurde! – behaupten, die Erkenntnis unserer Randlage im Kosmos würde uns helfen, den Krieg abzuschaffen? Intelligenz schützt offensichtlich nicht vor Torheit. Wenn man Zahnschmerzen hat, ist das auch nur eine «Randlage» im Organismus. Dann hilft es allerdings auch nicht zu sagen, ach, das ist ja nur ein Punkt hier oben, ich mache weiter, arbeite weiter, bin weiter lustig. Nein, da konzentrieren sich alle Kräfte auf die Beseitigung der Not.

Solche Lebenstorheit stellt sich leicht dann ein, wenn wir das Wünschbare für das Denkbare, das Illusionäre für das Wirkliche halten. Das ist immer dann der Fall, wenn wir uns ideologisch verkürzt auf Interpretationen unseres Verstandes verlassen, ohne den Rückhalt in naturwissenschaftlichen Fakten zu haben.

So konnte der Neo-Darwinist Konrad Lorenz in seinem Buch «Das sogenannte Böse» (Wien 1963) schreiben: «Das volle und warme Gefühl von Liebe und Freundschaft können wir nur für Einzelmenschen empfinden. Daran kann der beste und stärkste Wille nichts ändern! Doch die großen Konstrukteure (wer das auch immer sei, Anm. des Verfassers) können es. Ich glaube, daß sie es tun werden, denn ich glaube an die Macht der menschlichen Vernunft, ich glaube an die Macht der Selektion, und ich glaube, daß die Vernunft vernünftige Selektion treibt» (Seite 413). Derselbe Konrad Lorenz sagt in einem Gespräch mit Habermas: «Ich fürchte mich sehr vor dem Tod. Ich tröste mich immer damit, daß uns die Angst, diese irrsinnige Angst vor dem Tode, angezüchtet worden ist, weil seit Äonen immer die die besten Überlebenschancen hatten, die sich am meisten gefürchtet haben.» (In: H. von Ditfurth: «Aspekte der Angst» - Starnberger Gespräche.)

Aussagen über den Menschen und die Menschheit lassen sich eben nicht auf den Begriff bringen, sind immer aspektiv und/oder ideologisch. Deshalb brauchen wir eine höhere Position: das Offenbarungswissen durch Gottes Wort und Gottes Geist. Weil die Menschen sich aber für klug hielten, sind sie zu Narren geworden (Röm. 1,22).

Der Mensch blendet sich selbst durch den Betrug der Sünde, durch das Sitzen an falschen Quellen (Ps. 1). Das ist in der Tat schmerzlich. Begreifen wir doch als Christen, daß wir als einzige, wirklich als einzige, noch eine Antwort haben auf diese verfahrene Situation!

Woher kommt diese Verblendung? Das erkennen wir schon auf den ersten Seiten der Bibel: Vor dem Sündenfall hatten die Menschen einen Leib, einen Außenaspekt, und sie hatten auch einen Innenaspekt der Liebe. Mit diesem Innenaspekt waren sie mit Gott und miteinander verbunden. Sie waren eins in Liebe, lebten von innen nach innen. Nach dem Sündenfall waren sie durch das Mißtrauen von Gott getrennt, und durch diese Trennung von Gott waren sie nicht mehr von innen nach innen verbunden. Ihre Augen wurden aufgetan; sie wurden gewahr, daß sie nackt waren. Sie sahen sich von außen. Und so ist auch unser Alltag: Wir sehen uns nur von außen und sehnen uns gleichwohl nach einer innersten Verbindung.

Durch die Dominanz des Außenaspektes und den Verlust der Verbundenheit mit Gott haben die Menschen keine andere Möglichkeit gehabt, als beim Partner, beim Gegenüber das zu suchen, was sie bei Gott verloren hatten: Die Beziehung zwischen den Menschen wurde bestimmt durch Angst und Rivalität. Dadurch, daß sie nicht mehr durch Gottes Geist verbunden waren, nicht mehr unreflektiert in Liebe eins waren, sondern sich einander gegenüber sahen und das, was sie bei Gott hatten – diese totale Geborgenheit –, voneinander forderten, überforderten sie sich gegenseitig. Und diese Überforderung führte, wie jede Überforderung – das kann man jederzeit auch experimentell belegen – zu Aggressionen und Ängsten: zur Angst, zu kurz zu kommen; zur Angst, nicht zu bekommen, was man braucht. Rivalität und Aggression sowie das Haben- und Besitzen-Wollen beherrschen den natürlichen Menschen. «Geldgier ist eine Wurzel alles Übels» (1. Tim. 6,10).

Dies ist der Zustand des in Sünde gefallenen Menschen. Natürlich gibt es den Innenaspekt immer noch. Aber der Innenaspekt ist nicht mehr die tragende Kraft unserer Existenz. Wir erleiden die Gottesferne. Und die Sehnsucht nach Gott bleibt. Sie wurde/wird auf den Partner übertragen. Und weil kein Mensch diese Sehnsucht zu stillen vermag, kommt es immer wieder zur Verdrängung und Verschiebung auf Ersatzgötter: Philosophien, Religionen, Ideologien. Damit wird der Existenzkonflikt nur überdeckt und nicht gelöst, bis er sich im Haß gegen den lebendigen Gott entlädt. Nur durch das Kreuz Jesu sind wir mit Gott und dem Nächsten verbunden: von innen nach innen.

Die Liebe ist des Gesetzes Erfüllung. Gott hat uns das Gesetz gegeben: a) damit wir erkennen, daß wir erlösungsbedürftig sind, und b) damit unser Verhalten innerhalb der Grenzen sozialer Verträglichkeit bleibt. Der moderne Mensch hat das Gesetz abgeschafft und Gott für tot erklärt. Er ist in seiner ganzen Nacktheit auf sich selbst geworfen. Das ist seine Verzweiflung und sein tiefstes Elend. Diejenigen, die aber Jesus Christus angenommen haben, die haben von ihrem inneren Menschen her wieder Zugang zu Gott und können von dieser Mitte her miteinander leben. Sie haben eine Liebe, die prinzipiell unabhängig ist von Dankbarkeit und Gegenliebe (Matth. 5,46).

Das ist unser Entwicklungsprogramm als Kinder Gottes in dieser Zeit. Wir haben natürlich noch immer den Außenaspekt, wir haben noch immer Fleisch und Blut, und deshalb sind wir auch immer wieder vom Außenaspekt, von der Sichtbarkeit her gefährdet. Der fleischliche Christ hat die richtigen Erkenntnisse und die Vergebung, aber er lebt noch unter der Bestimmung des Außenaspektes. Der geistliche Christ hat den Außenaspekt seines Verhaltens ebenfalls, aber er läßt sich davon nicht mehr bestimmen, sondern stellt seinen Leib in den Dienst des Geistes Gottes (– Tempel des Heiligen Geistes).

Alle individuellen Abläufe, Prozesse und Gesetzmäßigkeiten auf dem Weg der Nachfolge werden bestimmt von der ganz persönlichen Gewichtung im Verhältnis von Innen und Außen. Wer der Bestimmung durch den Außenaspekt wieder erliegt, hat im Geist angefangen und endet im Fleisch. Der ganz persönliche Weg der Nachfolge steht immer in der Abwendung und Abwehr der Herrschaft des Außenaspektes. Jesus hat sich nie von außen oder von seinen Bedürfnissen bestimmen lassen. Und das ist der Grund seiner Sündlosigkeit als wahrer Mensch. Die Macht der Gotteskindschaft (Joh. 1,12) ist die Kraft der Innenleitung. Und diese Innenleitung beginnt mit der Umkehr des Menschen zu Gott.

Innen- vs. Außenleitung in der Nachfolge Jesu - unser täglicher Kampf

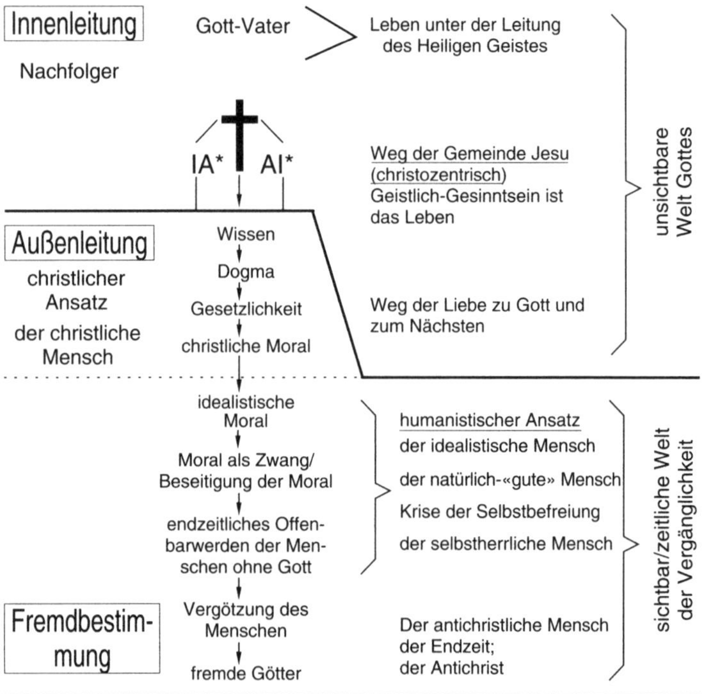

*Anmerkung: I = Innenaspekt des Erlebens
A = Außenaspekt des Verhaltens

Abb. 8

Dritter Teil

Neue Geburt

Kapitel 5

Umkehr und Glaube

Jesus Christus begann seine Verkündigung mit den Worten: «Tut Buße! Denn das Reich (= die Herrschaft) der Himmel ist nahe gekommen» (Matth. 3,2 Elberf.Ü.). Satan ist noch der Fürst dieser Welt, und jeder Mensch ist Untertane dieses Reiches der Finsternis. Doch Jesus hat Satan entmachtet und den Weg freigemacht, der aus der Finsternis herausführt. Deshalb kann er auch sagen: «Wer da glaubt und getauft wird, der wird selig werden; wer aber nicht glaubt, der wird verdammt werden» (Mark. 16,16). Und deshalb heißt es auch: «Er (Gott) hat uns errettet von der Macht der Finsternis und hat uns versetzt in das Reich seines lieben Sohnes» (Kol. 1,13). Das aber besagt doch eindeutig: Jeder, der nicht mit Gott versöhnt ist (also kein Kind Gottes ist), der bleibt unter der Macht der Finsternis. Wir haben also keine Möglichkeit, uns frei für die Finsternis oder das Licht zu entscheiden; wir haben nur durch Jesus Christus die Möglichkeit, der Finsternis und dem Tod zu entkommen.

Es gibt keine freie Entscheidung aus einem neutralen Menschsein heraus zu Gott hin oder zum Bösen, so daß manche womöglich denken könnten, sie würden mit ihrer «Bekehrung» Gott einen Gefallen tun. Nein, wir gehören in das Reich der Finsternis und sind von Natur aus Kinder des Zorns (Eph. 2,3). Und wenn wir nicht umkehren, bleibt der Zorn Gottes über uns (Joh. 3,36). Unsere freie Entscheidung ist unser persönliches Ja zum Evangelium Gottes. Wenn Gottes Geist unser Herz anspricht, können wir dies verstehen und annehmen, können dem freiwillig zustimmen – oder es eben nicht verstehen und ablehnen (Matth. 13,19).

Jesus sagt es ganz eindeutig: «Niemand kann zwei Herren dienen: Entweder er wird den einen hassen und den andern lieben, oder er wird an dem einen hängen und den andern verachten. Ihr könnt nicht Gott dienen und dem Mammon» (Matth. 6,24). Schon unmittelbar nach dem Sündenfall sagt Gott, daß er zwischen dem Samen der Schlange (dem «Geschlecht der Bösen», Jes. 14,20) und dem Samen des Weibes (dem «Geschlecht der Guten») Feindschaft setzen will. Jeder Mensch, dem es bewußt wird, daß die Sinnfrage seiner Existenz letztlich nicht innerweltlich, menschlich zu lösen ist, sondern damit zusammenhängt, daß er sich seinem Schöpfer zuwendet, erlebt diesen Gegensatz: *in* der Welt zu sein, ohne *von* der Welt zu sein (Joh. 17,14.15).

Deshalb beginnt der Weg zur geistlichen Entwicklung nicht mit einer weltanschaulichen Entscheidung, sondern mit der Hinwendung zu Gott, mit einer existentiellen Umkehr, die als innerer Kampf erlebt wird. Satan widersteht jedem Menschen, der versucht, seinen Machtbereich zu verlassen und sich an den zu wenden, der ihn am Kreuz überwunden hat: Jesus Christus. Satan, der Vater der Lüge, zieht alle Register, um eine solche Umkehr zu verhindern. Die Schrift nennt Satan ein Wesen, listiger als alle anderen, die geschaffen sind. Er war ehemals ein sehr hoher Engelfürst; und Jesus sah ihn vom Himmel fallen (Luk. 10,18): «Wie bist du vom Himmel gefallen, du schöner Morgenstern! Wie wurdest du zu Boden geschlagen, der du alle Völker niederschlugst! Du aber gedachtest in deinem Herzen: ‹Ich will in den Himmel steigen und meinen Thron über die Sterne Gottes erhöhen, ich will mich setzen auf den Berg der Versammlung im fernsten Norden, ich will auffahren über die hohen Wolken und gleich sein dem Allerhöchsten.› Ja, hinunter zu den Toten fuhrest du, zur tiefsten Grube!» (Jes. 14,12-15). Satan wurde von Jesus Christus am Kreuz durch die Kraft Gottes gerichtet, aber Satan akzeptiert dieses Gerichtetsein nicht, sondern tritt so auf, als wäre er immer noch der Herr der Welt und hätte diese Welt zu verschenken (siehe Matth. 4,8-10).

Dies ist vergleichbar mit Hitler. Dieser war in Stalingrad geschlagen. Von diesem Zeitpunkt an hatte er keine Chance mehr, den Krieg zu gewinnen. Er war gerichtet, aber noch nicht vernichtet. Und er akzeptierte seine Niederlage nicht, sondern kämpfte bis zur letzten Patrone. Dadurch wurden noch Millionen von Menschen sinnlos geopfert. Hitler war ein Vorläufer der satanischen, antichristlichen, antisemitischen Macht. Satan bietet uns an, was ihm schon genommen ist; und wenn er es uns anbietet, dann niemals umsonst, sondern nur für den Preis unserer Seelen. Jesus dagegen, der Herr der Geister allen Fleisches, sagt zu uns: «Meinen Frieden gebe ich euch. Nicht gebe ich euch, wie die Welt gibt. Euer Herz erschrecke nicht und fürchte sich nicht» (Joh. 14,27).

Durch Reichtum, Besitz, Eigenmächtigkeit, Habenwollen und Begehren wird uns eine Scheinwelt vorgegaukelt, eine Freiheit zur Selbstverwirklichung offeriert, die uns blind macht für den wahren Zustand unseres Lebens. Wir vergessen, verdrängen, daß wir uns mit der Ausrichtung auf den Geist des Habenwollens (Mammon) an die Vergänglichkeit binden und mit ihr vergehen. Wir werden versucht durch unsere Lust, unser Habenwollen. Und dieses Habenwollen ist der Wurzelgrund allen Streites (Jak. 4,1).

Die Ausrichtung auf das Sichtbare (das Sehen, Begehren, Greifen und Begreifen) ist das Grundmuster des natürlichen Menschen: Ausdruck seiner Gottlosigkeit, Folge des Sündenfalls: Sehen, Greifen, Objektivieren, Begreifen, Erkennen sind auch die Basispfeiler jeder Wissenschaft. Die Wissenschaft wird seit Aristoteles definiert als Wissenschaft vom Objekt. Das Objekt aber entstand als Dimension der Gegenständlichkeit erst durch den Sündenfall. Das Bewußtsein des gefallenen Menschen ist ein reflexives Bewußtsein, gebrochen an der Sichtbarkeit einer gegenständlich erlebten Welt. Die Welt der Wissenschaft ist die Welt menschlicher Hybris. Und die alltägliche, allgemeine Gottlosigkeit begann damit, daß man auch den Menschen der wissenschaftlichen Herangehensweise unterwarf, in der Meinung, dadurch ein verfügbares Wissen zu bekommen über Gut und Böse: Die Natur des Menschen sei gut, die gesellschaftlichen Verhältnisse machten ihn böse (= «wissenschaftlicher» Marxismus).

Die Transparenz und Direktheit allen Seins auf Gott hin ging verloren. J.C. Eccles, («Das Rätsel Mensch», Basel 1982), Nobelpreisträger für Medizin (1963), sagt, daß wir nicht wüßten, was das Bewußtsein sei. Wir könnten es nicht erklären: «Auf irgendeine mysteriöse Weise hat die Evolution das menschliche Gehirn mit Eigenschaften ausgestattet, die gänzlich anderer Ordnung sind als alles andere in der Natur ... Hier ist das Rätsel und Geheimnis Mensch am undurchdringlichsten» (S. 229). Eccles fragt sich, ob das Gehirn den Geist hervorbringe, so wie die Niere Harn produziert (und lehnt einen solchen Vergleich ab) oder ob das Gehirn nur ein Instrument sei, auf dem der «selbstbewußte Geist» spielt. Eccles kann die Antwort nicht finden, weil er der wissenschaftlichen Herangehensweise (= dem Außenaspekt) verhaftet bleibt.

Die Bibel gibt eine kompetente Antwort: Der Mensch ist eine dialogische Existenz, von Gott geschaffen, dialogisch mit Gott, dem Schöpfer, verbunden. Das Dialogorgan ist das Herz, nicht der Intellekt. Nur die «reinen Herzens» sind, werden Gott schauen (Matth. 5,8).

Als Jesus auf dem Berg vor seinen Jüngern durch das Licht Gottes verklärt (transparent) wurde, da waren seine Kleider wie Licht, strahlend weiß, und sein Angesicht leuchtete wie die Sonne. Für die Jünger trat die Gegenstandsdimension zurück, sie sahen Jesus im Lichte Gottes mit ungebrochenem Bewußtsein (durchscheinend). Als Gott dieses Geschehen zu Ende brachte, sahen sie nur noch Jesus allein. Mit den Augen des Geistes würden wir die hier nicht mehr lebenden Jünger in derselben Dimension als Heilige erkennen, so wie die Jünger im Geiste der Verklärung Mose und Elia sehen konnten.

Es ist wie bei einem Mikroskop. Da kann man die Präparate in durchscheinendem Licht sehen oder nur in der Draufsicht. In der Draufsicht erkennt man nur grob die äußeren Strukturen, im durchscheinenden Licht aber die innere Struktur. Wenn an der liebenden Hand Jesu der Außenaspekt überwunden wird, dann sieht man Gottes Herrlichkeit in der inneren Struktur seiner Schöpfung.

Wenn aber ein Mensch von sich aus versucht, durch Meditation, okkulte Praktiken und Rauschzustände selbstherrlich die von Gott zum Schutz gegebene Grenze der Sichtbarkeit zu durchstoßen, dann begegnet er der Dämonie und erfährt, daß er mit dem Teufel paktiert hat. J.A. Elten, ehemaliger *Stern*-Reporter, ging nach Indien (Poona) in den Ashram des Bhagwan. Er schreibt über das Erlebnis einer Gruppensitzung mit dem Therapeuten Teertha:

«‹Du willst dich nur drücken!› sagt er. ‹Du willst dich nicht engagieren. Du bist ein Feigling, ein Voyeur, ein Parasit der Gruppe!› Es ist klar, daß er mich aus der Reserve locken will. Ich lasse mich auf das Spiel ein. Ich bin wütend und will es sein. ‹Halt die Fresse!› brülle ich ihn an. Und er brüllt zurück: ‹Du bist ein deutscher Feigling, ein typisch deutscher Feigling!›

Die Gruppe starrt mich an. Teertha und ich sitzen uns gegenüber – er auf der anderen Seite des Raumes. Wir starren uns feindselig an.

Plötzlich scheint es mir so, als ob sich das Licht im Raum verändert. Es wird blendend hell, und ich sehe, wie um Teerthas Gestalt ein gleißender Lichtrahmen auftaucht. Sein Gesicht verliert alle Farbe. Der Bart wird pechschwarz. Teertha verwandelt sich in ein Gespenst.

Mein Atem fliegt. Ich fühle mich heiß. Schweiß tritt auf die Stirn. Mich schwindelt. Ich kriege keine Luft mehr. Der Gedanke: ‹Ich werde wahnsinnig!› fährt durch mein Gehirn. Ich suche Halt, finde keinen, rutsche langsam an der Wand herunter und befreie mich plötzlich mit einem irrsinnigen Schrei. Ich liege lang auf dem Boden und weiß, daß ich weiterschreien muß, wenn ich nicht wahnsinnig werden will.

Und ich schreie, schreie immer weiter, kralle mich an der Hand vom Mönch fest, der neben mir sitzt. Teertha ist neben mir. ‹Schlage mit den Beinen auf den Boden!› ruft er.

In dem Augenblick komme ich wieder zu mir, richte mich auf, klammere mich keuchend an den Mönch. Es tut mir gut, daß er meinen Kopf streichelt. ‹Was ist los?› fragt Teertha. Ich erzähle ihm stockend, daß ich ihn als Gespenst gesehen habe, als eine Gestalt zwischen Leben und Tod.

‹Ich glaube, ich werde wahnsinnig‹, sage ich. Und Teertha schaut mich nachdenklich an: ‹Das ist erst der Anfang. Da ist viel, was du loswerden mußt!›» (Swami Satyananda = J. Elten: «Ganz entspannt im Hier und Jetzt», Hamburg 1979, S. 90f.).

Hier verstehen wir die Schrift, die uns sagt, daß der Teufel sich verstellt als ein Engel des Lichts (2. Kor. 11,14), daß Menschen mit dem Tod einen Bund schließen können und mit dem Totenreich einen Vertrag (Jes. 28,15). Hierher gehören auch die «lichten» Sterbenserlebnisse (wie sie durch Frau Kübler-Ross publik gemacht wurden). Wir erinnern uns daran, daß die ägyptischen Zauberer die Wunder des Mose nachmachten – allerdings nur die ersten zwei, dann mußten sie aufgeben und angesichts ihrer begrenzten Macht bekennen: «Das ist Gottes Finger» (2. Mose 8,15).

Die Menschen fallen auf die relative und begrenzte Macht Satans herein (beispielsweise Horoskop, Totenbefragung, Reinkarnationslüge), weil sie dem lebendigen Gott in Jesus Christus nicht vertrauen.

Wunder und Zeichen werden den Antichristen begleiten, aber Frieden wird er nicht bringen, allenfalls einen «Frieden» durch eine Weltdiktatur (Luk. 11,21). Die Menschen werden die Angst vor dem Gericht nicht verlieren (Offb. 6,15.16). Gott will uns durch seine Wahrheit zu seiner Liebe befreien und vom Gericht erretten.

Im Vertrauen und in der Liebe ist die Wirklichkeit eingebettet in eine personale Beziehung. Die Personen und Sachen gehören zum Leben, aber sie stehen nicht dazwischen. Erst wenn die Beziehung zu Gott verlorengeht, treten die Gegebenheiten in den Vordergrund, werden zu Gegenständen und zwingen auch den Menschen in die Gegenstands-, Gegenüber- und Gegnerschaftsdimension: Es wird beachtet, was zwischen den Menschen steht. Wenn Jesus als Streit-Objekt zwischen den Menschen steht, dann ist da kein Glaube wirksam, sondern christlich-religiöse Ideologie mit der «Seuche der Fragen und Wortgefechte.» (1. Tim. 6,4).

Das Auftun der Augen, die Begrenzung des Menschen auf das, was vor Augen liegt, ist zwar die Folge seiner Sünde, aber zugleich ein Gnadenakt Gottes: Schutz vor der Unmittelbarkeit des Bösen, der Welt der Geister und Dämonen. Aber Gott hat in seiner Güte auch dem Denken des Menschen eine Reflexion in dieser Richtung belassen, wenn dieser bereit ist, sein Denken der Herrschaft Gottes zu unterstellen: Gottes unsichtbares Wesen sollte durch Nachdenken über die Werke der Schöpfung wahrgenommen werden. Doch die Menschen blieben im mißtrauischen Hochmut und gaben dem Geschöpf mehr Ehre als ihrem Schöpfer (Röm. 1,19-22). Sie blieben in ihrem Denken an die Gegenständlichkeit gebunden.

Das unsichtbare Wesen Gottes wurde durch Nachdenken nicht mehr an der Schöpfung der Welt erkannt, weil das Denken dem Streben nach Macht untergeordnet wurde. Unter der Versuchung zum Herrschen gingen das kindliche Staunen und die Freude an der intellektuellen Neugier verloren. Das wissenschaftlich geprägte Bewußtsein als ein Herrschafts- und Leistungswissen vermag jedoch Gott nicht mehr wahrzunehmen als den, der hinter allem und vor allem ist. Das Mißtrauen («Sollte Gott gesagt haben?») und der Wille zur Macht (= Sein wie Gott) haben die Menschen von der Liebe zu Gott getrennt.

In diesem und durch dieses Denken sind wir unsere eigenen Gefangenen (2. Kor. 10,5). Diese Fixierung auf das Sichtbare, die Herangehensweise von außen unter der Diktion der Machbarkeit, begründet den «Allmachts-/Ohnmachtskomplex» der aufgeklärten Menschen (H.E. Richter, 1979). Deshalb beginnt der Weg der geistlichen Entwicklung damit, daß der Mensch das Instrument dieser Außenorientierung, sein Denken, seinen Intellekt, dem Gehorsam Christi unterstellt (2. Kor. 10,5). Das ist keine Verleugnung des Intellektes, sondern eine demütige Unterordnung unter den, der ihn geschaffen hat. Der Glaube, d. h. die personale Beziehung zu dem lebendigen Gott, ist das

Umfassendere, ist die höhere Dimension, das größere Gefäß, in dem das Denken, das zuständig ist für Raum und Zeit, bequem Platz hat.

Wer immer noch nicht begriffen hat, daß der Mensch mit seinem Denken Gott grundsätzlich nicht zu begreifen vermag – grundsätzlich nicht –, sollte sich wissenschaftstheoretisch darüber informieren, daß zum Erkennen eine Kongruenz zwischen dem Erkenntnisinstrument und dem Gegenstand des Erkennens gegeben sein muß. Das ist aber nicht der Fall, wenn der Mensch mit dem auf die Sichtbarkeit ausgerichteten Instrument des Denkens den unsichtbaren, ewigen Gott erkennen will. Das Denken führt, wenn es nicht verfinstert ist, zum ahnenden Wahrnehmen Gottes. Deshalb verließ Abraham die alte Heimat, um in ein Land zu gehen, das er noch nicht gesehen hatte; ein Land, das Gott ihm verheißen hat. Er verließ die alten Strukturen, auch jene der Orientierung, und wagte Neues. Ähnlich gab Gott dem Mose bei seiner Berufung am Dornbusch ein Zeichen, das sich erst nach der Herausführung des Volkes aus Ägypten erfüllen konnte: «Das soll dir das Zeichen sein, daß ich dich gesandt habe: Wenn du mein Volk aus Ägypten geführt hast, werdet ihr Gott opfern auf diesem Berg» (2. Mose 3,12). Der Herr gibt uns immer wieder Zeichen seiner für uns unsichtbaren Wirklichkeit und Wirksamkeit. Und deshalb werden wir selig genannt, wenn wir nicht sehen und dennoch glauben (Joh. 20,29).

Die Umkehr beginnt mit dem Vertrauen auf das persönliche Wort, das ein Mensch von Gott empfängt. Am Anfang war und ist immer wieder das Wort: die Zusage Gottes. Das Hören auf Gott macht es uns möglich, daß wir unser bisheriges Leben, die Strukturen unserer Denkgewohnheiten, unserer Bindung an und die Ausrichtung auf das Vergängliche verlassen, uns davon wegwenden, um uns mit einem suchenden Herzen Gott, dem Schöpfer aller Dinge, anzuvertrauen: «Verlaß dich auf den Herrn von ganzem Herzen, und verlaß dich nicht auf deinen Verstand» (Spr. 3,5). Das schließt nicht aus, daß wir den Verstand nach wie vor gebrauchen; Gott hat ihn uns dazu gegeben.

Aber er ist nicht der letzte und tragende Grund unserer Existenz. Wir selbst können uns mit unserem Verstand nicht begreifen. Deshalb kann auch die Forderung nach Widerspruchsfreiheit als logische Geltungsbegründung für die Aussagen der Bibel nicht in Anspruch genommen werden. Denn die logische Widerspruchsfreiheit ist eine Dimension des menschlichen Denkens. Gottes Gedanken sind höher als unsere Gedanken und können uns widersprüchlich erscheinen, während sie von Gott her gesehen durchaus nicht widersprüchlich sind.

Es gibt hierzu eine wunderschöne chassidische Erzählung: Mose befindet sich in der Wüste hinter einem Dornbusch, und vor dem Dornbusch ist ein Brunnen. Da kommt ein einsamer Beduine und schöpft Wasser aus dem Brunnen. Dabei verliert er seine Geldbörse. Mose bleibt ruhig im Verborgenen. Da kommt ein zweiter Beduine, sieht die Geldbörse, nimmt sie an sich, schöpft Wasser und geht weiter. Mose sagt immer noch nichts. Schließlich kommt ein dritter Beduine und schöpft auch Wasser. In diesem Augenblick kommt der erste, der die Geldbörse verloren hatte, zurück und spricht den dritten an und sagt zu ihm: «Gib mir meine Geldbörse, du mußt sie haben. Ich habe sie hier verloren, als ich Wasser schöpfte.» Der beschuldigte Beduine bestreitet dies, und es kommt zu einem Handgemenge. Der zuletzt gekommene Beduine wird von dem zuerst dagewesenen erschlagen. Menschliches Denken würde hier sagen: Welch eine Ungerechtigkeit! Doch Gott klärt Mose auf: Der erste Beduine hatte die Geldbörse gestohlen und sie am Brunnen verloren, der zweite war der rechtmäßige Eigentümer, der sie wiederfand. Und der dritte, der kam, war ein Mörder, und ihn erreichte die Blutrache: Er wurde erschlagen.

Wir sollten in unserer Eitelkeit und vorschnellen Beurteilung göttlichen Denkens und Handelns in unserem Leben sehr zurückhaltend sein. «Wer ist der, der den Ratschluß verhüllt mit Worten ohne Verstand? Darum hab ich unweise geredet, was mir zu hoch ist und ich nicht verstehe» (Hiob 42,2.3).

Das unfaßbare Geheimnis ist unser Bewußtsein, daß wir wissen: *Wir sind!* (Eccles). In diesem elementaren Bewußtsein unseres Daseins erreicht uns der Anspruch/die Ansprache Gottes, des Schöpfers, und fordert uns auf, mit ihm an seiner Hand in das Neue zu gehen. Diese Herausführung des Menschen gegen den Widerstand Satans hat Gott in seinem Heilsplan gleich nach dem Sündenfall beschlossen. Und deshalb ist jede Umkehr, jede Hinwendung zu Gott eine Herausführung, die stets begleitet ist von den Widerständen der Finsternis, die diese Erlösung verhindern will.

Zu mir kam die Mutter einer Studentin, um ihre Tochter besser verstehen zu können. Die Tochter war gläubig geworden. Die Mutter hatte die positiven Veränderungen bei der Tochter bemerkt, aber zugleich ein Stück Entfremdung wahrgenommen.

Ich sagte der Mutter, daß hier ein Verstehen in den Grenzen psychologischer Kategorien und Fakten nicht weiterhelfen könne. Die Veränderung ihrer Tochter läge auf einer anderen Ebene. Wenn sie ihre Tochter in diesem Prozeß ernsthaft verstehen möchte, dann ginge das nur, wenn sie denselben Weg gehe, den ihre Tochter gegangen ist: Umkehr zu Gott durch Jesus Christus.

Die Mutter bejahte das. Daraufhin erklärte ich ihr den Heilsplan Gottes und das Werk der Erlösung durch Jesus Christus. Nachdem sie alles verstanden und akzeptiert hatte, fragte ich sie, ob sie bereit wäre, nun den Schritt über die Todeslinie zu tun, d. h. den Namen des Herrn Jesus Christus anzurufen. Als sie das bejahte, sagte ich zu ihr, daß ich nun zuerst beten würde, und sie könne sich dann anschließen. Ich betete, dann kam eine Pause und kein Gebet der Mutter. Nun sprach ich sie daraufhin an: «Sie wollten doch, um ihre Tochter zu verstehen, denselben Weg gehen und zu Jesus beten. Warum haben Sie nicht gebetet?» Daraufhin sagte sie: «Ich wollte nicht.» Nun bat ich sie, ihr Nicht-Wollen zu begründen. Da sie keinen Grund nennen konnte, wich sie auf eine emotionale «Begründung» aus und sagte: «Ich hatte einen Widerstand.» Daraufhin konnte ich ihr in Bestimmtheit und Liebe sagen: «Wenn Sie keinen rationalen Grund für Ihr Nicht-Beten nennen können, dann haben Sie auch keinen; dann ist der Grund irrational. Es ist ein innerer Widerstand. Sie haben Satans Widerstand gespürt. Er hat immer dem Geist Gottes widerstanden und hat es auch getan, als Sie den Willen hatten zu beten. So kommt Ihr Nicht-Wollen nicht von Ihnen, es kommt vielmehr von der Macht der Finsternis. Und diesen Willen akzeptiert Gott nicht, und ich akzeptiere ihn auch nicht; deshalb gebiete ich Ihnen, daß Sie das Leben wählen (5. Mose 30,14-19) und jetzt Jesu Namen anrufen.» Sie tat es und gehört nun zum Leib Jesu, geht in einen Hauskreis und in den Gottesdienst einer evangelischen Kirche mit einem gläubigen Pfarrer.

Der Bund Gottes mit den Menschen ist seit der grundsätzlichen Verderbnis allen Fleisches durch den ersten dämonischen Einbruch (1. Mose 6,1-13) ein Bund der Herausrufung, der mit Noah anfing (1. Mose 6,18 und 9,11-17) und mit Jesus seine Erfüllung gefunden hat. Der «Alte Mensch» mit seinen Denkstrukturen ist nicht in der Lage, das Gute, das er will, zu tun; aber das Böse, das er nicht will, das tut er: «Denn ich weiß, daß in mir, das heißt in meinem Fleisch, nichts Gutes wohnt. Wollen habe ich wohl, aber das Gute vollbringen kann ich nicht ... Denn ich habe Lust an Gottes Gesetz nach dem inwendigen Menschen. Ich sehe aber ein anderes Gesetz in meinen Gliedern, das widerstreitet dem Gesetz in meinem Gemüt und hält mich gefangen im Gesetz der Sünde, das in meinen Gliedern ist. Ich elender Mensch! Wer wird mich erlösen von diesem todverfallenen Leibe?» (Röm. 7,18-24). Erst Jesus Christus, der «Zweite Adam», die neue Kreatur, die neue Schöpfung, wird Herr sein, wird im Geist der Liebe über eine neue Erde und einen neuen Himmel herrschen. Dann ist der ursprüngliche Schöpfungsauftrag an den Menschen erfüllt: «Macht euch die Erde untertan.»

Jesus Christus hat uns gezeigt, was es heißt: «Macht euch die Erde untertan.» Geistliches Wachstum ist Vorbereitung auf dieses Herrschen in Liebe und im Geiste der göttlichen Souveränität und Freiheit; jeder an seinem Ort.

Die Jünger erlebten, wie Jesus durch sein Wort, durch seinen Geist den Sturm stillte, die Kranken heilte, die Dämonen austrieb; ja er ging sogar über das Wasser. Was ist einfacher: Über den See zu gehen oder erst eine Brücke zu bauen, um darüber zu gelangen? Natürlich ist es einfacher, schlicht über den See zu gehen, wenn man es kann. Das ist die Vollmacht des Geistes über das Irdische. Damit ist nichts gesagt gegen das Bauen von Brücken, damit ist nichts gesagt gegen die Notwendigkeit von Ärzten. Aber wir sollten die Medizin und das Brückenbauen nicht für das Letzte halten. Gott ist der Herr, unser Arzt (2. Mose 15,26). Er ist der Allmächtige, er ist der Letzte, und er hat das letzte Wort, nicht wir. Deshalb fordert er Abraham auf: «Geh aus deinem Vaterland und von deiner Verwandtschaft und aus deines Vaters Hause in ein Land, das ich dir zeigen will» (1. Mose 12,1), gehe hinein in das Land des Glaubens. Dort ist Freiheit (Jak. 2,12): «Dein Reich komme. Dein Wille geschehe wie im Himmel so auf Erden.» Man lese aus diesen Zeilen aber bitte nicht eine Ablehnung des ärztlichen Handelns. Dazu zwei Beispiele:

Ich hatte mir 1974 durch Leichtsinn eine Unterkühlung zugezogen, und im Anschluß daran bekam ich eine bakterielle Prostatitis. Es war eine sehr schmerzhafte Angelegenheit. Ich bat den Herrn um Heilung, ging aber auch zu Ärzten. Zusätzlich hatte ich auch noch eine Nierenbeckenentzündung. Die Antibiotika, die ich bekam, vermochten die Bakterien bei der Nierenbeckenentzündung zu bekämpfen, sie waren aber nicht sehr wirksam in der verästelten und sehr vernarbten Prostata. Auf einer Klausurwoche, die ich leitete, ließ ich über mir beten und erlebte die Gewißheit, daß ich keine Nierenbeckenentzündung mehr haben würde. Und ich hatte auch keine mehr, obwohl die Prostatitis blieb. Die Behandlung zog sich mit Unterbrechungen fast vier Jahre hin, bis die Kieler Universitätsklinik erklärte, nichts mehr machen zu können. An eine Operation wagten sie sich wegen der Gefahr einer Streuinfektion nicht heran. Aber ich betete weiter; nicht fanatisch, nicht aufdringlich, sondern vertrauend und gelassen. Und dann hielt ich vier Jahre nach Beginn der Erkrankung in Minden einen Vortrag. Nach dem Vortrag saß ich am Tisch neben einer Frau, die ich nicht kannte. Sie sprach mich an: «Herr Professor, Sie sehen aber schlecht aus.» Und ich, in meiner direkten Art, gab ihr zur Antwort: «Ja, ich habe seit Jahren eine bakterielle Prostatitis.» Ich wußte nicht, ob die Frau überhaupt wissen konnte, was das ist. Plötzlich sagte sie zu mir: «Dann gehen Sie doch zu meinem Mann, er ist hier Chefarzt an der Urologie im Kreiskrankenhaus.» Ich ging hin und wurde durch eine, wie der Arzt sagte, veraltete Methode (Entwicklung eines individuellen Impfstoffes) nach vier Wochen als geheilt entlassen. Gott hatte mich nach langer Zeit zum richtigen Arzt geführt.

Ein anderes Erlebnis, das ebenfalls zeigt, daß Gott Ärzte und Medikamente in den Dienst am Menschen hineinnimmt, betrifft eine Kniegelenkentzündung. Sie war so schmerzhaft, daß ich kaum gehen konnte. Die konsultierten Ärzte verschrieben Massagen, Bestrahlung usw., auch Medikamente. Ich befolgte ihren Rat, aber das Knie schwoll dabei an. Da setzte ich das Medikament ab. Auch hier hatte ich immer wieder in Gelassenheit meine Not dem Herrn gesagt. Eines Morgens fiel mir beim Beten über dieser Sache ein Medikamenten-Name ein: «Wobenzym». Ich war ganz erstaunt, denn ich kannte dieses Medikament nicht, erinnerte mich aber daran, davon gehört zu haben. Die Wirkungsweise des Medikaments war mir völlig unbekannt. Ich besorgte es mir, hatte nach wenigen Tagen keine Schmerzen mehr und bin auch bis heute schmerzfrei geblieben.

Gott tut Wunder; Wunder, die unser Verstand nicht begreifen kann; Wunder der Vorausschau Gottes, die unser Denken nicht nachvollziehen kann. Gott ist auf jeden Fall der Herr über alles.

Das Denken ist uns also nicht verboten, aber es gehört an die zweite Stelle. Ein Mensch, der glaubt, kann (wenn alle anderen Voraussetzungen gleich sind) besser denken als einer, der nicht glaubt – denn er denkt vom Ziel her, er denkt in einer umfassenderen Perspektive, und er denkt im Zustand der Entspannung und der Liebe. Er ist nicht genötigt, das Instrument seines Denkens zu überfordern, daß es etwas leisten soll, was es nicht zu leisten vermag. Er ist gegen den ideologischen Mißbrauch dieses Instrumentes gefeit. Wenn wir unsere Kompetenzgrenzen überschreiten, Gott nicht die Ehre geben, sondern uns selbst für klug und weise halten, wird dieses herrliche Instrument des Denkens zwangsläufig verfinstert, und wir werden das ewige Leben nicht erben, weil wir am Zentrum unserer Existenz vorbeileben, vorbeiforschen. Denn das Zentrum unserer Existenz ist die Liebe, nicht die Welt der klugen Gedanken.

Um diese Liebe Gottes zu erfahren, müssen wir die alten Denkstrukturen und -gewohnheiten verlassen und auf Gottes Verheißungen sehen, uns an den Unsichtbaren halten, als würden wir ihn sehen, so wie es Mose tat (Hebr. 11,27). Die Liebe ist der Erkenntnis, dem Bekenntnis und dem Gesetz übergeordnet; und auch von den Gaben heißt es, daß sie nichts nützen, wenn die Liebe zu Gott nicht als Beziehung wirksam ist. Diese Liebe zu Gott wird konkret geprüft im Vertrauen. Der ganze Weg von der Umkehr zu Gott bis zur Vollendung des Lebens ist ein einziger Weg in der Schule des Vertrauens. Denn Mißtrauen ist die Ursünde des Menschen, es gipfelt im uralten Satz: «Sollte Gott gesagt haben?» Alle Sünden sind Auswirkungen dieser Grundsünde des Mißtrauens. Mißtrauen ist dann der Nährboden des Zweifelns. Und Zweifel ist die Ursache des Verlustes von Liebe.

Wer aus Gott geboren ist, ist für Satan unangreifbar (1. Joh. 3,9). Wer Gott vertraut, von diesem Neuen her lebt, kann deshalb Satan widerstehen und sich zu Gott wenden – und Gott naht sich zu ihm (Jak. 4,8). Dieses Verlassen des Alten macht die Nachfolger zu gesellschaftlichen Außenseitern. Geistliches Wachstum steht deshalb auch immer unter dem Druck der Finsternis. Doch dieser Druck, vom Nachfolger Jesu als Versuchung erlebt, wird vom Vater im Himmel kontrolliert, so daß keiner über das Maß seines Glaubens versucht werden kann. Wir haben einen Hohenpriester, der versucht worden ist wie wir, doch ohne Sünde, und der deshalb Mitleid und Erbarmen haben kann mit uns (Hebr. 4,15). Er ist unser guter Hirte und sorgt dafür, daß wir nicht sofort, wenn wir zu Gott umkehren, voll in den Kampf geworfen werden. Der jungbekehrte Mensch ist in besonderer Weise von der Güte Gottes beschützt. «Ihre Engel im Himmel sehen allezeit das Angesicht meines Vaters im Himmel» (Matth. 18,10).

Wenn wir am Anfang durch unsere Umkehr dem Teufel widerstehen (gemäß dem Wort der Schrift: «Widersteht dem Teufel, so flieht er von euch», Jak. 4,7), erfahren wir, daß Gott die Ernsthaftigkeit unserer Umkehr prüft, um uns dann als liebender Vater mit mächtigem Arm zu helfen. So war es auch beim Auszug aus Ägypten.

Nach der neunten Plage knüpfte Pharao noch Bedingungen an den Auszug des Volkes Gottes: Die Schafe und Rinder sollten sie zurücklassen, und Mose sollte ihm nicht mehr unter die Augen kommen (2. Mose 10,24). Aber nach der zehnten Plage ließ er sie bedingungslos ziehen und bat sie sogar noch um Fürbitte für sich und sein Volk; die Ägypter gaben ihnen darüber hinaus noch goldenes Geschmeide und Kleider mit (2. Mose 12,32ff.). Am Anfang des Weges, in den Zeiten der ersten Liebe, sitzen die Kinder im Glauben zu Füßen des Vaters und hören auf sein Wort. Ehe uns Gott in den Kampf ziehen läßt, macht er uns stark an unserem innwendigen Menschen und rüstet uns aus für diesen Kampf. «Denn wir haben nicht mit Fleisch und Blut zu kämpfen, sondern mit Mächtigen und Gewaltigen, nämlich mit den Herren der Welt, die in dieser Finsternis herrschen, mit den bösen Geistern unter dem Himmel» (Eph. 6,12). Kleinkinder ziehen noch nicht in den Streit!

Ich erinnere mich noch an eine Studentin, die zum Glauben gekommen war und in die Gemeinde ging. Der Prediger begrüßte sie freudig als neuen Gast in der Gemeinde und bat sie sofort (weil sie Lehrerin wurde), die Jugendarbeit zu übernehmen. Ich bat den Pfarrer, diesen Auftrag zurückzunehmen und dem Mädchen zu gestatten, erst einmal im Glauben zu wachsen. So wie ein neugeborenes Kind in der Geborgenheit, in einer Schutzzone aufwächst, so soll auch ein von neuem geborener Mensch in der Gemeinde zunächst seine Schonzeit haben. Wir brauchen mit den Menschen, die umkehren zu Gott, geduldige Liebe, wenn sie geistlich gesund wachsen sollen. Man muß ihnen Zeit geben und Zeit lassen zum inneren Wachstum, sonst werden sie keine Nachfolger Jesu, sondern Funktionäre einer christlichen Organisation.

Doch die Geduld, die den Kindern gegeben wird, müssen diese Kinder gleichermaßen auch mit sich selbst haben. Ich erlebe es manchmal, daß ein Mensch, der Buße tut, Forderungen begegnet oder an sich selbst stellt, die er nun meint erfüllen zu müssen, weil er ein Christ sei. Zumeist handelt es sich um ethische Forderungen: etwas, was man tun oder lassen soll. Diese Forderungen kommen meist von «christlichen Normen», die von Gemeinde zu Gemeinde verschieden sind. Nachfolge ist aber nicht Norm-Erfüllung, ist nicht definiert durch einen Tuns- oder Lassens-Katalog. Nachfolge ist primär Vertrauen und Liebe zu Gott. Daraus ergibt sich alles andere von innen her, nicht als Norm von außen. Wir sollen ermahnen, aber nicht vergewaltigen. Gott ist barmherzig. Dazu will ich ein Beispiel geben:

Als mein Sohn in die Oberschule kam, war ich noch ein relativ junger Christ. Ich war begeistert von Jesus Christus und wollte unbedingt, daß auch meine Kinder Nachfolger Jesu würden. Ich erzog sie deshalb dazu, mit ihren Kameraden Frieden zu halten. Sicherlich ist das richtig und biblisch, aber nicht für den natürlichen Menschen. Das ist eine Anweisung für den *geistlichen* Menschen! Und diesen Unterschied mußte ich lernen. Als ich eines Tages aus der Vorlesung nach Hause ging, kam ich zufällig am Schulhof vorbei, wo mein Sohn in der Pause mit den anderen Kindern herumtollte. Plötzlich wurde er angegriffen und geschlagen, und er verteidigte sich nicht, sondern stand da wie ein Lamm. Da ist mir mein Erziehungsfehler schlagartig bewußt geworden. Ich ging nach Hause, sprach meinen Jungen darauf an, und er gestand mir, daß er oft geprügelt würde. Ich revidierte sofort mein Erziehungskonzept und übte mit ihm, wie man sich verteidigt. So habe ich erkennen müssen, daß zuerst der natürliche Mensch ist und dann der geistliche. Wer dem natürlichen Menschen religiöse Normen aufzwingt, die nur von innen heraus der geistliche Mensch in der Kraft des Heiligen Geistes zu tun vermag, der vergewaltigt den natürlichen Menschen und macht aus ihm einen frommen Krüppel (ekklesiogene Neurose).

Was ich hier sage, ist kein Freibrief zum Sündigen. Wir sind zur Heiligung berufen, und nur die Geheiligten, die reinen Herzens sind, werden Gott schauen. Aber hüten wir uns vor der Vergewaltigung von Kindern und Seelen, die innerlich noch nicht soweit sind, weil der Heilige Geist sie noch nicht zu belehren vermochte oder auch nicht belehren wollte. Das Maß der Erziehung des Heiligen Geistes ist nicht unser Maß. Gottes Gedanken sind höher als unsere Gedanken. Hüten wir uns vor Unbarmherzigkeit auf diesem Gebiet.

Kapitel 6

Die begleitende Fürsorge des Vaters

Wenn die Nachfolge Jesu ein Wachstum ist, dann können wir uns selbst nicht heiliger machen, als wir sind. Wer Nachfolge von außen forciert und durch einen Katalog von Tuns- und Lassensvorschriften bestimmt, der reduziert Nachfolge auf die Schwundstufe moralischer Anstrengungen und wird damit dem Geiste Gottes und der Liebe des Vaters nicht gerecht. Dies ist ein Weg in die Gesetzlichkeit und Werkgerechtigkeit. Nachfolge ist geistliches Wachstum im Zusammenspiel von personaler Einwilligung und dem Wirken des Heiligen Geistes.

Der Apostel Paulus beschreibt aus seinem Leben dieses Zusammenwirken wie folgt: «Aber durch Gottes Gnade bin ich, was ich bin. Und seine Gnade an mir ist nicht vergeblich gewesen, sondern ich habe viel mehr gearbeitet als sie alle; nicht aber ich, sondern Gottes Gnade, die mit mir ist. Es sei nun ich oder jene: so predigen *wir*, und so habt ihr geglaubt» (1. Kor. 15,10ff.). An anderer Stelle spricht er von seinem Geist, der samt der Kraft Jesu an der versammelten Gemeinde ordnend wirksam werden wird (1. Kor. 5,4). Das Geheimnis geistlichen Wachstums ist von Anfang an gebunden an das Zusammenwirken der unbedingten Gnade Gottes und unserem einwilligenden Vertrauen. Ich hörte einmal ein schönes Bild zur Darstellung dieses Zusammenwirkens: Wenn wir den Weg der Umkehr betreten, dann steht vor uns ein Tor, auf dessen Bogen steht zu lesen: «Schaffet, daß ihr selig werdet, mit Furcht und Zittern» (Phil. 2,12). Und nach Vollendung des Weges lesen wir auf der anderen Seite des Tores: «Alles aus Gnaden» (1. Kor. 15,10).

Geistliches Wachstum bedeutet, dem Neuen Menschen Raum zu geben: Christus in mir muß zunehmen! In einer notvollen Situation sagte mir der Herr einmal: «Laß *mich* machen.» Ich vernahm dies als innere Stimme. Hier fragen natürlich viele: «Wie macht man das, daß man Gottes Stimme hört?» Ich würde darauf aus meiner Erfahrung und von der Bibel her sagen: Da kann man gar nichts machen. Gott überrascht uns. Die wichtigste Voraussetzung, um Gott in seinem Reden wahrzunehmen, ist das Loslassen unserer Wünsche. Aber bitte in Gelassenheit und nicht verkrampft! Gott ist barmherzig und gnädig mit uns. Und auch wer seine Stimme im Inneren nie vernimmt, der wird dennoch von Gott geführt, wenn er nur ihm vertraut. Geistliches Wachstum bedeutet, in Gelassenheit und in der Stille von Jesus Christus und seinem Wort sich überraschen zu lassen, sich zu freuen an dem, was der Herr tut. So wie ein kleines Kind plötzlich entdeckt, daß es laufen kann, daß es Fahrrad fahren kann, daß es in die Schule gekommen ist, so erlebt auch ein Christ nach und nach Zeichen seines Heranwachsens. Sie sind kein Anlaß zum Stolz (denn worauf sollten wir stolz sein?), sie sind aber Anlaß zum Staunen. Hierzu bedarf es vor allem der Geduld.

Vor zehn Jahren nahmen wir eine zwanzigjährige Frau auf. Sie war in großer Not zu uns gekommen, hatte Abitur nachgemacht und studiert. In ihrer Gesundungsphase gab es einen Abschnitt, wo sie sich Samen und Blumentöpfe kaufte. Sie steckte den Samen in die Blumenerde, um zu warten, bis der Samen aufging. Dies war ein wunderbares Symbol ihrer eigenen Entwicklung. Aber sie konnte nicht lange genug warten. Sie schaute schon nach wenigen Tagen nach und grub die Erde etwas auf, ob denn schon ein Keim zu sehen sei. Schließlich erklärte ich ihr: «Wenn du jeden Tag die Erde aufwühlst, um zu sehen, ob sich nun endlich etwas entwickelt, wird nie etwas wachsen. Du mußt es ruhen lassen.»

Wir müssen nicht ständig an uns herumdoktern. So werden wir nicht anders! Wir müssen uns zuerst einmal annehmen und vor Gott ruhen und dann sehen, wie er uns ändert. Ich habe Menschen in der Nachfolge kennengelernt, die dauernd ihren Blick darauf gerichtet hielten, anders zu werden. Und durch dieses krankhafte «Anders-Sein-Wollen», «Gut-Sein-Wollen», «Gesund-Sein-Wollen» wurden sie schließlich krank. Gott nimmt uns an, wo und wie wir sind. Und wir müssen ihn ruhig wirken lassen, damit wir werden, was wir sein sollen. Wir können nicht ständig bei anderen und bei uns selbst herumwühlen und neugierig fragen und nachschieben, ob denn nun schon etwas zu sehen sei von der Änderung, die doch allein nur der Heilige Geist bewirken kann. Unser Teil ist nichts anderes als Einwilligung: Schritt für Schritt.

Der Weg der Nachfolge beginnt mit dem Staunen darüber, daß Gott herausführt. Das Kind spürt sein An-die-Hand-genommen-Sein und die wohltuende geistliche Gemeinschaft im Gebet, in der Partnerschaft und im Hauskreis, in der Gemeinde. Es ist die Zeit, wo das heranwachsende Kleinkind sich noch stark an seine geistlichen Führer (Väter und Mütter in Christus) anlehnt, sich an Vorbildern orientiert. Hier erfolgt auch die Nestprägung auf eine bestimmte Form geistlicher Gemeinschaft hin. Diese geistliche Gemeinschaft nährt die junge Rebe, daß sie in Ruhe wachsen kann.

Der jungbekehrte Mensch ist wie ein glücklicher Säugling an der Brust seiner Mutter. Er fühlt sich völlig geliebt und geborgen. Denken wir doch an das Gespräch am Jakobsbrunnen. Jesus setzte sich zu der Frau und bat sie um Wasser. Die Frau, eine Samariterin, wunderte sich, daß Jesus, ein Jude, sie ansprach, denn es war Feindschaft zwischen den Samaritern und den Juden. Und Jesus entgegnete ihr: «Wenn du erkenntest die Gabe Gottes und wer der ist, der zu dir sagt: ‹Gib mir zu trinken!›, du bätest ihn, und er gäbe dir lebendiges Wasser»; und er fuhr fort: «Wer von diesem Wasser trinkt, den wird wieder dürsten; wer aber von dem Wasser trinken wird, das ich ihm gebe, den wird in Ewigkeit nicht dürsten, sondern das Wasser, das ich ihm geben werde, das wird in ihm eine Quelle des Wassers werden, das in das ewige Leben quillt.»

Die Frau verlangte nach diesem Wasser, ohne den tieferen Sinn zu verstehen, und Jesus sprach daraufhin zu ihr: «Geh hin, ruf deinen Mann und komm wieder her!» Die Frau aber antwortete: «Ich habe keinen Mann.» Und Jesus bestätigte ihr: «Du hast recht geantwortet ‹ich habe keinen Mann›. Fünf Männer hast du gehabt, und der, den du jetzt hast, ist nicht dein Mann.» Die Frau fühlte sich völlig durchschaut, aber auch geliebt. Und sie stellte ihm die zentrale Frage nach dem Ort der Anbetung. Und das ist *die* Frage, die jeden Menschen zur Umkehr bringt; es ist die Frage nach Gott. In der Frau brach das verschüttete Bekenntnis ihres Glaubens an den Messias auf. Da offenbarte sich Jesus ihr: «Ich bin's, der mit dir redet» (Joh. 4,1-25).

Das war der Punkt ihrer Umkehr. Sie hatte gefunden, was sie zutiefst gesucht hatte. Vom ersten Moment der Begegnung an, als sich diese Frau die Frage nach dem Erlöser noch gar nicht stellte, war Jesus schon mit ihr auf dem Weg in der Verborgenheit ihres Herzens. Es gibt einen Punkt, wo es dem Menschen bewußt wird, daß da ein lebendiger Gott ist, der ihn geliebt hat vom Mutterleib an und der die Sinnfrage seines Lebens zu beantworten vermag. Aus welchem Motiv und auf welche Weise Gott auch angerufen wird: Wenn es aus einem suchenden Herzen heraus geschieht, beginnt mit dem Anruf immer der Weg heraus aus dem Haus der Knechtschaft bis hin zu der ganz bewußten Begegnung, wo das Herz froh wird, weil es um seine Errettung weiß. Für den jungen Gläubigen, der umgekehrt und zu dieser Erkenntnis des Jesus Christus gekommen ist, ist der Glaube das Selbstverständlichste von der Welt. Er sieht sich herausgeführt aus dem Unflat und der Unreinheit dieser Welt, hineingefüht in die Erkenntnis Jesu Christi. Je weiter er auf diesem Weg geht, um so deutlicher wird ihm die Größe und Herrlichkeit Gottes.

«Eine Nacht des Wachens war dies für den Herrn, um sie aus Ägyptenland zu führen» (2. Mose 12,42). Gott führte die Israeliten durch die Feuersäule in der Nacht und die Wolkensäule am Tag. Jeder Herausgerufene erfährt, daß seine Nacht Licht sein muß (Ps. 139,11.12). Die besondere Fürsorge gilt den Kindern, die durch die starke Hand Gottes herausgeführt werden aus der Vergänglichkeit dieser Welt: «Als nun der Pharao das Volk hatte ziehen lassen, führte sie Gott nicht den Weg durch das Land der Philister, der am nächsten war; denn Gott dachte, es könnte das Volk gereuen, wenn sie Kämpfe vor sich sähen, und sie könnten wieder nach Ägypten umkehren. Darum ließ er das Volk einen Umweg machen und führte es durch die Wüste zum Schilfmeer» (2. Mose 13,17.18). Wie fürsorglich ist Gott, der Vater aller Kinder im Himmel und auf Erden, darauf bedacht, daß den Kleinen kein Schaden zustößt! Und Jesus sagt: «Wenn aber jemand einem dieser Kleinen, die an mich glauben, Anlaß zur Sünde gibt, für den wäre es besser, daß ein Mühlstein an seinen Hals gehängt und er in die Tiefe des Meeres versenkt würde» (Matth. 18,6, Elberfelder-Ü.).

Es ist doch unbegreiflich, daß ein Mensch, der als Ungläubiger in ein Zimmer tritt, nach einem Gespräch und nach Anrufen des Namens Jesus Christus (= Gebet) *weiß*, daß Jesus lebt und daß er ihm das ewige Leben gegeben hat. Das ist das größte Wunder: die Vergebung der Sünden und die Gabe des ewigen Lebens (Röm. 6,23); größer als jede Krankenheilung oder jede Kraftwirkung. Denn alle anderen Wunder sind nur Zeichen für *diese* Zeit. Die Sündenvergebung und Reinigung befreit aber zu einer Liebe, die bleibt.

Auch beim verlorenen Sohn lag zwischen dem Entschluß zur Umkehr und der Begegnung mit dem Vater eine Wegstrecke. Die Umkehr aber begann mit dem Willen: «Ich will mich aufmachen und zu meinem Vater gehen und zu ihm sagen: Vater, ich habe gesündigt ... Ich bin hinfort nicht mehr wert, daß ich dein Sohn heiße» (Luk. 15,17-19).

So hat sich auch Israel Gott anvertraut und Mose geglaubt, als sie noch auf dem Weg waren aus der Knechtschaft unter Pharao bis zum bewußten Bundesschluß am Sinai. Dazwischen lag die erste große Bewährungsprobe des Glaubens: das Schilfmeer. Aber ohne Krisen und Bewährung gibt es keinen Anfang und auch keinen Weg des (wachsenden) Glaubens: «Selig ist der Mann, der die Anfechtung erduldet; denn nachdem er bewährt ist, wird er die Krone des Lebens empfangen» (Jak. 1,12). Versuchen wir deshalb doch nicht, alle Schwierigkeiten wegzubeten (nach dem Motto: Gott will nicht, daß es uns schlecht geht); wir könnten uns möglicherweise um die geistliche Reife bringen!

So wird jedes Kind Gottes auf seinem Weg der Nachfolge an einen ersten Engpaß geführt, in eine menschliche Auswegslosigkeit – in welchem Bereich auch immer. Doch Gott bereitet seine Kinder darauf vor. Wir haben vor dieser Situation Angst, aber wir sollen erfahren, daß Gott der Herr ist: «In der Welt habt ihr Angst; aber seid getrost, ich habe die Welt überwunden» (Joh. 16,33). Und in Verbindung mit dieser Aussage gibt Jesus gleich das Ziel an: «In meines Vaters Hause sind viele Wohnungen» (Joh. 14,1.2). Der Blick auf das Ziel unseres Weges gibt uns die Kraft, diesen Weg bis zum Ende zu gehen. Unser Vater im Himmel läßt es zu, daß wir versucht werden, damit unser Glaube gestärkt werde.

Hierzu ist mir ein Beispiel noch ganz frisch in Erinnerung: Durch ihre Tochter waren auch die mir bekannten Eltern zur Umkehr gekommen. Die Ehe war vorher durch Alkohol und okkulte Praktiken stark belastet und in ihrer Existenz gefährdet. Mit der Umkehr waren Friede und Freude eingezogen, ein nie gekanntes Glück. Aber nun kam die erste große Krise: Dem Vater wurde innerhalb kurzer Frist wegen Abriß des Gebäudes der Laden gekündigt. Er geriet darüber in eine Angstpanik, weil es ihm unmöglich schien, eine so gute Geschäftslage zu so günstigen Bedingungen je wieder bekommen zu können. Da rief er bei mir an: «Jetzt verlierst du eines deiner Schäfchen. Ich packe das nicht mehr. Ich erfahre Jesu Nähe nicht mehr. Er läßt mich fallen. Ich gehe morgen zu einer Wahrsagerin, die hilft mir.» Ich war erschrocken und betete zum Herrn für sein Kind und telefonierte mit einem Architekten. Am nächsten Tag war der Mann wieder im Hauskreis, hatte wieder Hoffnung, und es hatte sich auch eine annehmbare Zwischenlösung ergeben, die von dem Architekten angeboten wurde. Er bekam kurzfristig einen neuen Laden.

Nach der Umkehr wird jeder in eine erste Prüfung seines Gottvertrauens geführt. Er wird geprüft, wie er es mit seinen alten Strukturen, Denkmustern, Urteilen und Vorurteilen hält. Es kommt zu Zweifeln an Jesu Macht, zu Fragen, ob man sich nicht noch mehr Schwierigkeiten eingehandelt habe, als man vorher hatte, bis hin zu dem Schluß: «Auch das hat mir nicht geholfen.»

Oder es kommt zu ersten menschlichen Ablehnungen wegen dem Glauben. Alte Freunde erklären einen für verrückt, fanatisch, sektiererisch. Es können sich auch erste Konsequenzen des neuen Weges abzeichnen, beispielsweise die Trennung von einem ungläubigen Freund oder das Aufgeben einer ehebrecherischen Beziehung.

Da droht ein Mann, seine Frau zu verlassen, wenn sie sich mit dem «frommen Kram» weiter beschäftigt; oder eine Mutter reagiert mit Eifersucht; oder sie hat Angst, die Tochter könne nun ins Kloster gehen wollen usw. Oder es tauchen plötzlich Irrlehrer auf, um die «Neugeborenen» wieder umzudrehen. Dazu ein Erlebnis: Nach einem Seminar in der Hochschule und einem ausführlichen Gespräch bekehrte sich eine junge Studentin. Sie ging in unseren Hauskreis, betete auch laut und öffentlich im Kreis und nahm im Glauben zu. Nach wenigen Wochen begegnete sie mir auf dem Flur und sagte, sie habe eine Frau getroffen aus dem Umfeld des Predigers Moon, die das Evangelium anders verkündigt hätte, und sie wäre auch mit in jenen Kreis gegangen. Begründung: «Es steht ja geschrieben: ‹Prüfet alles, und das Gute behaltet.›» Ich bat sie, den Kreis nicht mehr zu besuchen und wieder in den Hauskreis zu kommen. Sie sagte mir aber, es sei dort sehr viel wärmer, viel herzlicher als bei uns im Kreis. Da wäre alles so theoretisch. Ich fand das sehr schade, und ich habe mich gefragt, wo meine und unsere Fehler lagen. Eines war aber bald klar: Nachdem die Studentin in dem anderen Kreis gewesen war, war sie nicht mehr belehrbar durch Gottes Wort. Sie hatte auf alle Einwände eine Ausrede oder eine sogenannte ‹andere Sicht›. Man merkte, es hatte der andere Geist sie wieder eingeholt. Man sollte in solch einem Fall auch nicht nach der Schuld bohren und Ursachenforschung treiben, weil dann die Gefahr besteht, daß man aus Bekehrung und Nachfolge ein theoretisches Konzept macht, das gemäß der eigenen Verfügbarkeit funktioniert oder funktionieren sollte. Immer noch steht Gott, der Herr, souverän über allen Entwicklungen und Entscheidungen. Wir können nur auf *unseren* Weg sehen und in Barmherzigkeit und Fürbitte, im Ermahnen und Trösten dem anderen begegnen.

Auf dem Weg zur Umkehr gibt es also äußere und innere Bedrängnisse. Das ist auch der Grund, warum man hin und wieder Menschen begegnet, die von sich behaupten, sie hätten zu Jesus Christus gerufen, aber das neue Leben doch nicht gefunden: Sie hatten sich nur mit den Lippen bekehrt, aber ihr Herz blieb wohl fern von Gott, weil sie die Finsternis mehr liebten als das Licht. «Ich lehre sie Zucht und stärke ihren Arm; aber sie sinnen Böses gegen mich. Auch rufen sie mich nicht von Herzen an, sondern machen ein Geheul auf ihren Lagern» (Hos. 7,15.14).

Jesus vermittelt uns diesen Sachverhalt eindeutig in seinen Gleichnissen vom Sämann: Der Same (Gottes Wort) fällt auf unterschiedlich vorbereiteten Boden. Das heißt: Die einen hören das Wort, aber sie glauben nicht. Der Teufel nimmt das Wort, das auf den harten Weg fiel, sofort wieder weg.

Ein anderer Same fällt auf den Felsen. Er geht schnell auf, das Wort wird mit Freuden aufgenommen. Aber bei der ersten Hitze der Anfechtung verdorren die Wurzeln. Das sind die, die nur eine Zeitlang geglaubt haben. Sie waren zu egozentrisch, waren begeistert von Jesus, hatten ihn erlebt, aber die Begeisterung war nicht tragfähig.

Dann gibt es andere, die glauben zwar, aber der Same bleibt doch ohne Frucht. Sie lassen sich nicht lösen von ihren Sorgen und Begehren. Sie wollen in dieser Zeit und in der Ewigkeit alles haben: fleischliche Christen. Nur bei wenigen bringt der Samen auf gutem Boden reichlich Frucht: bewährter Glaube (Luk. 8,11-15). Zu den guten Bedingungen geistlichen Wachstums gehört ein guter Boden, aber auch die Gelegenheit, Abwehrkräfte gegen Keim- und Wachstumsschädlinge zu entwickeln. Liebe und Glaube bedürfen der Bewährung.

So erging es auch dem Volk Gottes, als es sich aufgemacht hatte, das Haus der Knechtschaft zu verlassen. Pharao holte das ausziehende Volk ein und wollte es zurückholen unter seine Herrschaft (2. Mose 14,10).

Hier ist es wichtig, daß ein Kind Gottes geistliche Führung bekommt. Und das Volk sprach zu Mose: «Waren nicht Gräber in Ägypten, daß du uns wegführen mußtest, damit wir in der Wüste sterben? Warum hast du uns das angetan, daß du uns aus Ägypten geführt hast? Haben wir's dir nicht schon in Ägypten gesagt: ‹Laß uns in Ruhe, wir wollen den Ägyptern dienen›? Es wäre besser für uns, den Ägyptern zu dienen, als in der Wüste zu sterben» (2. Mose 14,11).

Mose ließ sich aber in seinem Vertrauen zu Gott durch den Druck von innen und außen nicht irritieren, sondern sagte: «Fürchtet euch nicht, stehet fest und sehet zu, was für ein Heil der Herr heute an euch tun wird. Denn wie ihr die Ägypter heute seht, werdet ihr sie niemals wiedersehen. Der Herr wird für euch streiten, und ihr werdet stille sein» (2. Mose 14,13-14).

Der Mensch wird sich bewußt, daß Nachfolge etwas zu tun hat mit Heiligung. Und der Widerstand der alten Natur wird deutlich spürbar. Die Frage: «Wovon will ich mich bestimmen lassen? Was will ich eigentlich?» fordert zu einer existentiellen Entscheidung heraus: Liebe ich Gott wirklich mehr als meine alten Bedürfnisse, mehr als Intellekt und Lust? Will ich den Weg weitergehen?

Die Umkehr fordert den ganzen Willen, die alten Gewohnheiten und Strukturen der Sünde zu verlassen. Deshalb ist der Schritt zur Umkehr eine Frage des Willens. Jesus fragt: «Willst du mir nachfolgen?» Er fragt nicht: «Hast du Lust, mir nachzufolgen?» Wer umkehren will, ohne die Trennung vom alten Leben vollziehen zu wollen, ohne bereit zu sein, sich von der anthropozentrischen Lustorientiertheit abzuwenden und sich zu einer christozentrischen Orientierung an Gottes Geboten hinzuwenden, der betrügt sich selbst. Die Forderung, die bösen Wege zu verlassen, bindet Gott an die Bereitschaft zur Vergebung der Sünden (Jer. 36,3). Umkehr bedeutet nicht Anerkennung einer christlich-humanistischen Moral. Das wäre «Nachfolge» ohne Jesus Christus, also keine Nachfolge. Denn Nachfolge ist immer Beziehung zu Jesus Christus.

Jesus sagt, daß es sogar möglich ist, in seinem Namen Wunder zu tun, böse Geister auszutreiben und ihm doch nicht gehorsam nachzufolgen. Deshalb beurteilt uns der Herr nicht nach unseren Worten, sondern nach unserem Gehorsam aus Liebe, ob wir unsere Autonomie aufgeben oder sie nur fromm tarnen. Es gibt keine eigene, autonome Frömmigkeit (Apg. 3,12).

Wenn wir auch in Versuchung geführt werden, so doch nicht über unser individuelles Maß (1. Kor. 10,13). Und wenn wir dem Herrn vertrauen, dann hilft er auf herrliche Weise. So kam auf dem Höhepunkt der Bedrängnis Gott seinem alten Bundesvolk zu Hilfe: Zwischen das Heer der Ägypter und das Heer Israels trat die Wolkensäule des Herrn. Nach der Seite der Ägypter hin war sie finster, und nach der Seite Israels hin leuchtete sie hell. Und so konnte der Pharao nicht nachstoßen. Am Morgen reckte Mose seine Hand aus über das Schilfmeer. Da wich es zurück durch einen starken Ostwind, und das Volk Israel ging trockenen Fußes mitten hindurch. Die verblendeten Ägypter folgten siegesgewiß nach. Aber als sie mitten im Schilfmeer waren, sagte der Herr zu Mose: «Recke deine Hand aus über das Meer, daß das Wasser wiederkomme und herfalle über die Ägypter, über ihre Wagen und Männer. Da reckte Mose seine Hand aus über das Meer, und das Meer kam gegen Morgen wieder in sein Bett, und die Ägypter flohen ihm entgegen. So stürzte der Herr sie mitten ins Meer» (2. Mose 14, 23-30). Auf diese Weise hatte der Herr die erste große Versuchung seines Volkes beendet und ihm gezeigt, wie mächtig er ist: «Der Herr ist meine Stärke und mein Lobgesang und ist mein Heil. Das ist mein Gott, ich will ihn preisen, er ist meines Vaters Gott, ich will ihn erheben» (2. Mose 15,2). «Denn bei dir ist die Vergebung, daß man dich fürchte» (Psalm 130,4).

Nun beginnt der Weg in die Freiheit, nun bekommen die Kinder Gottes Gelegenheit, das Gesetz der Freiheit (= das

Gesetz der Liebe) kennenzulernen. Jeder bekehrte Mensch ist abgeschnitten von der Macht der Finsternis. Das Schilfmeer fließt wieder, es gibt kein Zurück nach Ägypten, es gibt kein Zurück unter die direkte Gewalt Satans. Satan kann die Kinder Gottes nur noch versuchen, wenn Gott es zuläßt und erlaubt (siehe Hiob).

Wir haben die Macht, über den Bösen zu herrschen. Die Sünde lauert «vor der Tür, und nach dir hat sie Verlangen; du aber herrsche über sie» (1. Mose 4,7). Der Fürst dieser Welt ist gerichtet am Kreuz, und ein Wörtlein des Glaubens kann ihn fällen (M. Luther). Wichtig ist nun, daß die Kinder Gottes auf dem weiteren Weg lernen, geistlich zu denken, damit Jesus Christus in ihnen zunimmt und sie die Ausrichtung auf die Vergänglichkeit ablegen; nach und nach, wachstümlich: «Er muß wachsen, ich aber muß abnehmen» (Joh. 3,30).

Der Apostel Paulus beschreibt diese Wahrheit vortrefflich: «Ich lebe, doch nun nicht ich, sondern Christus lebt in mir. Denn was ich jetzt lebe im Fleisch, das lebe ich im Glauben an den Sohn Gottes, der mich geliebt hat und sich selbst für mich dahingegeben» (Gal. 2,20). Christus in uns kann nicht sündigen (1. Joh. 3,9). In der Mitte unserer Existenz gehören wir jetzt schon in sein herrliches Reich. Das Fleisch ist schwach, kann versucht werden und sündigen. Aber wir sollen und können stark werden an unserem inneren Menschen (Eph. 3,16.17), damit Er in uns zunehme und wir abnehmen. Das ist der Weg der Heiligung: geistliches Wachstum.

Selbst wenn Kinder Gottes die Macht der Finsternis auf dem Weg über ihre Ängste und ihr Begehren wieder in ihre Seele und ihren Leib hineinlassen, so haben sie doch grundsätzlich jederzeit die Möglichkeit, daß der Herr in seiner Kraft diese Mächte wieder aus ihrem Leben austreibt. Immer wieder erfährt das Gotteskind staunend, daß der, der in ihm wirkt, Jesus Christus, stärker ist als der Fürst dieser Welt (1. Joh. 4,4). Solange der Mensch auf Gott bezogen ist und in seinem Wort lebt, gilt: «Wenn du fromm bist, so kannst du frei den Blick erheben. Bist du aber nicht fromm, so lauert die Sünde vor der

Tür» (1. Mose 4,7.8). «Herr . . ., wer ist dir gleich, der so mächtig, heilig, schrecklich, löblich und wundertätig ist?» (2. Mose 15,11). Welcher Neubekehrte könnte in seiner ersten Liebe – oder sagen wir besser: Hingabe – nicht einstimmen in so einen Lobpreis! Und so haben wir von Anfang an das Ziel unserer himmlischen Berufung vor Augen (Phil. 3,14), daß wir davonbringen die Seligkeit unserer (ewigen) Seelen (1. Petr. 1,9).

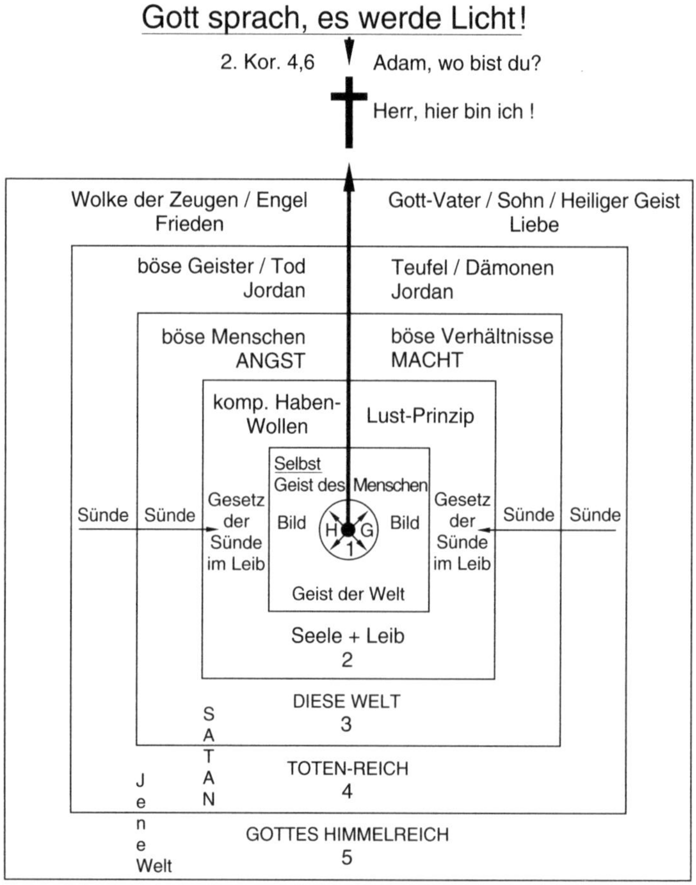

Nachfolge

Selbst: Mitte unserer Existenz und Summe von Geist, Seele und Leib nach ihren bewußten und unbewußten Anteilen.

Geist: spirituelle Dimension, nicht Intellekt.

Seele: 1. Begriff für die Summe von seelischen Kräften (bspw. Triebe), Zuständen (bspw. Gefühle) und Funktionen (bspw. Intelligenz).
2. «Organ» der Selbststeuerung (= Autonomie): ICH

Leib (soma): Summe aller materiellen Bausteine und der organischen Prozesse des Menschen.

Geister:
- verstorbene Gerechte (Hebr. 12,23)
- verstorbene Ungerechte (1. Petr. 3,19)

Dämonen: gefallene Engel

Abb. 9

Vierter Teil

Kindheit

Kapitel 7

In der Quarantäne Gottes

Mit dem Durchzug durch das Schilfmeer hat der Weg aus dem Hause der Sünden-Knechtschaft das erste Etappenziel erreicht: die Wüste. Sie ist ein Ort der Stille, der Einsamkeit und der Sammlung, aber auch ein Ort der Gefahr, der Isolierung und der Vereinsamung. Die Wüste hat ihre eigenen Gesetze, Wege und Oasen.

Mit dem Durchzug durch das Schilfmeer beginnt ein neuer Abschnitt auf dem Weg der Nachfolge. Um sich gesund weiterzuentwickeln, darf das neugeborene Gotteskind nicht zurückschauen, sondern muß nach vorne sehen. Jesus sagt: «Wer seine Hand an den Pflug legt und sieht zurück, der ist nicht geschickt für das Reich Gottes» (Luk. 9,62).

Es sind insonderheit die Greuelsünden (okkulte Praktiken, Götzendienst, Satansanbetung), die der Herr heimsucht bis in das dritte und vierte Glied der Generationsfolge (2. Mose 20,5). Von diesen müssen wir gelöst werden, und von diesen müssen wir uns – durch Absage an Satan – selbst lösen. Wir gehen als Kinder Gottes nicht verloren, aber können von diesen Bindungen auch nach der Bekehrung noch bedrängt und belastet werden.

Das ist «die Schmach Ägyptens» (Jos. 5,9), die wir durch die Wüste unseres Lebens mitschleppen: «das Gesetz der Sünde, das in unseren Gliedern ist» (Röm. 7,23). Erst im Land der Verheißung werden wir von diesem Übel in uns befreit durch den Einen, von dem gesagt ist, daß er die Gefangenen befreit und die Gebundenen losbindet (Jes. 61,1.2).

Und so versucht uns Satan indirekt durch unser Begehren und Habenwollen. Wenn wir um unserer Freiheit willen im Vertrauen Verzicht lernen sollen, sind wir in Gefahr, unsere

Augen zurück auf das greifbare, Befriedigung signalisierende Objekt zu richten, statt im Vertrauen zu Gott in der Wüste zu bleiben und im Glauben zu wachsen. Auf dem Weg durch die Wüste lernen wir, durch Vertrauen in Gottes Fürsorge frei und gelassen zu sein.

Wer den Weg mit Gott angetreten hat, wird ihn zu Ende gehen. Jesus Christus betet für uns, daß unser Glaube nicht aufhöre, wenn wir durch die Krisen und Nöte, durch die Höhen und Tiefen dieses Lebens geführt werden.

Das Gesetz der Wüste steht unter dem Zeichen der Selbstprüfung: Worauf verlasse ich mich? Wer führt mich den richtigen Weg? Wovon lebe ich?

Wenn ein Mensch umgekehrt ist und Gemeinschaft gefunden hat mit Christen, die Jesus in Liebe und Vertrauen nachfolgen, lebt er unter der Perspektive des Himmelreichs. Aber die menschliche Ebene ist auch noch voll vorhanden, und die Prioritäten können schnell verschoben werden vom Geistlichen auf das Menschliche und Fleischliche. Deshalb erzieht uns Gott durch seinen Heiligen Geist, daß wir im Glauben wachsen und an unserem inwendigen Menschen gestärkt werden. Nur dadurch wird es möglich, daß sich die Gemeinde Gottes anders verhält als ein Fußballverein. Gottes Liebe soll sie in ihrem Miteinander und Zueinander bestimmen.

Die zentrale Frage der Wüste bleibt: Woher nehmen wir unsere Geborgenheit? Worauf verlassen wir uns? Ich mußte früh diese Lektion lernen. Bei mir kam es nach meiner Bekehrung zu einer ersten Krise, als ich feststellte, daß es zweierlei Christen gibt (so jedenfalls war es damals in meinem Erleben): Ich begegnete Christen, da durfte ich an den Kühlschrank gehen, und anderen, da «gehörte sich das nicht». Ich bin Einzelkind und war vor meiner Bekehrung Einzelgänger. Für mich war mit der Bekehrung das Erlebnis von echter, tiefer Geschwisterschaft und einem Zuhausesein in verschiedenen Häusern und Familien verbunden. Das hatte ich vorher nicht gekannt. Für mich war diese Erfahrung ein Zeichen der Liebe Gottes. Deshalb traf mich dieses Erleben, daß es solche und solche Christen gibt, derart stark und stellte die Frage nach Gott in einem ersten Anflug von Zweifel erneut zur Diskussion. Ich bekam Angst, dieses wunderschöne Erleben, diese reiche innere Erfahrung des Angenommenseins könnte eine einzige, große Illusion sein. Der Aufblick zu Jesus, das Gebet zu ihm, das Gespräch mit Brüdern und die gemeinsamen Gebete halfen mir schnell durch diese Krise hindurch. Seitdem hatte ich nie mehr Zweifel an der Wirklichkeit Gottes und an der Liebe des Vaters. Aber ich hatte gelernt, daß die seelisch-menschliche Wärme nicht die Basis ist, sondern Gottes Geist. Wenn in einer Gemeinde die seelische Liebe und Wärme vorherrscht, geht die geistliche Kraft verloren und der Streit beginnt (1. Kor. 3,1-5). Es ist alles gut, was Gott geschaffen hat, wenn es in der Ordnung bleibt, die schöpfungsgemäß vorgesehen ist. Die Prioritäten müssen stimmen. Finsternis ist Unordnung (Hiob 10,21.22).

Gott selbst übernimmt die Führung im Zeichen der Wolkensäule am Tag (ein Zeichen des Heiligen Geistes) und der Feuersäule in der Nacht (ein Zeichen des Gerichtes): Wolkensäule (Licht und Tag) und Feuersäule (Gericht und Nacht) entsprechen demselben Führungsprinzip Gottes, wie es in der Verantwortung des Hohenpriesters gegeben ist: Urim und Thummim (2. Mose 28,30).

Urim und Thummim sind zwei Steine im Amtsschild des Hohenpriesters, mit denen Weisung und Rechtsentscheidung Gottes erfragt werden konnten. Es ist derselbe Heilige Geist, der auch nach dem Zeugnis des Neuen Testaments der Welt die Augen öffnet über Sünde, Gerechtigkeit und Gericht. Auch der Nachfolger Jesu muß sich immer wieder so vom Geist Gottes führen, ermahnen, trösten und richten lassen, wenn er das Ziel nicht verfehlen will. Die Führung unseres Lebens durch Gottes Heiligen Geist geschieht immer durch diese zwei Elemente: Licht und Recht. Der Heilige Geist gibt uns a) die Orientierung darüber, was recht ist vor Gott und wo sein Licht leuchtet: Gottes Wort ist Licht auf unserem Weg. Und er überführt uns b) vom Gericht, damit wir erkennen, daß die

Sünde gerichtet ist und wir uns nicht mehr von ihr bestimmen lassen müssen. So können wir sicher den Weg gehen, den Gott uns verordnet hat. Durch seine Gnade (= Licht) und seine Vergebung (= Recht und Gerechtigkeit in Jesus Christus) kommen wir an das Ziel: Leben in Ewigkeit.

Auch Jesus Christus wurde nach seiner Taufe vom Geist Gottes in die Wüste geführt, um versucht zu werden. Wenn Gottes Geist uns *in* die Wüste führt, dann führt er uns auch durch die Wüste *hindurch*, und wir werden gestärkt im Glauben. Anders ist es, wenn wir von uns aus in die Wüste gehen, indem wir uns nicht nach Gottes Wort richten, sondern nach eigenem Gutdünken entscheiden und handeln. Dann kann es sein, daß wir unter der Last, die wir uns selbst bereitet haben, in der Wüste umkommen, in die wir uns selbst hineinbegeben haben. Dem Volk, welches Gottes Wort verdreht, wie es schon in den Tagen Jeremias geschah und auch heute noch durch die modernistische «Theologie vom Tode Gottes» geschieht, läßt der Prophet sagen: «Saget nicht mehr ‹Last des Herrn›, denn einem jeden wird sein eigenes Wort zur Last werden, weil ihr so die Worte des lebendigen Gottes ... verdreht» (Jer. 23,36; 2. Petr. 3,16). Aber wenn wir den Namen des Herrn anrufen, rettet er uns auch aus dieser Lage wieder heraus.

Als Jesus in die Wüste geführt wurde (Matth. 4 [Siehe dazu: R. Seiß: «Freiheit und Identität des Christen», Brunnen-Verlag, S.45]), wurde er versucht hinsichtlich der Frage, worauf er sich verlassen würde: auf seine Möglichkeiten, auf seine Macht oder auf das ganz persönliche Reden und Führen seines Vaters. Ob dabei die Möglichkeiten, worauf wir uns verlassen, unsere natürlichen Gaben sind oder übernatürliche Gaben des Heiligen Geistes, ist unwesentlich. Entscheidend bleibt die Frage, woher wir Weisung erhalten: aus uns bzw. von uns selbst, durch unsere Fähigkeiten und Gaben, oder aus unserem Warten auf das persönliche Wort Gottes (Rhema). Nach vierzig Tagen Beten und Fasten wurde Jesus von Satan mit der Frage versucht: «Bist du Gottes Sohn, so sprich, daß diese Steine Brot werden.» Obwohl Jesus vierzig Tage gefastet hatte und als Mensch (versucht wie wir) sicher großen Hunger verspürte, machte er von seinen Möglichkeiten keinen Gebrauch, um sich aus der Situation herauszuhelfen, sondern hielt den Blick auf seinen Vater gerichtet und widerstand dem Satan. Und damit behielt er seine Freiheit und Souveränität.

Ganz im Gegensatz zu den Lehrern der modernen Pädagogik (Selbstverwirklichung!) besteht die Freiheit des Menschen eben nicht in seinen Möglichkeiten. Der Mensch ist nicht frei, weil er die Möglichkeit hat, dieses oder jenes zu tun, sondern ist (wie Jesus) frei, weil er die Möglichkeit hat, auf seine Möglichkeiten zu verzichten, um Gottes willen und um des Weges willen, den Gott mit ihm geht. Wer seine Freiheiten von seinen Möglichkeiten abhängig macht, wird ein Sklave seiner Möglichkeiten. Die Selbstverwirklichungsideologie ist ein grandioser Selbstbetrug. Jesus blieb frei, weil er sich mit seinen Möglichkeiten an Gott wandte und sich nicht selbst half, und weil er sich auch von Satan nicht verführen und bestimmen ließ. Er dachte nicht in menschlicher Kurzsichtigkeit, sondern blieb geistlich gesinnt.

Auch die Askese, die Abtötung des Ichs bis zur Auflösung des Selbst, führt nicht zur wahren Freiheit, sondern in die Isolierung, weil ein abgetötetes Selbst/Ich nichts über sich und seinen Zustand auszusagen vermag, denn das wäre ja ohne Beteiligung des Ichs nicht möglich. Deshalb sagte Laotse: «Der Redende erkennt nicht, und der Erkennende redet nicht», das heißt, er bleibt ohne personale Beziehung zum Nächsten ein einsamer Asket und ist deshalb ohne Korrektur der Irreführung preisgegeben. Freiheit ist weder durch Abtötung der Bedürfnisse noch durch ihre ungebremste Befriedigung zu erreichen, sondern allein durch Liebe zu Gott: durch Gehorsam gegenüber seiner Weisheit und Anteilnahme an seiner Souveränität. Freiheit ist eben nicht Abwesenheit von Zwang und auch nicht Abwesenheit vom «Selbst», sondern die Fähigkeit zu lieben, und das nicht aus sich selbst heraus, sondern in der Kraft des Heiligen Geistes.

Jesus sagte, daß es seine Speise sei, den Willen des Vaters zu tun (Joh. 4,34). Er ließ sich nicht zur Vordergründigkeit verführen. Er ließ sich nicht von der Sichtbarkeit in den Bann schlagen, sondern blieb in der Abhängigkeit von Gott. Er blieb solange in der Wüste, bis Gott ihn wieder herausführte. In der Zeit der Wüste üben wir das Loslassen von Bedürfnissen, um in der Hingabe an Gott immer freier und im Vertrauen immer stärker zu werden. Freiheit ist die Freiheit vom Bestimmtwerden durch die Vergänglichkeit. Denn das Absichern und Habenwollen verdeckt nur unsere Angst vor Tod und Vergänglichkeit (= Verlust). Es hindert uns, unseren wahren Zustand (= unsere Erlösungsbedürftigkeit) zu erkennen. Wüstenzeit ist die große Zeit der Erziehung durch den Heiligen Geist. Deshalb freuen wir uns über mancherlei Wüstenwege und Entbehrungen (Röm. 5,3.4).

Jesus sagt, daß es dem Reichen schwer sein wird, in das Himmelreich zu kommen. Das bedeutet nicht, daß Reichtum verboten ist, doch es steht geschrieben: «Fällt euch Reichtum zu, so hängt euer Herz nicht daran» (Ps. 62,11). Als in der Urgemeinde die Kinder Gottes ihre Äcker und Häuser verkauften und das Geld zu Füßen der Apostel legten, taten auch Ananias und Saphira scheinbar dasselbe, aber sie hatten die Hälfte des Erlöses für sich behalten und es vor der Gemeinde und den Aposteln verschwiegen. Daraufhin fielen sie tot um; nicht, weil sie nicht alles gegeben hatten, sondern weil sie den Heiligen Geist belogen hatten. Petrus sagte zu Ananias ausdrücklich: «Hättest du den Acker nicht behalten können, als du ihn hattest? ... Warum hast du dir dies in deinem Herzen vorgenommen? Du hast nicht Menschen, sondern Gott belogen» (Apg. 5,4).

Im Kontext der Endzeiterwartung sagte der Apostel Paulus, daß die Zeit kurz sei und man nun eine Frau haben müsse, als hätte man keine. Man müsse weinen, als weinte man nicht, sich freuen, als freute man sich nicht, kaufen, als besäße man es nicht, die Welt gebrauchen, als gebrauche man sie nicht. Denn das Wesen dieser Welt vergeht (1. Kor. 7,29-31). Genau um diese Unabhängigkeit geht es, um diese innere Freiheit von der Sichtbarkeit und Vergänglichkeit.

Im Gleichnis vom reichen Kornbauer stellt Jesus diese Unabhängigkeit klar heraus. «Es war ein reicher Mensch, dessen Feld hatte gut getragen. Und er dachte bei sich selbst und sprach: ‹Was soll ich tun? Ich habe nichts, wohin ich meine Früchte sammle.› Und er sprach: ‹Das will ich tun: Ich will meine Scheunen abbrechen und größere bauen, und will darin sammeln all mein Korn und meine Vorräte und will sagen zu meiner Seele: Liebe Seele, du hast einen großen Vorrat für viele Jahre; habe nun Ruhe, iß, trink und habe guten Mut!› Aber Gott sprach zu ihm: ‹Du Narr! Diese Nacht wird man deine Seele von dir fordern; und wem wird dann gehören, was du angehäuft hast?›» (Luk. 12,16-21).

Es geht eben um diese Unabhängigkeit von der Vergänglichkeit. Dieses Freiwerden von der Vergänglichkeit geschieht wachstümlich. Wir müssen uns herausführen lassen aus Ägypten, uns lösen lassen von unserer alten Struktur. Und die Erfahrung, daß wir in neuen Vertrauens-Strukturen leben können, machen wir in der Wüste. Kein Nachfolger Jesu wird in der Lage sein, Not, Tränen, Bedrängnis, Leid prinzipiell zu vermeiden. Gott erzieht und schleift uns passend (Hebr. 12,11). Es ist das Gesetz des Geistes, das uns führt, richtet und freimacht vom Gesetz der Sünde und des Todes (Röm. 8,2).

Die Versuchung der Kinder Gottes ist immer die Versuchung, ihr Vertrauen auf Gott aufzugeben; sich auf sich selbst zu verlassen anstatt auf Gott: «Hilf dir selbst, so hilft dir Gott» ist ein lügenhafter Spruch. Es muß genau umgekehrt heißen: «Laß dir von Gott helfen, dann ist dir geholfen.» Auch bei Problemen des Alltags fällt es uns in der Regel nicht ein, sofort zu beten, sondern wir versuchen zunächst, die Dinge selbst zu lösen. Und wenn es dann nicht geht, beten wir. Das bedeutet nicht, daß wir die Hände in den Schoß legen und «nur beten» sollen, wie den Gläubigen oft böswillig unterstellt wird. Wir sollen vielmehr auf dem Hintergrund des Gebetes, d. h. der Beziehung zu Gott, etwas tun. Wir sollen unseren Verstand und unsere Gaben (die natürlichen und geistlichen) nicht selbstherrlich gebrauchen, sondern sie unter den Gehorsam Christi und seines Wortes stellen. Die Bibel ist kein Rezeptbuch, kein Handbuch für christliches Leben. Wenn wir sie so gebrauchen, stehen wir unter dem Fluch: «Der Buchstabe tötet» («aber der Geist macht lebendig») – (2. Kor. 3,6). Wir brauchen immer auch die ganz persönliche Führung durch den Geist Gottes, der uns jeweils ein bestimmtes Wort Gottes aus der Heiligen Schrift zu einem persönlichen Wort macht (Auftrag, Weisung). Im Regelfall gibt es keine Weisungen vom Herrn, die sein Wort nicht bestätigt. Aber es gibt Ausnahmen: Beispielsweise bei David, der von den Schaubroten gegessen hat, was er ja nicht durfte (Matth. 12,1-4). Solche Ausnahmen müssen jedoch eindeutig vom Herrn sein, sonst wird die «Freiheit» zum Vorwand für Sünde (Gal. 5,13).

Sogar Jesus sagt von sich: «Der Sohn kann nichts von sich aus tun, sondern nur, was er den Vater tun sieht» (Joh. 5,19). Und Jesus sagt zu seinen Jüngern: «Ohne mich könnt ihr nichts tun» (Joh. 15,5). Und schon im Alten Testament heißt es: «Der Herr tut nichts, er offenbare denn seinen Ratschluß den Propheten, seinen Knechten» (Amos 3,7).

Kapitel 8

Echte und falsche Führung

In der Wüste lernen wir, uns mit unseren Sorgen und Ängsten der Führung Gottes anzuvertrauen. Der Apostel Paulus zeigt uns, daß es drei Kommunikationskanäle der Führung durch Gottes Geist gibt:

1. *Die direkte Inspiration:* «Den Verheirateten aber gebiete nicht ich, sondern der Herr ...» (1. Kor. 7,10), oder: «Ich habe von dem Herrn empfangen, was ich euch weitergegeben habe ... (1. Kor. 11,23).
2. *Die Lenkung der Gedanken:* «... nach meiner Meinung; ich denke aber, daß auch ich Gottes Geist habe» (1. Kor. 7,40, Elbf.Ü.). Und in Spr. 21,1: «Des Königs Herz ist in der Hand des Herrn wie Wasserbäche; er lenkt es, wohin er will.»
3. *Die Lenkung durch unser Gewissen:* «Ich sage die Wahrheit in Christus und lüge nicht, wie mir mein Gewissen bezeugt im Heiligen Geist» (Röm. 9,1). Und schließlich spricht der Apostel davon, daß er in seinem Gewissen vor Gott und vor Menschen offenbar sei (2. Kor. 5,11).

Gott führt vielfach durch geistliche Ratgeber, weil diese seine Kinder sind und auch den Heiligen Geist haben: «Wo ... viele (geistliche) Ratgeber sind, gelingen sie (die Pläne)» (Spr. 15,22). «Wo aber viele Ratgeber sind, findet sich Hilfe» (Spr. 11,14). Aber nicht fleischliche Beurteilungen und menschliche Motive sind die Voraussetzungen für einen richtigen Rat, sondern geistliches Denken. Hierzu brauchen wir in der Gemeinde Väter in Christus und mit Weisheitsrede begabte Menschen (1. Kor. 14,3). Viele psychologische Seel-«Sorge» fördert das menschliche Denken und Raten.

Irrtumsfrei ist nur die Inspiration unter der Voraussetzung, daß sie vom Heiligen Geist ist. Aber wir wissen aus der Schrift, daß der Mensch auch von einem Lügengeist Inspirationen empfangen kann (siehe 1. Kön. 22). Deshalb gibt uns Gott die Gabe der Geisterunterscheidung. Zur Lenkung durch unser Gewissen brauchen wir «geübte Sinne, Gutes und Böses zu unterscheiden» (Hebr. 5,14). Paulus wünscht, daß am meisten die Gabe der Weissagung/Prophetie vorhanden sei (1. Kor. 14,1). Deshalb sagt auch Jesaja: «Hin zur Weisung und hin zur Offenbarung!» (Jes. 8,20).

Warten wir deshalb auf die persönliche Weisung des Herrn, um einer Not zu begegnen, aber «nehmen wir nicht einfach die Verheißung in Anspruch» (wie oft formuliert wird), sozusagen mit einer Generalvollmacht. Es gibt offensichtlich auch ohne gehorsame Nachfolge etliche Wunder in Jesu Namen ... (Matth. 7,21.22)

Wir erkennen Gott an den Wundern, die er tut, aber eindeutig nur an der Liebe, an der ganz persönlichen Nähe und der daraus resultierenden Führung. Wunder sind echt zum Wundern. Man sollte nicht jede kleine Begebenheit zu einem Wunder hochstilisieren, wenngleich Gott auch durch die kleinen Begebenheiten wirkt. Aber wie ein liebender Vater für sein Kind immer wieder einmal eine Überraschung bereit hat, so auch unser Vater im Himmel für seine Kinder. Dazu will ich eine kleine Geschichte erzählen: Mein Vater im Himmel weiß, daß ich Mineralien und Versteinerungen sammle. Gelegentlich halte ich am Strand auch Ausschau nach schönen Muscheln. Bei einem Ausflug an die Ostsee in Dänemark ging ich mit den Kindern am Strand entlang. Ich blieb ein wenig hinter der Familie zurück. Da hatte ich plötzlich einen ganz starken Impuls: «Bitte um eine Versteinerung!» Ich folgte diesem Impuls und sagte sofort: «Herr Jesus Christus, ich bitte dich um eine schöne Versteinerung.» Nur wenige Schritte nach diesem Gebet trat ich fast auf eine versteinerte Muschel, die vor meinen Füßen lag. Es ist die schönste versteinerte Muschel in meiner ganzen Sammlung. Im Gebet fragte ich, was ich daraus lernen solle. Und mir wurde innerlich klar, daß der Herr mir sagen wollte: «Ich kenne dich, die wenigen Jahrzehnte deines Lebens; ich kenne den Weg dieser Muschel, die gelebt hat, gestorben ist, versteinert ist vor Tausenden von Jahren. Und ich kenne den Schnittpunkt eurer Wege: Ich bin derselbe von Ewigkeit zu Ewigkeit.» Das war für mich ein echtes Wunder, denn es ist ja nicht so, daß ich wie ein Buddhist mit einer Gebetsmühle an jedem Strand vor mich herplappere: «Herr, gib mir, gib mir, gib mir ...« Dieser Impuls kam echt von außen. Er kam von meinem Vater im Himmel, der mich kennt und sieht und mir eine Freude machen und mich überraschen will mit seiner Nähe.

Es gibt in der Schrift zweierlei Glauben: den Glauben als Gabe (1. Kor. 13,2) und den Glauben als Frucht des Geistes (Gal. 5,22).

Gaben können uns wieder genommen werden (Hes. 16,27), aber Frucht bleibt. Deshalb führt eine bevorzugte Orientierung an den Gnadengaben und ihr selbstherrlicher Gebrauch (siehe Mose am Haderwasser: 4. Mose 20,10) in eine Sackgasse. Das wurde gleich am Anfang des Dienstes Jesu deutlich: Nach der Hochzeit zu Kana sahen seine Jünger seine Herrlichkeit, und er offenbarte sich ihnen. Aber da waren auch andere, die glaubten an seinen Namen, weil sie Zeichen und Wunder gesehen hatten, aber Jesus vertraute sich ihnen nicht an (Joh. 2,11.23.24). Gott will bewährungsstarke Liebe und nicht eine Wunder-/Gabenbezogenheit! Vielfach gehen Kinder Gottes auf Tagungen von bevollmächtigten Dienern Gottes, und unter Berufung auf das Wort des Apostels Paulus, «... strebt nach den besten Gaben ...» (1. Kor. 12,13), strecken sie sich nun auch aus nach solch einer Gabe. Dabei vergessen sie, daß der Herr zuteilt, wem er will (1. Kor. 12,11). Und dann «öffnet man sich», läßt sich (voreilig) die Hände auflegen und denkt dann, man habe die Gabe schon empfangen. Petrus droht einem, der für Geld die Gabe haben wollte, den Heiligen Geist zu vermitteln, mit der Verdammnis (Apg. 8,20). Aber ist das allein verwerflich, weil Geld im Spiele ist, oder steht dahinter nicht auch die egoistische Haltung des Habenwollens? Auch im Alten Bund gab es schon diese Not: «Redet denn der Herr allein durch Mose? Redet er nicht auch durch uns?» (4. Mose 12,2). Nach Gaben streben und sie für sich haben wollen, sind zwei verschiedene Dinge. Gott sieht das Herz an!

Wir müssen uns darin vor Gott prüfen. Aber vor den Gnadengaben warnen, ist auch nicht richtig. Dies ist angstbestimmter Unglaube, der sich an negativen Erfahrungen der Vergangenheit orientiert. Auf dem Weg durch die Wüste stehen wir immer wieder in der Gefahr, uns von unseren Ängsten, Wünschen und Bedürfnissen bestimmen zu lassen, und dann verdrehen und mißdeuten wir das Wort.

Das Verlassen Ägyptens ist eine äußere Trennung von alten Verhältnissen. Das geht relativ schnell und ist eine Frage unseres Willens und unserer konkreten Schritte. Der Weg durch die Wüste ist eine Frage der Erziehung durch die hilfreiche Gnade Gottes, um die inneren Strukturen, die Determinanten des alten Menschen – insbesondere die (Todes-)Angst (= die Angst, zu kurz zu kommen) – zu überwinden. Der Weg durch die Wüste bedeutet Trennung vom Habenwollen und von dem Konzept der Machbarkeit (Abb.). Als sich in der Wüste die Knechte Abrahams und Lots um Weideplätze stritten, sprach Abraham zu seinem Neffen: «Willst du zur Linken, so will ich zur Rechten, oder willst du zur Rechten, so will ich zur Linken». Welch eine weise Haltung, nicht mit Lot zu streiten, sondern sich der Führung Gottes anzuvertrauen! Er hatte «geübte Sinne», dachte nicht menschlich, sondern göttlich-geistlich. Er blieb in der Wüste und ließ sich vom Geist Gottes leiten (1. Mose 13,1-12). Er überwand die Außenleitung.

Erst als sich Lot getrennt hatte, sprach der Herr wieder mit Abraham und verdeutlichte ihm seine Verheißung, zeigte ihm nun das Land, das er besitzen sollte. Abraham war im geistlichen Denken gewachsen.

Die Zeit in der Wüste dient der existentiellen Beantwortung der Frage: Wer versorgt uns? Es ist die Zeit, wo die Kinder Liebe, Geduld und Treue Gottes erfahren; wo sie erkennen,

Paradies:

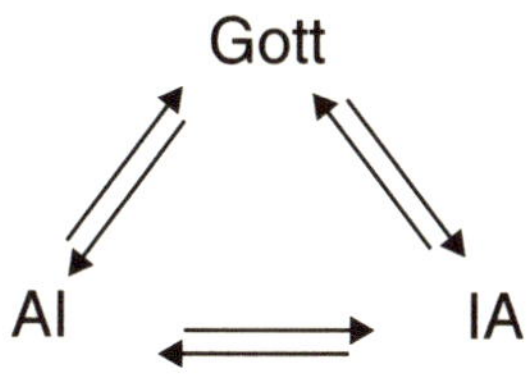

Sündenfall:

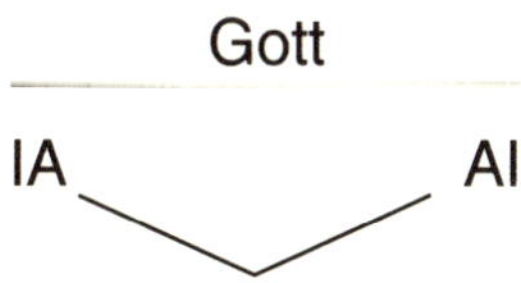

Sünde = { Mißtrauen, Trennung, Angst, zu kurz zu kommen

DER TOD HERRSCHT DURCH DAS GESETZ DER SÜNDE

Hierin prüft uns Gott in der Wüste des Lebens: Worauf verlassen wir uns?

Alle Ängste sind Verlustängste
=Todesängste

↓

Sie werden kompensiert durch
Habenwollen
Machenwollen
= Autonomie

↓

Wechsel von Hoffnung und Enttäuschung

Erlösung:
(Römer 8,2)

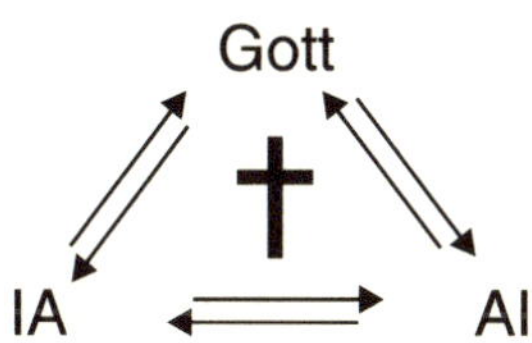

Gesetz des Geistes

A = Außenaspekt des Verhaltens
I = Innenaspekt des Erlebens
† = Durch das Kreuz in der Mitte unserer Existenz werden trotz der Dominanz des Außenaspektes (= Vordergründigkeit, Sichtbarkeit, Machbarkeit) Beziehungen von innen nach innen möglich wie im Paradies

Abb. 10

daß der Vater ihnen immer neue Möglichkeiten gibt, ihre Herzen zu reinigen von der Bindung an die Vergänglichkeit; wo er sie mit Gaben, Wundern und Zeichen seiner Allmacht verwöhnt; wo er alles tut, um ihr Vertrauen in seine Güte und unbedingte Liebe zu festigen. Es ist die Zeit geistlichen Wachstums im Kontext der ersten (kindlichen) Liebe. Was damit gemeint ist, soll nun ein Erlebnis von Johannes Busch (einem bekannten und tief im Glauben an Jesus Christus verwurzelten Pastor aus Witten) verdeutlichen:

«Einst fuhr er mit seinen vier Kindern im kalten Winter auf einer vereisten und schneeverwehten Straße. Die großen Kinder beobachteten die Fahrroute und waren sorgenvoll mit ganzem Herzen an der gefährlichen Fahrt des Vaters beteiligt. Nur die kleine Vierjährige saß hinten auf dem Rücksitz und sang und trällerte, als ob keinerlei Gefahr bestehen würde. Die größeren Geschwister ermahnten sie, sie solle doch etwas ruhiger sein; ob sie denn nicht sehe, wie gefahrvoll der Weg sei. Da lachte die Kleine nur und sagte: ‹Papa sitzt doch am Steuer. Was kann uns da schon passieren!›

Johannes Busch hörte es und wurde sehr nachdenklich. Was seine kleine Tochter da so vertrauensvoll sagte, das sollten wir doch alle im Blick auf unser geistliches Verhältnis zu unserem himmlischen Vater tun» (Evangeliums-Mission, Nr. 62, 1988, S. 2).

Dieses Vertrauen befreit uns auch von dem Krampf, vor lauter Angst einen falschen Gedanken zu haben, einer falschen Stimme zu gehorchen, gar nichts mehr zu entscheiden und zu tun.

Unser himmlischer Vater vermag in seiner Liebe auch auf krummen Zeilen gerade zu schreiben. Selbst wenn wir uns irren sollten, weil wir sein Reden nicht oder nicht richtig gehört/verstanden haben, dürfen wir uns doch darauf verlassen, daß denen, die Gott lieben, alle Dinge zum Besten dienen müssen (Röm. 8,28). Das gilt natürlich nicht für Dinge, die eindeutig Sünde sind, denn «die Sünde ist der Leute Verderben» (Spr. 14,34).

Als das Volk Gottes in die Wüste kam, sprach der Herr zu ihnen: «Wirst du der Stimme des Herrn, deines Gottes, gehorchen und tun, was recht ist vor ihm, und merken auf seine Gebote und halten alle seine Gesetze, so will ich dir keine der Krankheiten auferlegen, die ich den Ägyptern auferlegt habe; denn ich bin der Herr, dein Arzt» (2. Mose 15,26).

Aus dem Handeln Jesu (Heilung des Gelähmten) wissen wir, daß Gott nicht nur Arzt des Leibes ist, sondern vor allem der Arzt der Seele und des Geistes. Das gilt auch für den Zug durch die Wüste. Gott war vor allen Dingen der Arzt ihrer kranken Seelen.

Nachdem die Israeliten das großartige Erlebnis ihrer Errettung (Durchzug durchs Schilfmeer) hinter sich hatten, erlebten sie sich auf der Wüstenwanderung wieder in ihrer ganzen Kreatürlichkeit. Sie waren drei Tage gewandert und fanden kein Wasser, da kamen sie an einen Ort namens Mara. Dort war zwar Wasser, aber sie konnten es nicht trinken, denn es war bitter. Da murrte das Volk gegen Mose und sprach: «Was sollen wir trinken?» Mose aber nahm ein Holz, das der Herr ihm gezeigt hatte, und warf es ins Wasser. Da wurde das Wasser süß (2. Mose 15,22-25).

Wenn der Mensch auf den Befehl Gottes hin das Verderbliche von Gott berühren läßt, wird dieses Bittere süß. Wer hätte das nicht schon erfahren, daß in dem Moment, wo ein Mensch Gott in seine notvollen, bitteren Erlebnisse hineinwirken läßt, sich das Bittere verwandelt. Am Anfang des Weges mit Gott erleben die Kinder Gottes viele solche Situationen, wo sie in ihrer Ungeduld und Kurzsichtigkeit nach einer Möglichkeit der Lösung ihrer Probleme suchen und feststellen: Es gibt keine Lösung. Wenn sie dann im Begriff sind zu verzagen, erfahren sie, wie ein Mann Gottes ihre Not in Berührung bringt mit dem Geist Gottes und dem Wort Gottes, um in Vollmacht und Gehorsam auf Gottes Weisung hin zu handeln; und die Situation ändert sich, die Not wird gelöst. Und sie staunen, wie der Herr die Not wendet!

So wächst das Vertrauen auf die Hilfe Gottes, und die Liebe

zu Jesus Christus nimmt zu. So wie auf der Hochzeit zu Kana Jesus das Wasser in Wein verwandelt hatte – in einen Wein, der viel besser war als der, den die Menschen hatten –, so kann Gott auch die Situationen, die für uns schwierig und notvoll sind, durch seinen Geist verwandeln, daß wir staunen über die Veränderungen in uns und um uns. Wohl der Ehe, die dann, wenn der erste Rausch der Verliebtheit vorbei ist und nur noch mit Wasser gekocht wird, zu Jesus kommt, damit er das Wasser in Wein verwandelt (Joh. 2,1-11). In vielen solchen Situationen zeigt uns Gott das neue Gebot seiner Liebe und seiner Gerechtigkeit. Er will uns prüfen, damit wir in Liebe und Vertrauen wachsen. Und wenn wir gelernt und akzeptiert haben, daß nunmehr neue Ordnungen für unser Leben, für unseren Existenzvollzug gelten, führt die liebe Hand Gottes uns weiter von Mara nach Elim, dem Ort, wo zwölf Wasserquellen waren und siebzig Palmbäume (2. Mose 15,27). Wenn Gott unsere natürlichen Lebensquellen anrührt und verwandelt, schaden sie uns nicht mehr, sondern sind wohlschmeckend, und wir können sie wirklich genießen: «Alles ist euer, ihr aber seid Christi» (1. Kor. 3,22.23). Aber auch da, wo wir auf übernatürliche Weise das Natürliche vom Herrn gesegnet bekommen, haben wir doch immer wieder Hunger und Durst. Erst wenn uns Gott wegführt zu seinen lebendigen Wasserquellen, haben wir keinen Durst mehr nach dem Vergänglichen, und sei es noch so gut, noch so herrlich und schön und gesegnet von Gott. Wenn wir nur Jesus Christus haben, dann fragen wir nicht mehr nach Himmel und Erde (Ps. 73,25).

Kapitel 9

Der Kampf gegen Fleisch und Blut

Der Apostel Paulus schreibt: «Bisher hat euch nur menschliche Versuchung getroffen. Aber Gott ist treu, der euch nicht versuchen läßt über eure Kraft» (1. Kor. 10,13). Aber wir werden lernen müssen, daß wir nicht nur mit Fleisch und Blut (= unserem alten Menschen) zu kämpfen haben, sondern mit den Mächten der Bosheit in der Finsternis (Eph. 6,12), die sich unserer alten Natur bedienen und mit Angst/Macht («brüllender Löwe»: 1. Petr. 5,8) und Verführung durch Lust und Lüge (1. Tim. 4,1 und Joh. 8,44) agieren. In diesem Kampf können wir nur bestehen, wenn wir auf den Herrn sehen und die geistlichen Waffen anlegen (Eph. 6,14-18).

Wir alle kennen die Geschichte von Petrus, wie er auf Geheiß des Herrn aus dem Boot trat und auf dem Wasser dem Herrn entgegengehen wollte. Als er aber auf die Wellen sah, begann er zu sinken.

Was war geschehen? Petrus hatte in die falsche Richtung geschaut: auf das Sichtbare und nicht auf den Unsichtbaren, der sich ihm geoffenbart hatte.

Von Mose heißt es, daß er sich an den Unsichtbaren hielt, als würde er ihn sehen (Hebr. 11,27). Der ganze Weg durch die Wüste war dieses Training, sich an den Unsichtbaren zu halten. Wir wissen, wie schwer das im Alltag unserer Nachfolge ist. Das Denken ist dem Handeln zugeordnet, und das Denken ist ein inneres Handeln und korrespondiert mit der Dimension der Sichtbarkeit und den vergänglichen Bedürfnissen und Trieben.

Immer wieder werden wir von unserem Denken versucht, auf das Sichtbare zu sehen, sei es aus Angst, aus Neugier, aus Wundersucht oder auch nur, um die «Gesetze» des geistlichen Lebens, des «erhörlichen» Betens zu «erforschen». Immer wieder sind wir versucht, auch die geistlichen Erfahrungen in unser Handlungs- und Daseinskonzept einzubauen. Auf diesem Weg wenden wir uns wieder zu unserer eigenen Mitte. Wir trachten dann zwar theoretisch noch immer am ersten nach dem Reich Gottes, aber in der Praxis leben wir anthropozentrisch/egozentrisch, verlassen das geistliche Denken und werden unter Umständen im Fleisch enden, obwohl wir im Geist angefangen haben. Wir verstehen das zentrale Anliegen des Apostels Paulus, das Bollwerk unseres Denkens (der logischen Schlüsse, wörtl.) gefangen zu nehmen unter den Gehorsam Christi (2. Kor. 10,5). Wunder und Zeichen vergehen, Geheilte sterben doch, aber die Liebe zu Gott, zu seinem Wort und zum Nächsten bleibt in Ewigkeit.

Roland Brown sagte mir einmal: «Wenn du betest, geschieht dreierlei: Entweder die Verhältnisse ändern sich, oder du wirst geändert, oder du bekommst die Kraft, in der Situation zu bleiben und sie zu tragen.»

Gott will uns an die Hand nehmen, Vater sein. Kinder müssen spürbarer an die Hand genommen werden als Erwachsene, damit sie sich in ihrer trotzigen Autonomietendenz (= Trotzalter) nicht gefährden. Denn sie reißen sich gerne los...

So ging es auch Mose. Solange er unter Berufung auf Gott und in seinem Eifer für Gott selbst versuchte, dem Volk Gottes in Ägypten zu dienen und seine Position als Prinz am Königshof dazu zu verwenden, scheiterte er. Als er den Ägypter totgeschlagen hatte, mußte er fliehen und in der Wüste in Midian Schafe hüten, bis Gott ihm in einem Dornbusch begegnete und ihn verwandelte. Er wurde mit einer lebendigen Kraft und inneren Vollmacht ausgerüstet, durch die er Pharao im Auftrag Gottes zwingen konnte, das Volk ziehen zu lassen: heraus aus Ägypten; hinein in das Land, das der Herr ihnen geben wollte. Nun ging Mose an der Hand des Vaters. Es in eigener Kraft zu versuchen, war eine menschliche Überforderung. An ihr war Mose gescheitert; es kostete ihn vierzig Jahre «Wüste».

Nun hatten die Kinder Gottes erfahren, daß der Herr das bittere Wasser süß und trinkbar macht. Aber es löscht den

Durst eben nur vorübergehend. Und auch das wunderbare, reine Quellwasser der siebzig Palmen in der Oase ist nicht das Eigentliche. Auch die Oasen müssen wieder verlassen werden, so wie die Jünger wieder herunter mußten vom Berg der Verklärung in den mühevollen Alltag der Nachfolge. Wir brauchen alle den «geistlichen Trank». Jesus Christus ist der begleitende Fels in der Wüste: «Unsre Väter (sind) alle unter der Wolke gewesen und alle durchs Meer gegangen ... und haben alle denselben geistlichen Trank getrunken; sie tranken nämlich von dem geistlichen Felsen, der ihnen folgte; der Fels aber war Christus» (1. Kor. 10,1-4). Dieser Felsen ist bei uns alle Tage (Matth. 28,20). Und unser «Leben ist verborgen mit Christus in Gott» (Kol. 3,3).

Aber das war nur die eine Lektion, die sie lernen mußten: Gott stillt unseren Durst. Bekanntlich kann der Mensch länger ohne Nahrung auskommen als ohne Wasser. Aber sie mußten auch lernen, das andere elementare Bedürfnis aus der Hand Gottes zu empfangen: das Brot zum Leben. Und so zogen sie weiter, von Elim weg, und kamen in die Wüste Sin, die zwischen Elim und Sinai liegt. Sie hatten Hunger. Also murrte die ganze Gemeinde gegen Mose und Aaron, weil sie nichts zu essen hatten. Sie dachten an Ägypten und meinten, es wäre besser gewesen, sie wären dortgeblieben und dort gestorben. Dort hatten sie Brot in Fülle. Darauf sagte der Herr zu Mose, daß sie Brot haben sollten vom Himmel. Sie sollten täglich sammeln, was sie jeweils für einen Tag brauchten: «... daß ich's prüfe, ob es (das Volk) in meinem Gesetz wandle oder nicht» (2. Mose 16,4). Am Sabbat konnten und sollten sie die doppelte Menge sammeln, die sie für ihre Familien brauchten. Am Morgen sollten sie das Brot in der Wüste finden, und für den Abend sollten sie Fleisch zu essen haben.

Der Herr wollte sie auf dem ganzen Weg durch die Wüste mit Wasser aus dem Felsen (= Jesus) und mit Brot vom Himmel (= Jesus) versorgen: «Sorgt nicht ... was ihr essen und trinken werdet» (Matth. 6,25). Es ist also eine Vorschattung dessen, was der Herr Jesus sagte: «‹Wahrlich, wahrlich, ich sage euch:

Nicht Mose hat euch das Brot vom Himmel gegeben, sondern mein Vater gibt euch das wahre Brot vom Himmel. Denn Gottes Brot ist das, das vom Himmel kommt und gibt der Welt das Leben.› Da sprachen sie zu ihm: ‹Herr, gib uns allezeit solches Brot.› Jesus aber sprach zu ihnen: ‹Ich bin das Brot des Lebens. Wer zu mir kommt, den wird nicht hungern; und wer an mich glaubt, den wird nimmermehr dürsten›»(Joh. 6,32-35).

Am Abend gab es noch einmal Fleisch. Denn der Herr wußte, daß die Kinder Gottes am Anfang ihres Weges noch fleischlich sind, eben Kinder in Christus (1. Kor. 3,1). «Fleischlich-Sein» muß scharf unterschieden werden von «Fleischlich-Gesinntsein» (Röm. 8,6.7). Der Fleischlich-Gesinnte läßt sich von Gottes Geist nicht mehr richten, legalisiert und rechtfertigt die Sünde, wird/ist ein Feind Gottes. Er hat einen anderen Gott: seinen Bauch/seine Bedürfnisse. Fleischliches Gesinntsein ist deshalb Tod und Abfall (Röm. 8,6).

Zur Unzufriedenheit über die geistliche Speise am Ende des Wüstenweges war es gekommen, weil das «Fremde Volk», das mit ihnen gezogen war und das Gott nur vom Hörensagen kannte, lüstern wurde. Und die «Fremden» verführten Gottes Volk. So ist es bis heute geblieben. Deshalb sagt Jesus, daß wir nicht am gleichen Joch ziehen sollen mit den Ungläubigen und mit den Gottlosen. Durch die weltliche Gesinnung der Gottlosen versucht, fingen auch die Kinder Israel an zu weinen und zu klagen und sprachen: «Wer wird uns Fleisch zu essen geben? Wir denken an die Fische, die wir in Ägypten umsonst aßen, und an die Kürbisse, die Melonen, den Lauch, die Zwiebeln und den Knoblauch. Nun aber ist unsere Seele matt, denn unsere Augen sehen nichts als das Manna» (4. Mose 11,4-6).

So kann die Verführung sozusagen aus den eigenen Reihen kommen: Was für den Anfang des Weges richtig ist, kann am Ende des Weges Ausdruck von Unreife sein. So können neubekehrte Menschen, bedingt durch die Fleischlichkeit älterer Mitglieder einer Gemeinde, leicht als fanatisch bezeichnet werden, oder die jungen Kinder in Christus empfinden, bedingt durch ihre Fleischlichkeit, die älteren Geschwister als dogmatisch und gesetzlich. Durch solche gegenseitige Beargwöhnung geht schnell die Orientierung verloren. Geistliche Unreife steckt an oder führt zur Scheidung der Bewährten von den Unbewährten (1. Kor. 11,19).

Aber die, die sich nicht irritieren lassen, nicht fanatisch werden oder Sonderlehren aufsitzen, sondern in der Liebe und am Herrn bleiben, werden weitergeführt. Sie werden dabei konsequent, aber nicht hart.

Für jeden Christen, der auf dem Weg durch die Wüste ist, besteht die Gefahr, die Köstlichkeit des Wortes Gottes nicht mehr zu schmecken. Es ist ihm zu eintönig (4. Mose 11,6). Er schreit wieder nach fleischlicher Nahrung, einer Nahrung, wie sie das ungläubige Volk genießt. Er schreit nach dem, wovon alle anderen leben. Solche Christen können wie Demas «die Welt wieder lieb gewinnen» und sich vom geistlichen Weg lösen (2. Tim. 4,10).

Die Abstumpfung des inneren Menschen gegenüber dem Wort Gottes, sei es durch Überfütterung oder durch Ablenkung vom Ziel der himmlischen Berufung, führt auf die Dauer zur endgültigen Zielverfehlung.

Das Wort Gottes ist das Schwert des Geistes Gottes. Und wenn das Schwert seine zweischneidige Schärfe verliert, wenn es ihm nicht mehr gelingt, Seele und Geist zu scheiden, so daß unsere Seele dem Geist dieser Welt entzogen ist und es dem Versucher gelingt, unsere Seele über die alten Kopplungen mit dem Geist der Welt wieder zu infizieren, dann kann es am Ende mit dem Betreffenden ärger werden, als es vorher war: Die bösen Geister fahren wieder ein (Matth. 12,43-45). Wir werden dann nicht nur menschlich versucht, sondern auch dämonisch.

Nach der Bekehrung sind wir grundsätzlich abgeschnitten von dem eigenmächtigen Angriff Satans. Wir sind Gottes Kinder. Und Satan darf uns ohne Gottes Zulassung nicht antasten. Wir sind durch das Schilfmeer hindurchgegangen. Wenn wir aber mitten in der Wüste im Geiste wieder nach Ägypten umkehren wollen und uns so wieder den Mächten der Finsternis öffnen, dann läßt uns Gott in unserer Torheit anlaufen:

«Deine Bosheit ist schuld, daß du so geschlagen wirst, und dein Ungehorsam, daß du so gestraft wirst. Und du mußt innewerden und erfahren, was es für Jammer und Herzeleid bringt, den Herrn, deinen Gott, zu verlassen und ihn nicht zu fürchten, spricht Gott, der Herr Zebaoth. Denn von jeher hast du dein Joch zerbrochen und deine Bande zerrissen und gesagt: Ich will nicht unterworfen sein! ... Ich aber hatte dich gepflanzt als einen edlen Weinstock ... Wie bist du mir denn geworden zu einem schlechten, wilden Weinstock?» (Jer. 2,19-21). In jedem Augenblick unserer Nachfolge sind wir frei, uns zu entscheiden, den Weg weiterzugehen mit Gott, stehenzubleiben, zurückzuschauen, zurückzugehen oder die Welt wieder lieb zu gewinnen. Aber Herausgerufene bleiben wir dennoch, solange wir am Bund festhalten und uns nicht entschieden dem Bösen neu überlassen und verpflichten (Hebr. 6,6; 2. Petr. 2,20.22; 1,9). Es gibt kein Zurück nach Ägypten; man kann nur in der Wüste sterben wie die Rotte Korach (4. Mose 16,32). Deshalb sagt uns der Apostel Paulus, daß wir geschieden bleiben sollen vom Bösen (Röm. 16,19). Er hatte einen Bruder aus der Gemeinde in Korinth, der mit seiner Mutter Unzucht getrieben hatte, «dem Satan übergeben ... zum Verderben des Fleisches, damit der Geist gerettet werde am Tag des Herrn» (1. Kor. 5, 1-5). «Denn wer im Fleisch gelitten hat, der hat aufgehört mit der Sünde.»

Es ist sicher auch notwendig, daß wir auf dem Weg der Nachfolge nicht mehr einsammeln von dem, was Gott uns in der Wüste dieses Lebens vom Himmel her zukommen läßt, als das, was wir für jeden Tag brauchen. Denn jeder Tag hat seine eigene Plage und Mühe (Matth. 6,34). Gerade heute, im Zeitalter der Tonkonserven, der immer größer werdenden Speicherkapazitäten, gibt es die Möglichkeit, Gottes Wort in Konserven zu «lagern». Wir sollten mit den frommen Erkenntnissen dem Tun nicht davonlaufen – «Was wir schon erreicht haben, darin laßt uns auch leben» (Phil. 3,16) –, damit wir nicht anderen predigen und selbst verwerflich werden (1. Kor. 9,27).

So war es schon bei Mose in der Wüste. Sie gehorchten Mose

nicht und ließen von dem, was sie am Morgen eingesammelt hatten, übrig bis zum nächsten Morgen. Da wurde es voller Würmer und stinkend, und Mose wurde zornig auf sie (2. Mose 16,20). Das große Problem der Theologie besteht darin, daß *über* Gott geredet wird, aber nicht gelehrt wird, wie man *mit* Gott redet. Vom Reden über Gott kommt man sehr schnell zum Diskutieren über Gott und steht selbst schnell im Mittelpunkt seines eigenen (theologischen) Ansatzes, vergleicht, beurteilt; und das «Wissen von Gut und Böse» steht dann über der Liebe zu Gott. Aber kein Mensch wird dadurch gerettet, daß er weiß, daß Gott ist. Er wird allein dadurch gerettet, daß er mit Gott spricht, mit ihm versöhnt wird und seine persönliche Liebe in einer personalen Beziehung erfährt: Tag für Tag, jeden Morgen neu. Deshalb braucht der Christ auf dem Weg der Nachfolge jeden Morgen seine Stille, wo er das Wort einsammelt für den Tag. Es ist das Zeugnis aller großen Männer im Reiche Gottes, daß sie Männer waren, die Stille hatten vor Gott. Roland Brown, ein Apostel der Liebe Gottes, ein Mann des Gebets, konnte von sich bezeugen, daß er von seiner Bekehrung (mit 23 Jahren) an täglich eine Stunde Stille Zeit gehalten hat vor Gott. Ich weiß aus der Seelsorge von vielen Nachfolgern Jesu, daß die Stille Zeit eines der zentralen Probleme ist, die der Christ auf dem Weg der Nachfolge hat. Die Stille vor Gott ist die wichtigste Angriffsstelle Satans, weil er genau weiß: Wenn der Mensch die Tür seiner Kammer zuschließt und zu seinem Vater im Verborgenen betet, dann müssen die Mächte der Finsternis zurückweichen. Die Trennungslinie zwischen den törichten und den klugen Jungfrauen verläuft genau an dieser Stelle. Die Lampen der Törichten brannten. Aber als es darauf ankam, dem Bräutigam durch die Nacht hindurch entgegenzugehen, erloschen diese, denn die Jungfrauen hatten kein Öl in ihren Gefäßen. Aber die klugen hatten Öl. Sie hatten wie Maria (zu Jesu Füßen) ihre Leiber dem Heiligen Geist als Gefäß hingegeben. Die Törichten dagegen hatten nur Erkenntnisse, nur Gaben, aber keine Hingabe. Deshalb gehen die Törichten nicht verloren, aber zur Hochzeit kommen sie nicht: «Dem Überwinder die Krone» (zum Regieren mit Jesus in seinem Reich, Offb. 3,21). Die Törichten blieben nicht wachsam im Gebet, sondern waren nur oberflächlich dabei. Ihre Lampen (= Erkenntnis) hatten keinen Ölzufluß von der Hingabe (= Leib/Gefäß) her.

Nachfolge Jesu besteht darin, daß dem Heiligen Geist zunehmend Raum gegeben wird (= Wachsen im Vertrauen zum Vater). Nach der Scheidung der Seele vom Geist dieser Welt durch das Schwert des Wortes Gottes und der Umkehr zu Gott (= Buße) kommt es zur Erneuerung unseres Geistes durch Gottes Heiligen Geist, der nunmehr die Seele heiligt und über die Seele auch den Leib (= das Handeln): Geheiligt nach Geist, Seele und Leib (1. Thess. 5,23). Die Glieder des Leibes haben nun einen neuen Herrn.

Deshalb schreibt der Apostel Paulus: «Ich ermahne euch nun, liebe Brüder (liebe Schwestern), durch die Barmherzigkeit Gottes, daß ihr eure Leiber hingebt als ein Opfer, das lebendig, heilig und Gott wohlgefällig ist. Das sei euer vernünftiger Gottesdienst. Und stellt euch nicht dieser Welt gleich, sondern ändert euch durch Erneuerung eures Sinnes, damit ihr prüfen könnt, was Gottes Wille ist, nämlich das Gute und Wohlgefällige und Vollkommene» (Röm. 12,1-2).

Auch für das geistliche Wachstum gilt, daß wir nichts überspringen können. Deshalb steht geschrieben, daß wir allen Fleiß dafür aufwenden sollen und unseren Glauben in Tugend erweisen sollen. Unsere Tugend soll aber der Erkenntnis gemäß sein. Erkennen und Tun, Wort und Tat sollen in Übereinstimmung sein (2. Petr. 1,5). Bei Jesus waren sie völlig dekkungsgleich. Jesus konnte sagen: «Wenn ihr schon meinen Worten nicht glaubt, dann glaubt doch um der Werke willen» (Joh. 10,38; 14,11). Jesus hat gesagt: «Ich bin das Licht der Welt.» Das war die Ebene der Erkenntnis. Und er hat den Blinden die Augen aufgetan; das war die Ebene der Tugend, die Ebene der Tat. Worte und Werke sind bei Jesus Christus identische Aussagen, sie sollen sich auch in der Nachfolge seiner Jünger immer mehr decken.

Ich erinnere mich noch gut an ein Erlebnis, das mich erschütterte. Ich war zu einem Vortrag in einer evangelischen Kirche. Nach dem Vortrag sagte ein ungläubiger Diakon zu mir: «Herr Seiß, bei Ihnen ist Jesus Christus ja eine wunderbare Hypothese, mit der Sie alles erklären können. Da paßt alles.» Ich wurde sehr betroffen und dachte bei mir: «Wenn Jesus bei meinen Zuhörern nicht anders ankommt als eine Theorie, dann ist er für mich nicht mehr der Herr, sondern der Knecht meiner theoretischen Systeme und Gedanken.» Und ich tat Buße, weil ich die Erkenntnisse unzweifelhaft der Liebe übergeordnet hatte.

Im Sündenfall wollten die Menschen erkennen, was gut und böse ist, und sie hatten das Wissen dem existentiellen Vollzug der Liebe übergeordnet. Sie waren in der Lage, über «Gut» und «Böse» zu theoretisieren. Paulus hat diese Verkehrtheit wieder richtiggestellt: «... wenn ich ... alle Erkenntnisse ... hätte ... und hätte die Liebe nicht, so wäre ich nichts» (1. Kor. 13,2). Auf dem Weg durch die Wüste – bis wir an die Grenze des Landes der Verheißung kommen – erhalten wir das Brot vom Himmel und werden durch dasselbe verwandelt von einer Herrlichkeit zur anderen. Denn das Wort muß auch in uns Gestalt gewinnen, damit wir durch die Umgestaltung in das Bild Gottes Gefäße zu seiner Ehre werden.

Wenn Gott sein Volk auf dem Weg durch die Wüste (des Lebens) alle Tage versorgt mit dem Brot vom Himmel, mit seinem Wort, dann gilt das auch für unseren Durst. Nachdem sie von Mara nach Elim gezogen waren und zu den zwölf Wasserquellen kamen, war das nicht nur eine äußerliche Wohltat, sondern beinhaltete eine geistliche Aussage. Der Weg der Nachfolge ist immer ein innerer Weg. So sollte auch Gottes Volk erfahren, daß der Herr allein – er selbst – ihren tiefsten Durst zu stillen vermochte.

Nachdem sie weitergezogen waren von Elim, lagerten sie sich in Raphidim. Und das Volk hatte dort kein Wasser zu trinken. Sie haderten mit Mose und sprachen: «Gib uns Wasser, daß wir trinken.» Und sie sagten: «Ist der Herr nun unter uns, oder ist er es nicht?» Sie murrten und stellten die Frage: «Warum sind wir denn mit dir auf diesen Weg gegangen?» Angesichts des Durstes zweifelten sie an der Treue und Zusage Gottes: «Ich bin der Herr, dein Arzt.» Gott hatte Geduld mit seinem Volk. Er sprach zu Mose: «Siehe, ich will dort vor dir stehen auf dem Fels am Horeb. Da sollst du an den Fels schlagen, so wird Wasser herauslaufen, daß das Volk trinke.» (2. Mose 17,6). (An dieser Stelle wollen wir uns wieder daran erinnern, daß Jesus der Fels genannt wird, der das Volk Gottes auf dem Weg durch die Wüste begleitet hat [1. Kor. 10,4].) Der Fels wurde geschlagen. Am Ende der Wüstenwanderung begegnet uns noch einmal eine vergleichbare Situation. Auch da fehlte es an Wasser, und das Volk murrte. Aber im Unterschied zu dieser Situation sollte Mose mit dem Felsen reden. Hier wird uns deutlich gezeigt, daß am Anfang des Weges der Blick auf den Gekreuzigten (= den Geschlagenen) gerichtet ist: «Liebe Kinder, ich schreibe euch, daß euch die Sünden vergeben sind um seines Namens willen» (1. Joh. 2,12), während am Ende des Wüstenweges, als Vorbereitung auf das Land der Verheißung, das persönliche Gespräch (= Gebet) mit dem erhöhten Herrn Lebenspraxis sein sollte: Mose sollte am Ende des Dürreweges mit dem Felsen reden und ihn nicht schlagen.

Alle frischen geistlichen Erfahrungen, wenn sie in irgendeiner Weise festgehalten werden, können zum Symbol erstarren. Sie können zum Kultgegenstand, zum Götzen werden. Das war so mit der ehernen Schlange (4. Mose 21,8). König Hiskia zerstörte diesen Kultgegenstand, weil die Israeliten damit Götzendienst getrieben hatten. Sie räucherten der Schlange und nannten sie: Nehuschtan (2. Kön. 18,4).

So wie das Wort Gottes nur lebendig wird durch den Heiligen Geist – ohne Heiligen Geist tötet der Buchstabe –, so gehören auch das Brot vom Himmel und das lebendige Wasser aus dem Felsen zusammen, um das durch die Wüste ziehende Volk zu stärken für den Kampf gegen die alte Natur, gegen die alten Strukturen. Und wenn das tägliche Brot lebendig wird durch den Heiligen Geist, vermögen wir das Schwert des Glaubens, das vollmächtige Wort Gottes, im Kampf gegen die Finsternis zu gebrauchen. Dann sind wir stark in dem Herrn und in der Macht seiner Stärke. Die Bitte: «Unser tägliches Brot gib uns heute» betrifft nicht nur die irdische Nahrung; «Laßt das Wort Christi reichlich unter euch wohnen!» (Kol. 3,16). Der Prophet Jesaja bekennt, daß Gott ihm alle Morgen das Ohr weckt, damit er hört, wie ein Jünger hört (Jes. 50,4).

Ein Säugling muß an die Mutterbrust gelegt werden, aber der Erwachsene muß selbst zur Quelle gehen. Ein Kleinkind wird gefüttert, der Erwachsene muß selbst feste Nahrung zu sich nehmen. Es gibt Christen, die werden infantil gehalten, weil ihnen nicht der ganze Weg der Nachfolge verkündet wird. Deshalb ist es erforderlich, daß jeder selbst in der Schrift forscht. Jeder Verkündiger muß auf der Hut sein, daß er nicht einseitig wird. Und das geschieht um so schneller, je stärker er gewisse Erfahrungen über das Wort stellt, sich ein bestimmtes Bild von Gemeinde und Nachfolge macht und nicht mehr in der persönlichen Stille darauf hört, was der Geist Gottes der Gemeinde vom Wort her zu sagen hat. Da diese Einseitigkeit, diese Akzentuierung, die ja auch die Verschiedenheit zwischen den einzelnen Denominationen begründet, nicht ausgeschlossen werden kann, weil das Vollkommene noch nicht da ist, muß jeder einzelne Christ auf dem Weg der Nachfolge durch das Forschen in der Schrift und das Beten im Kämmerlein seinen ganz persönlichen Weg der Nachfolge suchen und finden. «Und die Salbung, die ihr von ihm empfangen habt, bleibt in euch, und ihr habt nicht nötig, daß euch jemand lehrt...» (1. Joh. 2,27).

Schon im Alten Testament heißt es hinsichtlich des Neuen Bundes prophetisch: «Und es wird keiner den anderen noch ein Bruder den anderen lehren und sagen: ‹Erkenne den Herrn›, sondern sie sollen mich alle erkennen, beide, klein und groß» (Jer. 31,34). So überwindet dann das Kind Gottes die Prägung auf eine bestimmte Gemeinde, wird innerlich in einem echten Sinne ökumenisch und überwindet die Neigung zum Streit über Erkenntnisse und Stilfragen. Dieses Streiten ist ein Kennzeichen geistlicher Unmündigkeit (1. Kor. 3,1-6). Wenn wir dem geistlichen Kampf um innere Unabhängigkeit von Meinungen und Menschen ausweichen, bleiben wir Kinder in Christus, verwickeln uns in einen ungeistlichen Kampf und werden zu seelischen Christen. Wenn wir uns aber dem geistlichen Kampf stellen, reifen wir heran zur Liebe.

Wo der Einzelne nicht den geistlichen Kampf des Glaubens führt, sondern sich einfach in der Gemeinschaft der Gläubigen menschlich «wohlfühlt», wird er sich eines Tages bei den törichten Jungfrauen finden, die nicht den ganzen Weg mit Jesus gegangen waren und ihre Leiber nicht hingegeben hatten als Gefäße für den Heiligen Geist. Vom Kirchenvater Augustin stammt der bekannte Ausspruch: «In der Hauptsache (= Christus Jesus, gekreuzigt und auferstanden von den Toten) Einheit, in den Nebensachen (= Erkenntnissen) Freiheit, und in allem die Liebe.»

Zu Spaltungen kommt es immer dann, wenn die Bindung an einen geistlichen Führer stärker ist als die Bindung an den einen Guten Hirten. Wir sollen uns keine Götzen machen, auch nicht von der richtigen Gemeinde oder der richtigen Lehre. Es gibt nur den einen Weg: den erhöhten Herrn, und er wird uns durch den Heiligen Geist in der *ganzen* Heiligen Schrift nahegebracht, und zwar ohne Beugung oder Verbiegung der Schrift an irgendeiner Stelle, wie es immer geschieht, wenn die Dogmatik einer Kirche oder Gemeinde wichtiger wird als das schlichte Wort Gottes. Wir sollten die Bibel wörtlich nehmen, aber nicht buchstäblich.

Lieben wir also einander und lassen wir doch die Schrift stehen. Versuchen wir auch nicht, das Unkraut unter dem Weizen herauszureißen, wenn wir damit den Weizen beschädigen: In der Hauptsache Einheit, in allem die Liebe. In den feinen Verästelungen unserer Rechthabereien, Vorbehalte und üblen Nachreden begegnet uns das Fleisch unter «frommem Deckmantel» genauso massiv wie in groben Sünden (wie Ehebruch, Lüge, Geiz).

Auch auf dem Weg der Nachfolge werden die Kinder Gottes

in der Kraft des Geistes die Geschäfte des Fleisches töten und Kompromisse vermeiden (Röm. 8,13). Jakob und Esau repräsentieren die innere Spannung auf dem Weg der Nachfolge, die Spannung zwischen dem Geist, der wider das Fleisch streitet, und dem Fleisch, das wider den Geist streitet.

Wenn wir unser fleischlich-menschliches Denken nicht überwinden, geraten wir immer mehr in die Gefahr der Abwendung von Gott. Dabei kann sich das fleischlich-menschliche Denken fromm tarnen: Als Jesus zu seinen Jüngern von seinem Leiden und seiner Auferstehung sprach, sagte Petrus: «Herr, das widerfahre dir nur nicht!» Interessant ist, daß Petrus beim Leiden einhakt, Leiden vermeiden will, wo doch Jesus ganz klar von der Überwindung des Leidens und von seiner Auferstehung gesprochen hatte. Es entspricht der menschlichen Natur und dem menschlichen Denken, das Leid vermeiden zu wollen. Aber Leid, das unserem geistlichen Wachstum dient, ist dazu da, daß wir es überwinden und innerlich unabhängig und frei werden von ihm. Leid beseitigen und «weg-beten» wollen ist etwas anderes als Leid überwinden.

Jesus weist Petrus scharf zurecht, indem er sagt: «Geh weg von mir, Satan» (wobei er nicht den Petrus meinte, sondern Satan, der das Denken des Petrus mißbrauchte). Er begründet seine Zurückweisung mit der Bemerkung: «Du meinst nicht, was göttlich, sondern was menschlich ist.»

Wenn Jesus sagt: «Will mir jemand nachfolgen, der verleugne sich selbst und nehme sein Kreuz auf sich und folge mir» (Matth. 16,24f.), zeigt er damit unmißverständlich, daß der Mensch durch die Kraft des Heiligen Geistes über sich selbst, über die Begrenztheit seines Denkens und seiner Vorstellungen hinauswachsen kann und soll. Wie oft hören wir von Christen, wenn im Verlaufe des geistlichen Wachstums bestimmte Bindungen an die Vergänglichkeit deutlich werden: «Das ist doch natürlich, das ist doch so menschlich.» Aber gerade darum ist es nicht geistlich-göttlich. Es geht dabei nicht um Askese, um Abtötung unserer Bedürfnisse, sondern um die Überwindung des Bestimmtwerdens durch die Vergänglichkeit. Es geht darum, daß wir unsere Natur in der Kraft des Geistes beherrschen und sie dem Gehorsam Christi unterwerfen, und eben nicht darum, daß die menschliche, vergängliche Natur uns beherrscht und uns an Tod und Vergänglichkeit bindet.

Der geistliche Kampf reicht aber noch weiter. Es ist letztlich ein Kampf gegen Amalek. Amalek war ein Enkel Esaus, und Esau war der, der das Linsengericht (der Lust) mehr liebte als das Erstgeburtsrecht. Esau (= Amalek), das ist die Linie des Fleisches, war von den Verheißungen ausgeschlossen. Erst nachdem Jakob seinen frommen Egoismus (Ich will gesegnet werden) überwunden hatte, als am Jabbok aus ihm ein Israel geworden war (= einer, der für Gott streitet), war er innerlich stark genug, Esau zu begegnen. Es kam zur Aussöhnung mit Esau: Das Böse wurde durch das Gute überwunden (1. Mose 32.33; Röm. 12,21). Aber es kam nicht zur Verbrüderung. Jakob ging auf dieses Ansinnen Esaus nicht ein. Sie gingen getrennte Wege. Die Aussöhnung jedoch hatte Bestand, denn nach dem Tod Isaaks begruben beide ihren Vater (1. Mose 35,29). Wenn das Schwert des Geistes durch die natürliche Familie geht (Matth. 10,34 und 35), dann kann es wohl zu einer Aussöhnung kommen, aber nicht zum Eins-Sein. Die Wege verlaufen getrennt. Es ist die Trennung zwischen «geistlich» und «fleischlich» (1. Kor. 3,1).

Die Beziehung zu dem lebendigen Gott kann nur eine geistliche sein, denn Gott ist Geist. Das Fleisch vernimmt nichts von Gott und dem Himmelreich. Der natürliche Mensch ist am Kreuz gerichtet. Deshalb sehen wir in der Vorschattung dieser Verwerfung des alten Menschen in der Bibel immer wieder, daß der Sieg nicht vom Natürlichen kommt.

Zuerst war der natürliche Mensch, dann der geistliche; es wird gesät ein natürlicher Leib, und es wird auferstehen ein geistlicher Leib. Zuerst war der Erste Adam (von Erde genommen), dann kam der Zweite Adam (der lebendig machende Geist). Zuerst wurde Ismael aus natürlicher Ungeduld gezeugt, dann kam Isaak, der Sohn der Verheißung; zuerst war Esau, der das Erstgeburtsrecht verwarf, und danach Jakob; zuerst war Saul (groß und stattlich, vom Volk erwählt nach dem Augenschein), dann berief Gott David (einen Mann nach seinem Herzen). Esau repräsentiert das fleischliche Denken. Anders aber bei Amalek: Er repräsentiert das fleischliche Gesinntsein, und das ist Feindschaft gegen Gott und bewirkt den ewigen Tod (Röm. 8,6).

Amalek haßt Gott und greift Gottes Volk an. Er hat zwar seine Wurzel als Enkel Esaus noch in der Nähe der Linie der Verheißung, aber er verläßt diese Linie mehr und mehr und wird zum Feind Gottes. Bald nach dem Auszug Israels aus Ägypten überfallen die Amalekiter die Nachzügler des Volkes und werden von Josua bei Raphidim geschlagen (2. Mose 17,8-16). Aber «der Kampf gegen Amalek währt von Geschlecht zu Geschlecht» (2. Mose 17,16). Josua kämpfte mit auserwählten Männern gegen Amalek. Solange Mose mit dem Stab Gottes in der Hand auf dem Hügel stand und die Arme hochhielt zum Beten, siegte Josua. Sobald ihm aber die Arme müde wurden und sanken, siegte Amalek. Im Kampf gegen Amalek bleiben wir nur siegreich, wenn wir beharrlich beten. Dabei ist es gut, wenn wir uns die Hände stützen lassen, wie Mose sich seine Arme stützen ließ durch Aaron und Hur. Gedanken können wir in Jesu Namen zurückweisen. Aber gegen Amalek, gegen das fleischliche Gesinntsein, gegen den Betrug der Selbstrechtfertigung von Sünde müssen wir hart ankämpfen, denn «fleischlich gesinnt sein ist der Tod» (Röm. 8,6). Hier ist das Gebet ohne Unterlaß nötig, das dem natürlichen Menschen gar nicht möglich ist. Da muß der Eine für uns streiten, der seine Arme bis zuletzt oben hatte: Jesus. Seine Arme waren angenagelt, als er siegreich ausrief: «Es ist vollbracht!»

Jesus in uns führt den Kampf gegen Amalek. Wir selbst sind diesem Kampf nicht gewachsen. Geben wir dem Herrn Raum, damit wir mit dem Evangelium nicht auf der Schwundstufe der Moral und der humanitären Anstrengung landen. Der Herr sagte zu Petrus anläßlich seiner Verleugnung, die er schon voraussah: «Ich ... habe für dich gebeten, daß dein Glaube nicht aufhöre» (Luk. 22,31.32).

Auf dem Weg durch die Wüste gibt uns Gott Gelegenheit zu unterscheiden, was fleischlich und was geistlich ist. Er prüft uns, ob wir nach vorn sehen, auf das verheißene Land, oder zurück, zu den Fleischtöpfen Ägyptens. Die erste Lektion in der Wüste besteht aus der Frage unseres Vertrauens hinsichtlich der elementaren Bedürfnisse unseres Lebens (Wasser und Brot) und unseres Kampfes gegen die alte Natur. Die weiterführende Lektion ist die Schule des Gebets: «Daß ihr mir kämpfen helft durch eure Gebete» (Röm. 15,30).

Kapitel 10

Nicht *über* Gott, sondern *mit* Gott reden

Wenn wir uns im persönlichen Gespräch dem Herrn unterstellen, unsere Leiber ihm hingeben, sind wir auf dem Weg zur Frontlinie. Denn nun haben unsere geistlichen Erfahrungen Konsequenzen. Die finsteren Mächte benutzen unsere Bedürfnisse als Einfallstore, um uns zu verführen und zu beherrschen, damit Gottes Wort an uns keine Kraft mehr haben kann.

Esau ist das Symbol für fleischliches, bedürfnisorientiertes Leben mit Gott. Er ist der Feind unserer Seele. Er ist überall, wo wir als Kinder Gottes unterwegs sind. Er ist auch in unseren eigenen Reihen.

Amalek ist dem Bösen noch näher. Er ist Symbol der Sichtbarkeit (Vergänglichkeit) und der Machbarkeit. Herodes, mitschuldig an der Kreuzigung Jesu, stammt aus der Linie Amaleks. Er überläßt Jesus dem Pilatus. Das Suchen der eigenen Ehre, die Angst vor Menschen, nicht nur der Verlust des Dialogs mit Gott, sondern der Haß gegen Gott, das ist der Geist Amaleks.

Saul hatte seine letzte Chance, König zu bleiben, vertan, als er nach dem siegreichen Kampf gegen Amalek für sich selbst etwas nahm, d. h. Eigennutzen aus dem Sieg zog und sich obendrein noch ein Siegeszeichen aufrichten ließ (1. Sam. 15, 1-22).

Wir sind immer wieder in Gefahr, auf dem Weg der Nachfolge alle Segnungen und Zuwendungen, alle wunderbaren Führungen und Fügungen so zu bewerten, als hätten wir das selber bewirkt. Auch wenn der Nachfolger Jesu durch das Wort Gottes weiß, daß alles in seinem Leben Gottes Gnade ist, so kann doch dieses Wissen sehr theoretisch sein, und er ist schnell versucht, sich selbst zu rühmen und sich rühmen zu lassen. Saul hatte zwar die äußere Schlacht gegen Amalek gewonnen (1. Sam. 15,7.8), aber innerlich hatte er verloren. Er war angesteckt vom Hochmut Amaleks. Mose ermahnte Gottes Volk, allezeit des ganzen Weges zu gedenken. Aber wenn wir anfangen, über unsere Erfahrungen mit Gott auf dem Weg der Nachfolge zu reden, bauen wir diese Erfahrungen in unseren menschlichen Reflexionszusammenhang und können sie auf diesem Weg aus ihrem ursprünglichen geistlichen Zusammenhang herausreißen. Und dann verselbständigen sich diese Erfahrungen und gewinnen eine Eigendynamik. Das mag auch mit ein Grund dafür sein, daß Jesus nach seinen Wundern oft gesagt hat, sie sollten nicht darüber reden. Die Menschen sahen dann auf die Wunder und nicht mehr auf den Herrn und verloren die Beziehung zu ihm. Vor dem Abfall in den Hochmut liegt die Bindung an Gaben, an das Haben-Wollen.

Wir können sehr schnell die zarte Beziehung der Liebe verlieren an eine Orientierung entlang von Gaben, Erfahrungen und Reflexionen. Aber die persönliche Beziehung zu Gott ist durch nichts zu ersetzen. Christen reden primär *mit* Gott und wagen es erst von daher, auch *über* Gott zu reden. Der Streit über Gaben und Erkenntnisse führt jedoch schnell zu Diskussionen über Gott und Gottes-Bilder. Die Fixierung auf Gaben versperrt den Weg zur Hingabe.

Wenn sich in der seelischen Entwicklung ein Kind an die sichtbaren Zeichen der Liebe: an Gaben und Geschenke bindet und darin die «Beweise» der Liebe sieht und sucht, verliert es die personale Beziehung der Liebe, wird berechnend und fordernd.

Eine Mutter unterscheidet deshalb geradezu instinktiv die Befriedung des Säuglings von seiner Befriedigung. Wenn eine Mutter sagt: «Ich habe mein Kind gestillt», ist das eben ein Zur-Stille-Kommen-Lassen und nicht bloß die Befriedigung eines Triebes. Bei der Stillung des Kindes geht es darum, daß das Kind die personale Geborgenheit in der Liebe der Mutter spürt, und nicht nur darum, daß es gesättigt wird. Auch die geistliche Entwicklung kann von der Ideologie (= dem Geist) der Selbstverwirklichung erfaßt werden und verkennen, daß die Stillung und Ruhe nur vom Geber kommt und nicht von den Gaben (siehe Psalm 73,25).

Die Fixierung des modernen Menschen auf die Befriedigung seiner Bedürfnisse und Triebe («Recht auf Lust») als Gradmesser der über alles gepriesenen Selbstverwirklichung («Meine Freiheit ist gebunden an meine Möglichkeiten») hat in den Wortführern dieser Ideologie ihre Rechtfertiger: «Lehrer ... nach denen ihnen die Ohren jucken» (2. Tim. 4,3). Weil sie die Lust mehr lieben als Gott, glauben sie der Lüge; weil sie die Wahrheit nicht angenommen haben, darum sendet Gott ihnen auch kräftige Irrtümer, damit sie gerichtet werden, weil sie ihm nicht geglaubt haben (2. Thess. 2,10-12). Es ist falsch und läßt sich weder psychologisch noch kulturanthropologisch vergleichend belegen, daß die Natur des Menschen, wenn sie nur in Ruhe gelassen würde (es fragt sich nur, wie man sie in Ruhe lassen soll), «von selbst Richtung, Maß und Ziel finden» würde, wie Arno Plack in seinem Buch: «Die Gesellschaft und das Böse» (München 1967, S. 337) behauptet.

Die Frage nach unserer Freiheit ist immer eine Frage nach den Grenzen und nach der Geborgenheit und ist nicht eine Frage nach unseren unbegrenzten Möglichkeiten. Es ist völlig unverständlich, wenn der Philosoph A. Plack seine Ethik «wissenschaftlich» nennt, dabei aber Tatsachen der exakten naturwissenschaftlichen Forschungen nicht kennt oder ignoriert. Wie könnte er sonst schreiben: «Wenn es der anthropologische Sinn einer Ethik ist, den Menschen mit sich selber zu versöhnen, dann kann sie ihm nur dazu raten, sich selber anzunehmen in seiner vollen Leibhaftigkeit. Da die vitalen Antriebe nur unersättlich erscheinen, solange sie nicht ganz befriedigt werden, ergibt sich daraus die Erlaubnis, ja die Forderung einer unbedingten sexuellen Freiheit» (S. 337).

Dieser Ideologie liegt die Hoffnung zugrunde, daß der Mensch frei sein würde, wenn alle seine Bedürfnisse erfüllt werden könnten. Mit dieser Hoffnung stehen Plack und seine Epigonen weder auf dem Grund eines allgemeinen naturwissenschaftlichen Wissens über tierisches und menschliches Verhalten, noch ist dieser Ansatz psychologisch haltbar. Es wird nämlich übersehen, daß die Freiheit des Menschen nicht identisch sein kann mit der Sättigung seiner Bedürfnisse, weil die Triebe des Menschen eben nicht von selbst Richtung, Maß, Ziel und Grenzen finden. Denn der Mensch ist ein Instinktmangelwesen und hat deshalb eine sittliche Verantwortung. Sie allein zeigt ihm den Weg zur Freiheit. Es kann nämlich vergleichend-psychologisch festgestellt werden, daß am instinktiven und am instinktnahen Verhalten eine Lernkomponente und eine angeborene Komponente unterschieden werden müssen. Im Appetenzverhalten (Lernanteil) kommt die Lernkomponente zum Tragen, bei der Instinkthandlung im engeren Sinn die angeborene Komponente. Appetenz (= Appetit) ist das Suchen nach jenen Auslösern, die zur Endinstinkthandlung führen und die Triebbefriedigung ermöglichen.

Diese Unterscheidung wird auch durch unsere Erfahrung belegt. Der Mensch kann den Appetit von der Sättigung trennen. Wenn er satt ist, kann er trotz seiner Sättigung die Auslöser variieren, übertreiben (wie in der Pornographie) oder wechseln und aus Appetit weiteressen/weitergenießen. Die für das Lernen offene psychische Qualität einer Lustbefriedigung durch Appetit kann er von der physiologischen Befriedigung (dem Sattsein) selbst trennen.

Im Unterschied zu Plack müssen wir formulieren, daß beim Menschen die Triebe auch dann noch unersättlich sein können (und nicht nur erscheinen), wenn sie biologisch ganz befriedigt sind. Sonst gäbe es nicht in Kurkliniken eine Fülle überfressener Menschen. Nach der Definition von Plack müßten diese überfressenen Menschen hinsichtlich ihrer oralen Befriedigung die freiesten Menschen sein, denn sie sind ganz satt geworden und haben keine Tabus hinsichtlich dieses Triebes. Aber offensichtlich leiden sie unter ihrer Völlerei und erleben sich nicht frei.

Wir müssen uns fragen, warum der Mensch über seine natürlichen/biologischen Bedürfnisse hinaus so unersättlich sein kann. Jedenfalls ist seine Unersättlichkeit nicht die Folge von Verboten, obwohl Verbote vorübergehend eine Gegenhaltung provozieren können: Nun erst recht! Hinter der Unersättlichkeit steckt der Mißbrauch der Lust. Der Mensch benutzt die Variabilität der Auslöser und die Wege der Appetenz zur Gewinnung und Steigerung der Lust über das natürliche Maß der die biologische Sättigung begleitenden Befriedigungs-Lust hinaus. Denn die Lust beim Menschen ist nicht nur eine Begleitqualität des Triebes, sondern sie ermöglicht es, personale Bedürfnisse zu ersetzen. Die Triebbefriedigung hat beim Menschen eine Überlagerung erfahren. Sie hat nicht nur die Funktion der Herstellung des organinternen, physiologischen Gleichgewichtes, sondern beinhaltet im wesentlichen eine psychosoziale Komponente, nämlich die Qualität der Befriedung (= Stillung). Befriedung als eine soziale Qualität ist aber mehr als eine biologische Befriedigung. Sucht entsteht da, wo das Befriedigtwerden durch Absättigung (= Triebbefriedigung) das Bedürfnis nach Befriedung (= Stillung) ersetzen soll oder ersetzen muß. Wo der Mensch Geliebtwerden mit Begehrtwerden verwechselt, bleibt er im psychosozialen Verlangen ungestillt und begibt sich auf einen Weg, der zur Sucht führen kann. Er versucht funktional (durch Triebbefriedigung) zu bewirken, was er nur personal durch Liebe (= Gestillt-Werden) erfahren kann.

Den Erziehungsberatern sind viele Fälle bekannt, wo Mütter über ihre Kinder klagen, weil sie sich immer etwas Neues wünschen (eine Eisenbahn, einen Modellbaukasten, eine neue Puppe, ein Paar Rollschuhe usw.). Wenn sie es dann aber haben, spielen sie nur kurze Zeit damit, und bald liegen diese heißbegehrten Dinge wieder in der Ecke. Was sind das für Entwicklungsbilder? Es sind jene Entwicklungsschicksale von Kindern, bei denen an die Stelle der personalen Beziehung zum Geber die Gabe getreten ist, wo die psychosoziale Befriedung (= Wärme, Geborgenheit) ersetzt wird durch die Lustqualität in Gestalt momentaner Triebbefriedigung des Bekommens (kaptativer Trieb). Diese Kinder haben keinen Frieden und finden durch die Mutter keine Befriedung in Form von Liebe. Deshalb sind sie im Bereich der triebmäßigen Zuwendung unersättlich, provozieren diese immer wieder und schaffen sich durch diese Triebbefriedigung Ersatz für Liebe und Befriedung. Liebe aber läßt sich durch nichts ersetzen. Die Sättigung des Triebbedürfnisses, das Habenwollen, Fordern und Bekommen führt eben nicht zur Befriedung und deshalb auch nicht zur Freiheit. Wer seine Freiheit und die Versöhnung mit sich selbst vom Grad der Triebbefriedigung abhängig macht, wird zum Sklaven des Triebes. Der Mensch muß mit Gott und durch ihn mit sich selbst versöhnt werden; er kann sich nicht selbst versöhnen. Nur die Liebe macht uns frei, nicht die Triebbefriedigung. Die Triebbefriedigung bringt die Liebe nicht hervor, sondern Liebe ermöglicht erst eine disziplinierte (begrenzte), personal bleibende Triebbefriedigung. Der Mensch lebt eben nicht vom Brot allein, sondern vom persönlichen Reden mit Gott (= Dialog). Haben-Wollen, Recht auf Lust, Selbstverwirklichung mögen kurzfristig befriedigen, aber sie bringen nicht den wahren Frieden: «Wer von diesem Wasser trinkt, den wird wieder dürsten; ich gebe dir lebendiges Wasser, wo dein Verlangen bleibend gestillt ist» (Joh. 4,13 und 14). Alles andere unstillbare Haben-Wollen führt zu seelischen Schäden (Matth. 16,26). In welch eine teuflische Falle ist doch die «fortschrittliche» Pädagogik mit ihrem antiautoritären Konzept und dem Recht auf Lust gelaufen.

Jesus Christus hatte, als ihn hungerte, die Möglichkeit, aus Steinen Brot zu machen, aber er verzichtete darauf, weil er sich nicht von seinen Möglichkeiten bestimmen lassen wollte und nicht von dem, was vor Augen lag, sondern vom Worte/Geiste Gottes. Er sah diese Situation nicht egozentrisch (ich und meine Möglichkeiten), sondern geistlich. Unsere Freiheit ist gebunden an die Wiedergewinnung der geistlichen Dimension.

Es gibt die bekannten Versuche mit Rhesus-Affen (Gertrude von Wangenen, Entdeckerin des Rhesus-Faktors, experimentierte mit F. Harlow zusammen. Sie erkannten die Bedeutung mütterlicher Nähe und Wärme für die gesunde Entwicklung der Tiere [Uni Wisconsin, USA, 1931.]). Affenbabys, die nach der Geburt von der Mutter getrennt wurden, hatten zwei Muttertypen zur Auswahl: ein Drahtgestell, überzogen mit wolligem, kuscheligem Stoff, und ein Drahtgestell ohne Stoffbezüge, nur mit Milchsaugern, woran sie saugen konnten. Wenn die kleinen Äffchen Durst hatten, gingen sie zum Drahtgestell mit den Saugern, aber die übrige Zeit hockten sie an der Stoffmutter: an dem Drahtgestell mit dem Plüschbezug. Auch wenn sie frei herumliefen und Angst bekamen, flüchteten sie stets zur Stoffmutter und nicht zu dem Drahtgestell mit den Saugern.

Für die gesunde Entwicklung ist es notwendig, daß ein Kind Nähe und Geborgenheit durch die Mutter, den Vater und die Familie erfährt, und erst sekundär die Befriedigung der körperlichen Bedürfnisse erlebt. Liebe wird geprüft und ist prüfbar am Maß des Vertrauens. Liebe ist ein schmaler Weg, fein, aber stärker als der Druck äußerer Verhaltensnormen. Auch ein geistliches Kind braucht Wärme, Annahme und Geborgenheit. Das «Drahtgestell» von Dogmatik und liebloser, unbarmherziger Kälte und Gesetzlichkeit genügt nicht.

Wir sehen, wie schmal der Weg in der Nachfolge werden kann. Ohne Geborgenheit in der Liebe wird der Trieb zur Gier. Deshalb schreibt der Apostel Paulus: «Das ist der Wille Gottes, eure Heiligung, daß ihr meidet die Unzucht und ein jeder von euch seine eigene Frau zu gewinnen suche in Heiligkeit und Ehrerbietung, nicht in gieriger Lust wie die Heiden, die von Gott nichts wissen» (1. Thess. 4,3-5). Ohne Dialog kann es keine Liebe und Treue geben. Zur Bewährung der Liebe gehört ein Vertrauen, das unabhängig ist vom Habenwollen, unabhängig von der greifbaren Befriedigung.

Liebe ist Distanz zwischen zwei (oder mehreren) Menschen, eine Distanz, die durch Vertrauen überbrückt wird. Die Liebe ist um so tragfähiger und belastbarer, je größer die Distanz ist, die durch Vertrauen überbrückt werden kann. Die größte Distanz, unter der der Mensch leiden kann, ist die Distanz zu Gott, bedingt durch die Macht der Finsternis und des Todes.

Die größte Liebe ist deshalb auch die Liebe Jesu am Kreuz, die diese Distanz überbrückt hat. Die Liebe Gottes ist die Kraft der Auferstehung, jene Kraft, in welcher der sündige (= zum Tode verurteilte) Mensch die Macht des Todes zu überwinden vermag. Alle geistliche Entwicklung dient diesem einen Ziel, daß wir gelangen zur Auferstehung aus den Toten (Phil. 3,9-11).

Alle geistliche Entwicklung ist (vergleichbar der seelischen Entwicklung von Mutter und Kind) eine Entwicklung des dialog-personalen Bezogenseins zu Gott im Gebet und in seinem Wort. Es geht primär um die Beziehung zum Geber und nicht um seine Gabe. Unsere Identität ist unser Bezogensein in der Übereinstimmung von Innen und Außen (= Echtheit). Und diese echte, tragfähige Beziehung wird aufgebaut durch verbale und nonverbale Kommunikation im Dialog. Beziehung ist Ausdruck von Leben. R. A. Spitz zeigt, daß die Unterscheidung zwischen belebt und unbelebt durch die Erfahrung des Dialogs gelernt wird: Dinge und Tote antworten nicht, sie reagieren nicht, sie bleiben stumm. Deshalb sind alle anderen Götter Götzen; Bilder, die sich die Menschen gemacht haben, die nicht reden, nicht antworten, nicht eingreifen und einwirken können in unser Leben.

Am Dialog erkennt das kleine Kind den Unterschied zwischen belebt und unbelebt. Meine Tochter Ina war fünf Jahre alt, als ihre gleichaltrige Nachbarin eine Puppe bekam, die «Mama» sagen konnte. Als diese kleine Freundin ihre Puppe vorführte, konnte ich sehen, wie erstaunt Ina war und wie sie Schwierigkeiten hatte, nun zu erkennen, ob diese Puppe tatsächlich lebte, bis sie schließlich sagte: «Aber lebig (= lebendig) is'se (= ist sie) nicht. Wenn du sagst, ‹Hebe den Arm hoch!›, dann tut sie das nicht.» Ina hat hier ganz klar die Dialogfähigkeit, die Fähigkeit zu hören und zu antworten, Reize aufzunehmen und zu reagieren, als Kennzeichen des Lebendigseins erkannt.

Elia hat ganz ähnlich die Baalspriester herausgefordert, sie möchten doch vor aller Welt zeigen, daß ihr «Gott» (Baal) antwortet und also ein Dialogpartner ist: «Als es nun Mittag wurde, verspottete Elia sie (die Baalspriester) und sprach: ‹Ruft laut! Denn er ist ja ein Gott; er ist in Gedanken oder hat zu schaffen oder ist über Land oder schläft vielleicht, daß er aufwache.› Und sie riefen laut und ritzten sich mit Messern und Spießen nach ihrer Weise, bis ihr Blut herabfloß.» Als aber der Mittag vergangen war, waren sie in Ekstase, und dennoch war keine Stimme noch Antwort zu hören. «Da sprach Elia zu allem Volk: ‹Kommt her zu mir!› Und er baute den Altar des Herrn wieder auf, der zerbrochen war ... und als es Zeit war, das Speisopfer zu opfern, trat der Prophet Elia herzu und sprach: ‹Herr, Gott Abrahams, Isaaks und Israels, laß heute kundwerden, daß du Gott in Israel bist und ich dein Knecht und daß ich das alles nach deinem Wort getan habe! Erhöre mich, Herr, erhöre mich, damit dies Volk erkennt, daß du, Herr, Gott bist und ihr Herz wieder zu dir kehrst!› Da fiel das Feuer des Herrn herab» (1. Kön. 18,21-38). Gott erwies sich als lebendig. Er antwortete. Alle anderen Götter sind Götzen, sie antworten nicht, sind tot: Projektionen, Wunschbilder, von Menschenhand gemacht, von Menschengeist erdacht. Als das Volk sah, wie Feuer vom Himmel fiel, fielen sie auf ihr Angesicht und sprachen: «Der Herr ist Gott, der Herr ist Gott» (1. Kön. 18,39). Er antwortet gemäß unseres Vertrauens zu ihm.

Wenn der Dialog zu Gott zerbricht, hört auch der Dialog mit den Geschwistern auf. Übrig bleiben Streit und Diskussionen über Gaben und Geber: Der Glaube ist tot.

Der Glaube an Gott ist gelebte Beziehung; und der Ausdruck einer gelebten Beziehung zu Gott ist das Gebet zu ihm und das Hören auf ihn, um das zu tun, was er sagt. Wenn der Mensch hört, redet Gott; wenn der Mensch gehorcht, handelt Gott.

Ein Dialog kann nur dann zerbrechen, wenn er zuvor bestanden hat. König Saul, der erste König Israels, war ein Berufener. Er hatte im Geist angefangen, war aber von Gott abgewichen, und schließlich antwortete Gott ihm nicht mehr. Der Dialog war zerbrochen (1. Sam. 27,6). Wenn wir gottlos geworden sind und Gott uns nicht mehr antwortet, laufen wir wie Saul zu den Beschwörern und Wahrsagern. Wenn der Dialog mit Gott zerbricht, zerbricht alles. Der Mensch kann sich durch viele kluge Reden, durch Philosophie und Denksysteme, durch Ideologien und Illusionen über diesen Verlust hinwegtäuschen, aber in seiner Existenz wird er es zutiefst erfahren, daß doch alles zerbrochen ist. Was bleibt, ist eine allgemeine Religiosität von den ideologischen Erlösungslehren bis hin zum Glauben an Rationalität, Machbarkeit und das Gute im Menschen. Wer weiß, was im psychoanalytischen Sinne Verdrängung ist, vermag unschwer zu erkennen, daß die Verdrängung der Beziehung zu Gott durch den Widerstand mittels Zweifel und Intellekt das primäre Bedürfnis nach der Geborgenheit in Gott verschoben hat, hin zur Ersatz-Beziehung in Gestalt von Esoterik und Spiritismus, zu den Meistern von Lüge und Täuschung (Kol. 2,8; 1. Tim. 4,1; 2. Petr. 3,16.17).

Mose war auf dem Weg durch die Wüste für das Volk die Verbindung zu dem lebendigen Gott. Er sprach mit Gott in der Stiftshütte, und das Volk stand von ferne. Aber als das Volk die Offenbarungen Gottes am Sinai erlebte, erschrak es und sprach zu Mose: «Rede du mit uns, wir wollen hören; aber laß Gott nicht mit uns reden, wir könnten sonst sterben.» Mose aber beruhigte sie und sprach zu dem Volk: «Fürchtet euch nicht, denn Gott ist gekommen, euch zu versuchen, damit ihr's vor Augen habt, wie er zu fürchten sei, und ihr nicht sündigt» (2. Mose 20,18-20). Aber ihr Vertrauen war nicht groß genug. Sie gingen nicht auf dieses Angebot ein, die Furcht vor dem lebendigen Gott durch Gehorsam und Liebe zu überwinden. Sie blieben in ihrer inneren Distanz. Und das führte sie in die Sünde: Sie sahen auf das Sichtbare.

Gott hatte sich ihnen durch Mose offenbart und ihnen ausdrücklich gesagt: «Ich bin der Herr, dein Gott, der ich dich aus Ägyptenland, aus der Knechtschaft, geführt habe. Du sollst keine anderen Götter haben neben mir. Du sollst dir kein Bildnis noch irgendein Gleichnis machen, weder von dem, was oben im Himmel, noch von dem , was unten auf Erden, noch von dem, was im Wasser (wörtl. «Fließendes» [Magma]) unter

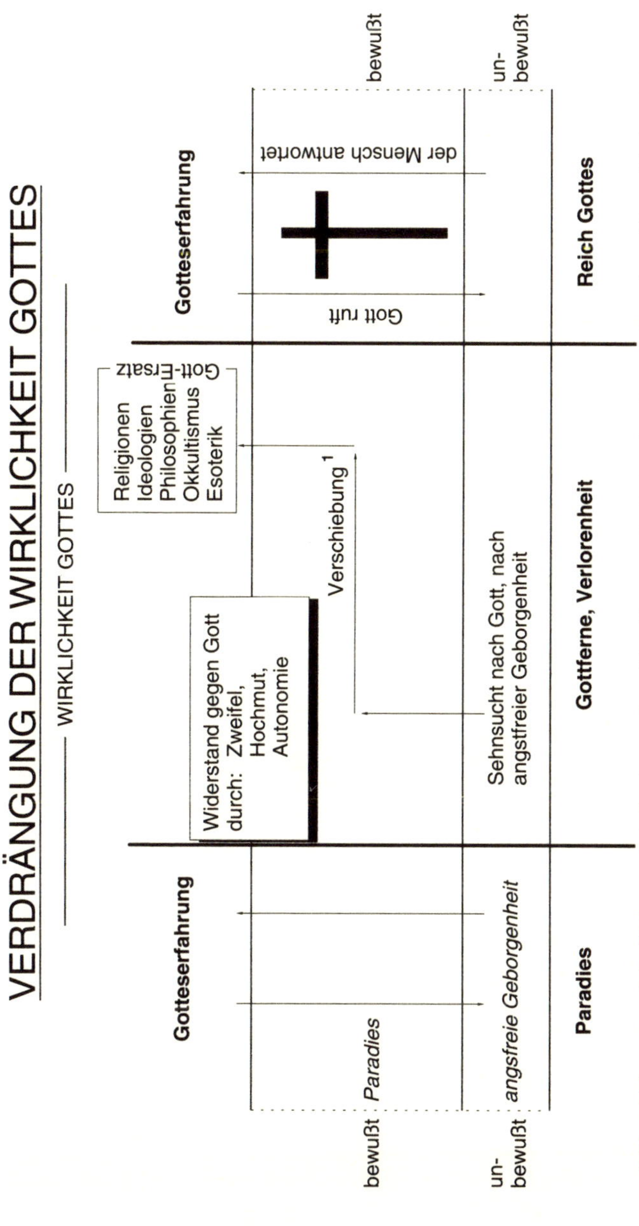

1 Verschiebung nennt die Tiefenpsychologie einen unbewußten Vorgang, durch den der abgewehrte und verdrängte Inhalt auf einem Umweg (=Verschiebung) doch zu Wort kommt, aber verzerrt und entstellt, als Ersatz für das Eigentliche.

Abb. 11

der Erde ist» (2. Mose 20,1-4). Wer sich aber von Gott wegwendet, bindet sich an das Sichtbare, weil er einen Halt sucht, und wenn es auch nur ein Strohhalm ist. Der Mensch, der sich von dem lebendigen Gott abwendet, sich auf das Sichtbare verläßt, muß erkennen, daß das Sichtbare zeitlich und kein tragender Grund für seine Existenz ist.

Als Mose auf den Sinai stieg (2. Mose 24,1), um sich von Gott die Tafeln des Gesetzes mit den Geboten beschreiben zu lassen, damit der Wille Gottes ständig unter dem Volk sein könne (im Heiligtum mitten unter ihnen), wurde dem Volk die Zeit zu lang. Sie konnten sich nicht an den Unsichtbaren halten, sondern verlangten nach einem sichtbaren Gott. Und sie versammelten sich und sprachen zu Aaron: «Auf, mach uns einen Gott, der vor uns hergehe! Denn wir wissen nicht, was diesem Mann Mose widerfahren ist, der uns aus Ägyptenland geführt hat.» Aaron ließ sich darauf ein. Das Volk sammelte goldenen Schmuck, und Aaron goß daraus ein goldenes Kalb, und sie sprachen: «Das ist dein Gott, Israel, der dich aus Ägyptenland geführt hat!» (2. Mose 32,1-4). Sie hatten den lebendigen Gott verlassen und sich ein Bild gemacht (= Ebene der Gaben und Zeichen).

Aber der Herr sprach zu Mose: «Geh, steig hinab; denn dein Volk, das du aus Ägyptenland geführt hast, hat schändlich gehandelt. Sie sind schnell von dem Wege gewichen, den ich ihnen geboten habe. Sie haben sich ein gegossenes Kalb gemacht und haben's angebetet und ihm geopfert und gesagt: ‹Das ist dein Gott, Israel, der dich aus Ägyptenland geführt hat›» (2. Mose 32,7-8).

Wir sehen auch bei den großen Männern Gottes, daß sie manchmal irgendeine Lücke hatten, in welche die Gedanken des Fleisches, des Mißtrauens, Eingang finden konnten. Aber Gott geht mit uns den Weg erst dann weiter, wenn der Schaden ausgeräumt ist. Erst als Achans Diebstahl gesühnt war, konnte Israel wieder über seine Feinde siegen (Jos. 7,1-24).

Nicht anders ist das ja bei uns. Wann immer auch wir noch Anteile des alten Menschen mitschleppen, muß Gott uns in Krisen führen, damit wir erkennen, wo wir auf falschen Wegen sind. Und wenn wir dann von den falschen Wegen und Gedanken umkehren, geht er seinen Weg mit uns weiter. Er ist in Tat und Wahrheit unbestechlich. Er will keine «fromme Anpassung», keine fromme Rolle, sondern er sucht *uns selbst.* Gottes Wege mit uns sind heilig, denn *er* ist heilig, und wir sollen auch heilig sein (1. Petr. 1,15). Heilige Einseitigkeit und Kompromißlosigkeit sind Bedingungen der Dialogfähigkeit. Es sind keine neuen fanatischen Forderungen und Zwänge, die man sich im Namen Gottes auferlegt oder auferlegen läßt. Es ist vielmehr die Konsequenz aus der Erkenntnis vorhergegangener Täuschung und des Selbstbetrugs. Der Dialog zu Gott ist wie ein Lichtstrahl, der sich im Prisma bricht und erst so seine ganze Schönheit entfaltet. Aber dazu muß das Prisma rein und klar sein. Deshalb sagt Paulus, daß wir vom Bösen geschieden sein sollen (Röm. 16,19); und Jesus schenkt uns die Reinigung durch sein Blut. Nachfolge ist kristallklare Festigkeit und Schönheit eines geschliffenen Diamantes.

Aaron versuchte bei der Sache mit dem goldenen Kalb dem Volk die Schuld zu geben mit dem Hinweis, es sei halsstarrig und böse. Aber Mose sagt ganz klar, daß Aaron es hatte zuchtlos und zum Gespött ihrer Feinde werden lassen. Mose trat in den Riß, er bat den Herrn um Vergebung. Gott nimmt diese Fürbitte an, sagt aber, daß das Volk für diese Sünde die Konsequenzen zu tragen habe. Die Konsequenz war, daß Gott nicht mehr selbst vor seinem Volk herzog, sondern seinen Engel vor ihm hergehen ließ. Und Mose nahm das Zelt aus der Mitte des Lagers hinweg und stellte es draußen auf, fern vom Lager, und nannte es Stiftshütte. Der Herr war aus der Mitte seines Volkes gewichen. So geht es all denen, die ihre persönliche Beziehung zu Gott vernachlässigen und das Evangelium reduzieren auf Aspekte, Bilder und Interpretationsmodelle. Sie reden dann allenfalls noch *über* Gott, aber nicht mehr *mit* Gott. Und Gott wird schließlich zu einem «Ereignis der Zwischenmenschlichkeit». Gottes Geist, Gottes Liebe, in Jesus Christus offenbar geworden, hat nur ein Ziel: daß uns die

Wüste unseres Lebens dazu dient, uns von der Macht der Vergänglichkeit, von der Macht der Sichtbarkeit zu lösen beziehungsweise lösen zu lassen. Ein Kind Gottes braucht in den ersten Jahren der Nachfolge eine gute geistliche Führung sowie eine gute geistliche Heimat (Väter und Mütter in Christus und eine lebendige Gemeinde).

Und noch etwas können wir erkennen: Überall, wo wir der Zusage Gottes nicht vertrauen, schaffen wir dem fleischlichen Denken Raum und verlassen die innere Konsequenz der Nachfolge. Wir gehen deshalb nicht gleich verloren, müssen es aber ertragen, daß wir die erste Liebe zu Gott verlieren. Denn Gott läßt es nicht zu, daß wir uns außer auf ihm noch woanders abstützen. Wir können Gottes Geist schnell dämpfen. Deshalb ermahnt uns der Apostel: «Den Geist dämpft nicht» (1. Thess. 5,19). Jesus vergibt uns unsere Sünden, aber die Folgen der Sünden müssen wir zu unserer Erziehung manchmal ausleiden. Geistliches Wachstum ist ein stetiges Wachsen im Vertrauen. Und Dialog ist gelebtes Vertrauen. Dagegen ist Mißtrauen die Basis der Diskussion.

Larry Lea zitiert Brad Young («Jüdische Geschichte zum Vaterunser»), der darauf hinweist, daß es nach Apg. 1,14 heißt: «Sie waren einmütig in ‹Dem Gebet›» (= Vaterunser). (L. Lea: «Könnt ihr nicht eine Stunde mit mir wachen?» Remscheid 1989). Das Vaterunser ist das Dialogangebot, das der Herr uns macht. Es ist das vollkommene Gebet. Klausuren (Beten und Fasten) «am Vaterunser entlang» sind Segenszeiten. Das weiß ich aus persönlicher Erfahrung. Gebet ist nicht ein Instrument des Habenwollens, sondern ein mit Jesus/in Jesus gelebtes Leben.

Von der Mutter zum Kind hin wirkt das Kumpan-Schema: «Gesicht von vorn» (K. Lorenz), und vom Kind zur Mutter hin das «Dreimonatslächeln», Dialog-stiftend. Die wechselseitige Regulation zwischen Mutter und Kind festigt und stabilisiert die Beziehung zusehends. Auf der Basis dieser positiven Dialog-Beziehung müssen nun unterschiedliche Erfahrungen des Säuglings mit den verschiedenen Menschen, die in sein Blickfeld geraten, bewältigt werden. Der Säugling begegnet Menschen, die er anlächelt, die aber nicht zurücklächeln, die ihm gleichgültig oder auch ablehnend begegnen. Der Säugling bewältigt diese Spannung, indem er in der Mutter eine Person erfährt, die am häufigsten zurücklächelt. Dadurch wird die anonyme, instinktive Beziehung allmählich überlagert von einer personalen Beziehung zur Mutter. Die personale Beziehung zur Mutter erfährt ihre erste Belastung dadurch, daß der Säugling positive und negative Impulse von der Mutter empfängt. Er lernt sie zu verarbeiten, indem er eine neue Qualität entdeckt: Die Qualität der Zuverlässigkeit, der Konstanz, der Treue. Auf unsere Sprachebene übersetzt, heißt das: Mutter ist und bleibt Mutter, ganz gleich, ob ich sie jetzt positiv oder negativ erlebe. Die Beziehung wird unabhängig von der situativen Jeweiligkeit. Liebe ist nicht eine Sache des Augenblicks, sondern ein Ausdruck der Treue, des Vertrauens. Auf dem Hintergrund dieser Treuebeziehung zur Mutter wird die personale Bindung an die Mutter gefestigt. Die Beziehungsqualität der Treue beinhaltet die Fähigkeit von Triebaufschub durch vorübergehende Verzichtsbereitschaft ohne Verlustängste.

Genau das ist auch die Qualität, die der Jünger Jesu am Anfang seines Weges mit Gott lernen muß und lernen kann: Die Entwicklung von Verzichtfähigkeit ist ein erster wesentlicher Schritt zur inneren Freiheit und ein zentrales Bestimmungsstück menschlicher Reife: Im Gebet, im Dialog mit Gott, üben wir, «uns an den Unsichtbaren zu halten, als würden wir ihn sehen», wie es von Mose gesagt ist (Hebr. 11,27). Und das ist ein wesentlicher Schritt zur Entwicklung geistlicher Reife.

Dazu ein schönes Erlebnis: Ich war jung im Glauben und mein Sohn gerade ein Jahr alt. Da ich noch studierte, war ich viel zu Hause, während meine Frau als Lehrerin im Schuldienst war. Wir wohnten in einer Lehrerdienstwohnung auf dem Schulgelände. Meine Frau war zum Unterricht in die Klasse gegangen. Ich war allein und wollte Stille Zeit halten. Dazu verließ ich das Kinderzimmer, wo ich mit meinem kleinen

Jungen gespielt hatte. Als ich das Zimmer verlassen und die Tür geschlossen hatte, brüllte er. Ich aber wollte mich in die Stille zurückziehen und nicht mehr mit ihm spielen. Ich fing an zu beten: «Herr Jesus Christus, mache meinen Knaben ruhig.» Aber er brüllte weiter, und ich betete dagegen an. Ich brüllte auch fast: «Herr Jesus, nun mache meinen Knaben ruhig.» Und mitten in diese wechselseitige Brüllerei – er brüllte nach mir, und ich schrie zu Jesus –, hörte ich eine kleine, leise Stimme: «Du bist genauso dumm wie dein Sohn.» Ich erschrak und begriff sofort: Gerson, mein Sohn, brüllte nach mir, weil er mich nicht sah, und deshalb war ich für ihn nicht da. Und ich schrie nach Jesus aus demselben Grund. Ich sah ihn nicht und dachte, er sei deshalb nicht da. Als ich das merkte, sagte ich: «Herr, wie töricht bin ich, daß ich denken kann, du seist nicht da und ich müßte brüllen, damit du mich hörst.» In dem Moment war der Junge ruhig. Beten hat nichts mit Lautstärke zu tun, sondern ist ein Dialog von zarter Einfühlung, die von Herz zu Herz geht. Das Entscheidende in der Beziehung ist die innere Übereinstimmung, das Sich-Verstehen ohne Worte, ohne laute Gesten. Die laute Geste gehört in *diese* Zeit. Der Heilige Geist kommt nicht mit Heer und Macht, sondern mit stillem, sanftem Wehen.

Der vorübergehende Verzicht auf die starke, sinnliche, greifbare Verbundenheit wird vom Kleinkind schon sehr früh eingeübt. Mich hat diese Entwicklung des Kleinkindes sehr beeindruckt, weil sie mir zeigte, daß der Mensch berufen ist, von der inneren Beziehung her zu leben, nicht im Kontext äußerer Manipulation und unmittelbarer Triebbefriedigung.

Bei Kleinkindern können wir beobachten, wie sie diesen Trieb-/Bedürfnisaufschub trainieren, indem sie sich selbst eine Frustrationsphase setzen und diese spielerisch aushalten im Vertrauen und in der Gewißheit, daß Mutter für sie da ist, auch wenn sie diese für einen Moment nicht sehen. Das «Spielchen» kennen alle Mütter: Das Kind nimmt Blickkontakt auf, ruft «guck-guck» und versteckt sich hinter einem Türpfosten. Es erlebt: «Mutter ist auch dann für mich da, wenn ich sie nicht sehe.»

Am Anfang ihres Wüstenweges erfahren die Kinder Gottes den Herrn in seiner wunderbaren Macht und Kraft, aber sie können sich an solche Erfahrungen binden, daß sie es schwer haben, Gott auch dann zu vertrauen, wenn sie ihn nicht sehen. Dann brauchen sie immer etwas Greifbares: eine Vision, eine Kraftwirkung, ein Zeichen, ein Wunder.

Wunder und Zeichen haben ihre Berechtigung, und sie sind Wirkungen des Heiligen Geistes und Ausdruck der Lebendigkeit von Gottes Einwirken in unsere Existenz. Aber wenn wir solche Zu-Gaben dogmatisieren und als für die Nachfolge obligatorisch ansehen, bekommen sie eine Gewichtung, die ihnen die Schrift nicht gibt. In solchen Fällen wird die lebendige Beziehung zu Gott belastet. Weil Liebe zart und unbegreifbar ist, kann man sie nicht in Bildern festhalten, auch nicht an Zeichen und Äußeres binden, ohne sie dabei zu verlieren. «Selig sind, die nicht sehen und doch glauben» (Joh. 20,29).

Veräußerlichung macht aus der Nachfolge eine Weltanschauung, die dann auf gleicher Ebene mit anderen Weltanschauungen konkurrieren muß. Dann wird nichts mehr erfahren von der Freude des Evangeliums, weil die persönliche Beziehung zu dem Auferstandenen und damit die Freude am Herrn verlorengegangen ist. So kann auch schnell einer sagen, er sei «liberal», aber es geht ihm dann gar nicht mehr um Gottes Reich und um Jesus Christus, und vom Heiligen Geist weiß er nichts. Das sind dann Menschen, die den Anstrich der Gottseligkeit haben, den Namen «Christ» für sich in Anspruch nehmen, als christlich angesehen werden – aber in Tat und Wahrheit tot sind (Offb. 3,1).

Solche Menschen relativieren den Anspruch Gottes, moralisieren die Nachfolge und besorgen sich Prediger, die ihnen nach dem Munde reden. Sie machen sich selbst zum Maßstab dessen, was ein Christ ist, und widerstehen dem Gehorsam Christi. Fleischliches Gesinntsein beginnt stets mit dem Zweifel an der Wahrheit und Absolutheit von Gottes Wort («Sollte Gott gesagt haben? Kann man das nicht auch anders sehen? Ist das nicht historisch kritisch, zeitanalytisch zu bedenken, existentialistisch, psychoanalytisch zu interpretieren usw.?») Bestimmt von Angst und Hochmut, fällt es ihnen schwer, sich Gott zu überlassen. Solchen Menschen steht der «eigene Standpunkt» im Weg.

Vor dem Abfall kommt stets der menschliche Hochmut, vor der Sünde stets das Mißtrauen gegenüber Gott und die Verführung durch die Vergänglichkeit. So war es bei Simson und bei Salomo, so war es bei dem ganzen Volk Israel, das sich durch fremde Frauen verführen ließ zum Götzendienst (Richter 16; 1. Kön. 11; Esra 10), so war es auch bei Demas, der die Welt wieder lieb gewann (2. Tim. 4,10), und so war es auch bei denen, die die Lust mehr liebten als Gott (2. Tim. 3,4).

Unsere Denkstruktur, die Struktur unserer Vorstellungen und die Wege, die wir gehen, werden bestimmt durch unsere Handlungskompetenz, und diese wird definiert durch Sehen und Greifen (Begreifen). Dieses Grundmuster menschlichen Existenzvollzuges ist so tief in unserer vergänglichen, alten Natur verankert, daß es instinktiv programmiert ist: Schon der Säugling sieht, greift und nimmt in sich auf (steckt in den Mund). Das Sehen, Prüfen, Begreifen und Handeln ist die Struktur unserer Vergänglichkeit, die wir in der Nachfolge Jesu überwinden sollen. Doch auf dem Weg der Nachfolge sind wir von diesem alten Muster immer wieder bedrängt. Der Mensch gilt als Außenwesen, dem Bild verpflichtet.

Wo Bilder, Vorstellungen und Erfahrungen in den Vordergrund treten, führen sie zu Erwartungen, und Erwartungen programmieren die Enttäuschung, und Enttäuschungen führen zu Aggressionen, Frustrationen und Murren. Dahinter stehen die alte Natur, der alte Mensch und die Schlange, welche die Kinder Gottes verführt.

Wenn die Anbetung nicht mehr den unsichtbaren Gott erreicht, sondern an den Erlebnissen und Erfahrungen hängenbleibt, an Reliquien, dann geben wir dem Gegenständlichen und Dinglichen Kraft und verleihen ihm Macht über uns. Wir verlieren unsere Freiheit und binden uns an die Vergänglichkeit.

Als Simson das Geheimnis seiner Kraft preisgab, nämlich daß kein Schermesser seine Haare je abgeschnitten hatte, verlor er seine geistliche Kraft und vermochte die Philister nicht mehr zu bezwingen. Die Kraft lag ja nicht in den Haaren, sondern in seiner Beziehung zu Gott. Als er das Geheimnis dieser Beziehung preisgab und die göttliche Kraft den Haaren zuordnete, verlor er auch die Kraft dieser Beziehung. Er hatte diese innere Beziehung schon verlassen, bevor er sein Geheimnis verriet und ihm die Haare abgeschnitten wurden. Er hatte keine Sensibilität mehr für die Beziehung zu Gott; er hatte sie seiner Verliebtheit zu Delila (= die Schmachtende) geopfert. Und der Bund mit Gott war zu einem Ratespiel zwischen den Verliebten geworden: «Sag mir ... doch, womit kann man dich binden?» (Richter 16,10). Und als er dann die Philister über sich sah und wie eh und je seine Ketten sprengen wollte, merkte er, daß er geworden war wie jeder andere Mensch: Gottes Kraft war nicht mehr in ihm. Er war aus der verborgenen, inneren Beziehung zu Gott herausgetreten in die Vordergründigkeit des Zeichens. Er hatte den Bund verraten und sich in den Kreis der Machbarkeit und der Macht begeben. Er war von der geistlichen auf die menschliche Ebene getreten und deshalb trotz all seiner persönlichen Erfahrungen gegenüber dem Zugriff der Menschen und des Bösen ohne Widerstand.

Die Kraft liegt im Vertrauen und in der Beziehung (im Dialog) und nicht im Tun. Im Tun wird die Kraft nur sichtbar. Der Mensch lebt eben von innen nach außen. Das hat Jesus bei seinem ersten Wunder ganz deutlich gemacht. Auf der Hochzeit zu Kana verwandelte er Wasser in Wein. Er offenbarte seine Herrlichkeit, und seine Jünger glaubten an ihn. Wenig später, als er hinaufzog nach Jerusalem zum Osterfest, glaubten viele an seinen Namen, weil sie die Zeichen sahen, die er tat. Aber Jesus vertraute sich ihnen nicht an, denn er kannte sie alle. Hier ist der Unterschied. Die Jünger sahen seine Herrlichkeit. Er offenbarte sich ihnen, und sie glaubten an ihn. Die anderen aber sahen nur die Zeichen, die er tat, und glaubten an seinen Namen, aber Jesus verweigerte ihnen die persönliche

Beziehung, er vertraute sich ihnen nicht an (Joh. 2,1-25). Jesus nannte seine Jünger Freunde und ließ sie wissen, was ihm der Vater anvertraute (Joh. 15,15).

Solange wir in der Nachfolge noch derart an die Vordergründigkeit von Bildern, Zeichen und Wundern gebunden sind, denken wir noch menschlich, sind junge Kinder in Christus; und die Geheimnisse Gottes sind uns noch verhüllt. Wir kennen sie zwar, sie sind uns gegeben, aber wir verstehen sie noch nicht. Solange wir unser geistliches Leben noch mit den Strukturen des «alten Menschen» zu «begreifen» versuchen, sollten unsere Gesetzestafeln besser zerschlagen werden, um uns vor Gesetzlichkeit zu bewahren. Gott muß uns unser «Goldenes Kalb», unsere fromme Vordergründigkeit bewußt machen, damit wir fähig werden, das Gesetz von innen her, von der Liebe und vom Willen Gottes her zu erkennen – nicht als einen Katalog von Tuns- und Lassensvorschriften.

Das Erfassen des Gesetzes von innen her ist ein Erfassen im Dialog und im Vertrauen. Im Kontext von Vertrauen sehen wir den Sinn des Gesetzes. Im Kontext von Vertrauen wird Gehorsam zu einem Akt der Liebe. Das Gesetz ist dann Zuchtmeister auf Jesus Christus hin und nicht Zwangsjacke. Im Vertrauen erkennen wir, daß das Gesetz gut ist und daß der Vater recht hat.

Das Gesetz dient also dazu, daß wir unsere Stellung vor Gott erkennen, Verantwortung vor ihm übernehmen und unser Leben von dieser Verantwortung her weiterführen. Damit verlassen wir die geistliche Unselbständigkeit und werden vom Geist Gottes in eine zunehmende Verantwortlichkeit geführt. Wenn wir uns weigern, bleiben wir unmündig und werden kindisch. Gottes Gerichte sind keine Strafen. Er *erzieht* seine Kinder. Er erzieht sie in großer Geduld und Weisheit.

Wenn wir auf dem Weg der Nachfolge anfangen, die geistlichen Geschehnisse (Gottes Handeln, Wunder und Zeichen) mit den Augen der Vergänglichkeit zu sehen, sie in ein System zu bringen, dann verlassen wir den Weg Gottes, und ein menschlich-religiöses-theologisches Denken zieht uns weg von ihm. Wir verlassen dann den Dialog mit Gott, und unsere Erfahrungen, Erkenntnisse und Satzungen übernehmen die Reglementierung. Es gibt dann nur noch Lehrer, aber keine Hirten mehr. Und die Lehre vermag sich vom Lehrer zu lösen und eine Eigendynamik zu entwickeln. Paulus erkennt diese große Gefahr und sagt in diesem Kontext eines der wichtigsten Worte für den geistlichen Kampf: «Wir ... nehmen gefangen alles Denken (wörtlich: «logische Denken») in den Gehorsam gegen Christus» (2. Kor. 10,3-5).

Es läßt sich entwicklungspsychologisch zeigen, daß sich das logische Denken aus dem Erkennen der Wenn-Dann-Beziehung heraus entwickelt. Wenn man einen Passanten auf dem Bahnhof oder auch ein Kind fragt: «Warum fährt der Zug ab?» wird man als Antwort bekommen: «Weil der Fahrdienstleiter die grüne Kelle hebt.» Aber das ist ja gar nicht die Ursache. Das ist eine typische Wenn-Dann-Beziehung. Der Zug fährt ja nur ab, weil er die Energie bekommt. Der Fahrdienstleiter könnte lange die grüne Kelle heben; wenn den Motoren keine Energie zufließen würde, würde der Zug nicht abfahren.

Und auch die geistlichen Erfahrungen verarbeiten wir in Form von Wenn-Dann-Beziehungen. Sie werden uns auf diese Weise zu geistlichen Gesetzmäßigkeiten. Da hat ein Mensch beobachtet, wie einer einem anderen die Hand auflegte und über ihm betete. Der Betreffende wurde daraufhin gesund. Und daraus kann sich die Lehre entwickeln: Wenn einer krank ist, muß man ihm die Hände auflegen, dann wird er gesund (und wenn er es nicht wird, dann hat man gemäß des logischen Ansatzes auch eine Erklärung zur Hand, denn sonst würde ja die Logik nicht mehr stimmen: Der Betreffende hat dann eben nicht richtig geglaubt). Wir sehen, wie verheerend es sich auswirkt, wenn wir geistliches Geschehen dem menschlichen Denken unterordnen. Geistliches kommt von Gott und geht zu Gott und unterliegt nicht der Beurteilung unseres Denkens. Dazu die Abbildung auf der folgenden Seite.

Wir haben dann im Geist angefangen, denken und urteilen aber nur menschlich. Wir verlieren die persönliche, direkte

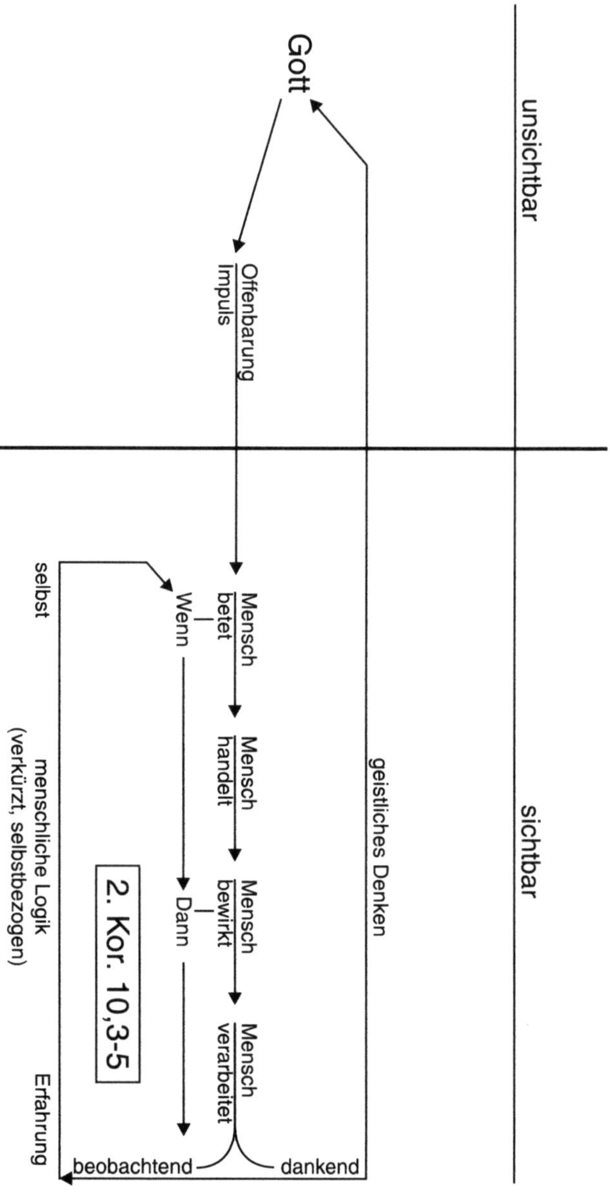
unsichtbar
sichtbar
Gott
Offenbarung
Impuls
Mensch
betet
Mensch
handelt
Mensch
bewirkt
Mensch
verarbeitet
Wenn
Dann
geistliches Denken
dankend
beobachtend
selbst
menschliche Logik
(verkürzt, selbstbezogen)
Erfahrung
2. Kor. 10,3-5

Abb. 12

Führung durch Gott und verlassen uns auf unsere Erfahrungen. Geistliche Erfahrungen kennzeichnen den Weg der Nachfolge, aber Jesus sagte, als seine Vollmacht offenbar geworden war (beispielsweise nach einer Krankenheilung), daß sie nicht darüber reden sollten. Die Erfahrungsorientiertheit, das Beurteilen von einzelnen Christen und von «Bewegungen» anhand des Auftretens bzw. Nicht-Auftretens von Zeichen und Wundern verführt zum menschlichen und fleischlichen Denken, und der Weg der Liebe wird verlassen. Es ist dann nur noch ein Schritt zum «bösen Geschlecht, welches Zeichen (ein-)fordert» (Matth. 12,39). Der Herr erkennt die Seinen nur am Gehorsam, der inspiriert ist von der Liebe zu ihm und erkennt, was der Herr will, damit aus dem Gehorsam eine Zugehörigkeit wird. Deshalb lautet eine zentrale Bitte, erfüllt zu werden mit der Erkenntnis seines Willens (Kol. 1,9). Die Wüstenwanderung hat das Ziel, daß die Kinder Gottes die Voraussetzungen zu solch einer Liebe lernen und einüben: nicht bedürfnisorientiert zu leben, sondern in allen Dingen Gottes Geist und seinem Wort zu vertrauen, den Dialog mit dem Vater zu pflegen und nicht ihre Erfahrungen zur Mitte zu machen. Denn wir sollen uns keine Bilder machen (2. Mose 20,4).

Kapitel 11

Echter und falscher Gehorsam

So wie beim natürlichen Menschen gibt es auch in der geistlichen Entwicklung eine Sozialisation und Erziehung zum Gehorsam. Gehorsam ist eine vom Selbst akzeptierte Fremdbestimmung. Jede Fremdbestimmung setzt die Fähigkeit zur Selbststeuerung voraus. Selbststeuerung ist der Anfang der Autonomie, aber Autonomie bedeutet noch lange nicht Freiheit. Freiheit ist eben Befreiung von uns selbst/von unserer Autonomie und Selbstherrlichkeit. Aber diese Befreiung geschieht nicht durch Abtötung des Selbsts, sondern durch Hingabe des Selbsts an den, der uns geschaffen hat. Doch dazu muß es erst einmal vorhanden sein. Was wir nicht haben, können wir nicht hingeben.

Entwicklungspsychologisch gibt es einen Übergang vom Kleinkind zum Vorschulkind im Zusammenhang mit der Ausdifferenzierung der Selbststeuerung und Autonomie. Selbständigkeit entwickelt sich in dem Maße, wie das Kind auf die unmittelbare Führung durch die Eltern nicht mehr angewiesen ist. Es lernt laufen und eigenständig entscheiden, wenn auch noch unter den freilassenden, aber verantwortlich-treuen Augen der Eltern.

Am Anfang des Wüstenweges offenbarte sich Gott als der, der sein Volk mit allem versorgt, was es braucht: mit dem Wasser aus dem Felsen und mit dem Manna im Morgentau. Und Gott sprach dazu: «Wirst du der Stimme des Herrn, deines Gottes, gehorchen und tun, was recht ist vor ihm, und merken auf seine Gebote und halten alle seine Gesetze, so will ich dir keine der Krankheiten auferlegen, die ich den Ägyptern auferlegt habe; denn ich bin der Herr, dein Arzt» (2. Mose 15,26).

Es handelt sich hier nicht um Drohungen Gottes (das wäre

eine menschliche Sicht). Es geht vielmehr darum, dem zur Freiheit berufenen Menschen das Risiko und die Konsequenzen seiner Freiheit deutlich zu machen. Wenn er aus Mißtrauen Gott nicht vertraut und nicht gehorcht, dann werden ihm die Konsequenzen seines Mißtrauens in Gestalt von (selbstverschuldetem) Leiden auf den Fuß folgen, und er wird erkennen, «was es für Jammer und Herzeleid bringt, den Herrn, deinen Gott, zu verlassen und nicht zu fürchten» (Jer. 2,19). Autonomie ist noch keine Freiheit, aber sie ist eine Etappe auf dem Weg dahin.

Selbststeuerung als entwicklungspsychologischer Sachverhalt und als Vorläufer der späteren, notwendigen Selbstverantwortung (als einer Verantwortung vor Menschen und vor Gott) hat es immer mit dem Risiko der Freiheit zu tun. Dieses Risiko der Freiheit kann nur wachsen im Kontext von Vertrauen und Liebe. Ohne Liebe führt das Risiko der Freiheit in die Sackgasse der Anarchie oder in die befohlene «Freiheit» der Gefügigkeit innerhalb einer Diktatur. Heute sind die großen Sprüche des realen Sozialismus schon Geschichte. «Wir haben in der DDR tatsächlich die Grundlagen der Freiheit, die materiellen Voraussetzungen eines freien Lebens geschaffen. Aber das Bewußtsein der Freiheit ... ist noch keineswegs in unseren Werktätigen voll entwickelt» (K. Hager: Protokoll der «Freiheits-Konferenz» vom 8.–10.03.1956 in Ostberlin, Hersg.: Akademie der Wissenschaften zu Berlin, S. 307).

Durch bitteres Leid müssen und mußten die Menschen erfahren, daß es auf rein materieller Basis keine Freiheit gibt. Echte Freiheit ist deshalb nie eine verfügbare/machbare Wirklichkeit unserer Existenz, sondern eine unverfügbare, im Vollzug der Liebe sich jeweils ereignende: wirksam nur im Kontext einer unablässig gebenden Liebe Gottes. Sie ist das «Band der Vollkommenheit», das den Leib Christi am Leben erhält. Unsere seelische Entwicklung veranschaulicht uns dies nur. Die Grenze unserer Freiheit verläuft im Inneren; es ist eine Vertrauensgrenze («Dir geschehe nach deinem Glauben!»)

Weil es uns einfacher erscheint, wollen wir die Grenze immer im Außen festmachen. Das aber führt zu einer ängstlichen Gefügigkeit ohne innere Kraft.

Gehorsam aus Gefügigkeit

Wenn auch der Zeitpunkt einer beginnenden Selbststeuerung und Eigenverantwortung entwicklungspsychologisch nicht einheitlich angegeben wird, so ist der rein quantitative Gesichtspunkt zu vernachlässigen. Entscheidend hingegen ist die qualitative Fragestellung. Hier läßt sich die Bedingung beginnender Selbststeuerung gut erkennen. Voraussetzung ist eine vorangehende gute Mutter-Kind-Beziehung auf der Basis instinktiver und instinktnaher Regulierungen. Das Kind muß sich von der Mutter als prinzipiell angenommen erleben.

Unter dieser Bedingung kommt diese erste, innige Beziehung an eine Grenze, die von seiten der Mutter gesetzt wird, wenn die Mutter sich genötigt sieht, die ersten Verbote zum Schutz des Kleinkindes auszusprechen und durchzusetzen: «Klettere nicht auf die Fensterbank, ziehe nicht an der Tischdecke», usw.

Zunächst werden die Verbote der Mutter nur von außen als Impulsstopp erlebt/erlitten. Und die Kleinen geben einfach nach, lassen sich ablenken oder reagieren frustriert und brüllen.

Wenn die Beziehung bis dahin nicht gut gewesen ist, kann es schon hier zu einer seelischen Trennung von der Mutter kommen: zu stumpfer Gefügigkeit oder Resignation.

Ist aber die Beziehung gut, so geht das «Nein» der Mutter sozusagen unter die Haut. Es wird allmählich von außen (als bloßes Signal zum Impulsstopp) nach innen genommen. Es kommt der Zeitpunkt, wo die Verbote einen Bedeutungswandel erfahren, indem das Verbot der Mutter, das «Nein», nicht wie bisher funktional (= Impulsstopp), sondern personal erlebt wird: als Bedrängung, als Verletzung, als Liebesverlust, als Belastung der Beziehung.

Dadurch befindet sich das heranwachsende Kind hinsichtlich seiner Selbständigwerdung in einer Dilemmasituation: Es kann sich dem Verbot der Mutter widersetzen und die persönlich erlebte Trennung von der Mutter in Kauf nehmen, oder es unterdrückt seinen autonomen Impuls, erleidet Frustration, erlebt sich aber dafür ungetrennt von der Mutter. Das Kind bewältigt diese zwiespältige Situation nicht dadurch, daß es zwischen diesen beiden Alternativen schwankt, sondern es probiert eine neue Möglichkeit aus. Es wagt, im Vertrauen probeweise zu sich selbst «Nein» zu sagen, d. h. es verzichtet auf sofortige Durchsetzung des eigenen Impulses. Wenn die Mutter durch das Bockigsein des Kindes überfordert ist und falsch reagiert und die Beziehung negativ getönt ist, wird das Kind gar kein inneres Motiv haben, diese neue Möglichkeit zu probieren, ja es sieht sie offensichtlich gar nicht, sondern bleibt auf der Ebene von Trotz und Gefügigkeit. Behält aber die Mutter ihre liebende Gelassenheit und fühlt sich durch ihr Kind nicht in Frage gestellt, erfährt es im Akt des freiwilligen Verzichtens eine innere Übereinstimmung mit der Mutter und erlebt diese innere Übereinstimmung vergleichsweise wertvoller als die mögliche trotzige Durchsetzung des autonomen Impulses: Das Eins-Sein/der Bund der Liebe wird vom Kind existentiell bedeutsamer erlebt als die Selbstverwirklichung. Durch diese Erfahrung wird das probeweise Nein zu sich selbst (= Verzicht) zur Quelle einer neuen Art von Bezogensein: Beziehung im Vertrauen gegenseitiger Liebe. Das Verbot der Mutter wird verinnerlicht zum *eigenen* Verbot. Es erlebt sich mit der Mutter eins und erfährt so eine Vertiefung der Beziehung. Es vermag jetzt aus Liebe zur Mutter zu verzichten. Damit gewinnt das Kind einen neuen Freiheitsgrad in der Selbststeuerung: Es vermag angstfrei zu sich selbst «Nein» zu sagen. Hier liegt die Basis der Erfahrung zu einer später auftretenden, stellungnehmenden Reflexionsfähigkeit. Durch das Nein des freiwilligen Verzichtes entsteht eine höhere Qualität der Beziehung, die getragen wird vom kritischen und selbstkritischen Vertrauen. Das ist nicht mehr die Ebene von Lohn und Strafe, sondern die Ebene der personalen Freiwilligkeit, auf der zur Beziehung Stellung genommen werden kann und das Bezogensein die

Qualität eines Vertrages, eines Bundes, bekommt. Aufgrund des Vertrages verträgt man sich miteinander. Und dieser Bund der Liebe vermag auch den Widerspruch, nicht aber den Verrat zu tragen.

Das Kind sucht nun nicht nach Gaben und Belohnung und wird primär nicht davon bestimmt, Strafe und Gabenentzug zu vermeiden, sondern sucht nach der ungebrochenen Beziehung und der personalen Bestätigung. Es lebt nicht im Kontext von Befriedigung versus Frustration, sondern im Kontext von geborgener Befriedung versus ungeborgener Einsamkeit.

Ganz in diesem Sinne erlebt der wiedergeborene Mensch auf dem Weg zur ersten geistlichen Eigenverantwortung Gott als den, der Gehorsam belohnt und Ungehorsam bestraft, bis er sich entscheidet, gestützt von vielen Erfahrungen eines offensichtlich lebendigen Gottes, diesem Gott aus Vertrauen und aus Liebe gehorsam zu sein und damit die Überzeugung zu gewinnen, daß die Anweisungen Gottes, des Vaters, absolut gut sind. Jetzt ist das geistliche Kind reif, Gottes Gesetze und Gebote von innen her als gut und sinnvoll anzunehmen. Jetzt ist es frei zu einer vertraglich geregelten Beziehung: frei und fähig zum Bund mit Gott. Mose hatte als geistlicher Führer des Volkes von Gott als Zeichen die Zusage erhalten: «Ich will mit dir sein. Und das soll dir das Zeichen sein, daß ich dich gesandt habe: Wenn du mein Volk aus Ägypten geführt hast, werdet ihr Gott opfern auf diesem Berge (auf dem Sinai)» (2. Mose 3,12). Mose erhält als Zeichen der Bestätigung, daß er Gottes Volk richtig geführt hat, die Zusage des Bundes und damit die der Bundesfähigkeit des Volkes. Aber der Weg bis zur Bestätigung dieses Zeichens war lang und mühsam. Nun werden die Nachfolger bereit, Gottes Ordnungen für ihr Leben zu akzeptieren. Sie vertrauen ihm nicht nur, wenn er persönlich nahe ist (mit Wasser und Brot), sondern vertrauen ihm grundsätzlich, weil sie dem Bund vertrauen. Auf dem Weg bis dahin mußten die Kinder den vertrauensvollen Aufschub ihrer Bedürfnisse lernen und erfahren, daß der Herr treu ist und zu seinem Wort steht.

So verweist alle Entwicklung von menschlicher Selbststeuerung und geistlicher Verantwortung auf eine innere Ordnung der Liebe. Wann immer Gottes Volk in der Wüste Hunger oder Durst bekam, wollte es die sofortige Stillung seiner Nöte. Sie wollten zurück nach Ägypten und schrien zu Gott. Aber es kommt der Zeitpunkt, wo sie gefordert sind, Gott im Dennoch des Glaubens treu zu bleiben; zu vertrauen, daß er treu ist und zu seinen Verheißungen steht, auch da, wo sie nur noch das Gesetz und die Ordnungen sehen. Der sichtbare Niederschlag der Beziehung (nicht die Beziehung selbst), das Gesetz, wird als die Anweisung des Vaters erlebt, in der und durch die der Vater gegenwärtig ist. Damit aber die äußeren Zeichen seiner Gegenwart nicht zum Götzen werden und Gott etwa ersetzen, sorgt Gott dafür, daß wir immer wieder ihn selbst suchen. Und in der Erfahrung seiner Liebe wird verhindert, daß das Gesetz zum Buchstaben erstarrt. Wir lieben dann sein Gesetz, weil wir darin und damit den Vater fürchten und lieben; also nicht nur Internalisierung (= unbewußtes Zu-eigen-Machen) der Gebote, sondern vor allem Identifikation mit der Liebe Gottes. Das ist der Weg, der zur geistlichen Selbstverantwortung führt.

Wir sind immer wieder in Gefahr, aus der Sünde (= Trennung von Gott) eine Moral zu machen. Das liegt an unserer Denkstruktur. In ihrer Entwicklung müssen die Kinder die Verhaltensnormen und moralischen Erwartungen/Forderungen ihrer Eltern als Repräsentanten einer bestimmten Gruppe in ihr eigenes Daseinsmuster integrieren.

Wenn wir die Beziehung zu Gott vernachlässigen, unterliegen die Aussagen der Bibel sofort einer Bewertung von außen, werden so zur moralischen Forderung und unterliegen dann auch den Gesetzen entwicklungspsychologischer Zusammenhänge.

Die Wissenschaft kann nur die äußere (moralische) Entwicklung erfassen. Aber parallel zu dieser verläuft im Verborgenen die innere Entwicklung der Beziehung in Liebe; und das von Anfang an. Aber die Liebe gestaltet unsere Existenz nicht durchtragend, weil der Außenaspekt von Angst und Machbarkeit (= die Angst, zu kurz zu kommen) unsere Wirklichkeit bestimmt. Die Liebe wäre, wenn sie nicht durch diese Angst überlagert und verdeckt würde, die Garantie einer lebenspositiven Regelung unserer Triebe und Bedürfnisse. Das, was die Instinkte für die Tiere sind, das wäre die Liebe für den Menschen: Reglementierung der Natur. Aber der von Gott gelöste Mensch hat dazu nicht die nötige Kraft. Das Licht gibt Gott uns ins Herz, aber es gelangt nicht nach außen (ins Verhalten). Die innere Steuerung wird überlagert vom nicht gesteuerten Begehren (= Lust der Augen, Matth. 6,23). Aber verdeckt unter der Oberfläche läßt sich die alte Schöpfungsordnung nachweisen, allerdings geschwächt durch das Fleisch.

Kohlberg konnte 1978 durch einen interkulturellen Vergleich nachweisen, daß es universelle Prinzipien und Stufenfolgen der Moral und der Gerechtigkeit gibt. Die moralische Entwicklung hat offensichtlich geistliche Wurzeln: In allen Kulturen gibt es vergleichbare Strukturen, wenn auch mit unterschiedlichen Inhalten. Der Apostel Paulus bestätigt dieses Ergebnis, wenn er schreibt, daß es Heiden gibt, die das mosaische Gesetz nicht haben, aber doch von Natur aus des Gesetzes Werke tun, da sie sich selbst ein Gesetz sind (Röm. 2,14).

Das Kleinkind hat noch keine internalisierte Moral, sondern sieht eine Handlung als falsch an, weil sie bestraft wird; als richtig, weil sie belohnt wird. Die Handlung ist auch nur so lange falsch, wie die Strafe bzw. der Strafende gegenwärtig ist.

Ich hatte meiner Tochter (4 Jahre) verboten, im Bett Schokolade zu essen. Als sie es im Beisein ihrer Mutter dennoch tat und von der Mutter auf das Verbot hingewiesen wurde, sagte sie: «Papa ist doch nicht da.»

Erst mit der Lösung des ödipalen Konfliktes (6. Lebensjahr) werden durch die Identifikation mit dem gleichgeschlechtlichen Elternteil Werte und Normen der Erwachsenen internalisiert, d. h. nach innen genommen. Das Gewissen ist die Internalisierung der Verbote und Gebote der Erwachsenen, die als Bezugsperson in diesem entscheidenden Alter die personale Umwelt des Kindes bilden. Das Gewissen des Kindes ist dann heteronom (= fremdbestimmt). Das Kind möchte Mißbilligungen von seiten der Erwachsenen vermeiden und richtet sich nach den von diesen übernommenen Wünschen, Vorstellungen, Verboten und Geboten. Ein Bewußtsein von der Relativität der Moralvorstellung fehlt. Die Spielregeln unter Kindern gelten deshalb als unumstößlich.

Erst mit der Entwicklung der Reflexionsfähigkeit wird es für das Kind denkmöglich, daß die Regeln auch *keine* Regeln sein könnten. Die Unveränderlichkeit der Regeln wird angezweifelt, die Bedeutung der Regel und der moralischen Vorstellung wird relativiert. Es entsteht ein individueller Hedonismus. Die moralische Vorstellung wird nicht mehr von den Absichten (vom guten Willen zu gefallen) bestimmt, sondern an den Folgen gemessen. Die Regel wird angesehen als das Ergebnis einer Übereinkunft unter Gleichaltrigen. Ein wesentliches Ergebnis dieser Relativität ist der gegenseitige Respekt gegenüber dem, was für eine bestimmte Situation, für ein bestimmtes Spiel vereinbart ist. Ausdruck dieses Respektes ist ein deutliches Gefühl für Gerechtigkeit. Die Maßstäbe sind Maßstäbe, die der augenblicklichen Situation gerecht werden. Sie werden jeweils autonom anerkannt, haben aber noch nicht den Charakter von Prinzipien, von allgemeinen Gesetzen des moralischen Verhaltens im Sinne des «Kategorischen Imperativs» (Kant). Dieses Stadium des moralischen Urteils wird erst nach der Reifezeit entwickelt. Das Erleben von Möglichkeit und Begrenztheit im Bereich des sittlichen Verhaltens (Bewältigung der Aggression bei ersten menschlichen Enttäuschungen) bereitet die religiöse Frage vor, führt zu echten geistlichen Fragen oder zur trotzigen Abwehr von sittlichen Forderungen: «Das mußt du nicht so eng sehen.»

Fassen wir zusammen: Die moralische Entwicklung vollzieht sich in vier (oder hoffentlich fünf) Stufen:

1. Regeln und Erwartungen liegen außerhalb des Selbsts (moralanaloges Verhalten durch Lob und Tadel determiniert – Verhaltensdressate);

2. Das Ich identifiziert sich mit den Regeln und Erwartungen der Eltern (ödipale Phase) und internalisiert diese als Über-Ich, als Gewissensfunktion (heteronome Moral der Sechs- bis Zehnjährigen: starre Regel, Gesetzlichkeit);
3. Relativierung der Regeln, situative Anpassung: Regeln als zweckmäßige Übereinkunft einer Gruppe (individuelle Situationsethik – autonome Moral der Elf- bis Vierzehnjährigen);
4. Das Suchen und Akzeptieren situationsübergreifender allgemeiner Regeln der zwischenmenschlichen Beziehungen: Sittengesetze, Prinzipien (überindividuelle Norm, kategorischer Imperativ der Erwachsenen);
5. Die Erkenntnis, daß die Liebe Erfüllung des Gesetzes ist. Das ist die Freiwilligkeit, den Gehorsam unter eine höhere Ordnung zu stellen (Imperativ der Liebe als Indikator menschlicher Reife). Das führt zur geistlichen Erfahrung einer Erlösung vom Bösen (= vom Außenaspekt der Macht und Machbarkeit) durch die Gnade der Liebe Gottes.

Gehorsam und Erlösung

Weil starre, dogmatische Regelgebundenheit (= Gesetzlichkeit) ein Ausdruck persönlicher Unsicherheit ist (Mangel an Vertrauen), kann nur die ungetrübte Beziehung zu Gott uns vor Gesetzlichkeit und dem Außenaspekt der Moral bewahren. Deshalb ist die Vergebung so wichtig. Es geht eben im Akt der Vergebung nicht darum, daß der Mensch «wieder in Ordnung ist», sondern darum, daß nichts mehr die Beziehung zu Gott belastet, daß alles Trennende weggenommen ist. Wir sehen also, daß die erkennbaren Schritte der moralischen Entwicklung des Menschen, wie sie in seiner Natur als Prinzipien verankert erscheinen, darauf hinweisen, daß wir von Gott geschaffen sind, um in der Liebe zu leben. Sie ist Ziel, Mitte und Ende aller sittlich-moralischen Entwicklung.

Hinter der Gesetzlichkeit steht letztlich die Angst vor dem Tod. Denn das Habenwollen kompensiert in ausgezeichneter Weise die Angst «zu verlieren», d. h. die Todesangst. Deshalb konnten die Menschen erst durch das Gesetz die Macht des Begehrens und aus dem Begehren die Macht der Trennung (= des Todes) erkennen (= die Ohnmacht der Selbstverwirklichung). Hinter der Lust des Begehrens (dem Habenwollen) steht der Tod ebenso wie hinter dem Verbot des Begehrens (als dem Negativ des Habenwollens).

Gesetzlichkeit ist das Rechthaben-Wollen im Bereich des Verhaltens und der normativen Bestimmung: Wenn ich dieses tue und/oder jenes lasse, dann kann mir nichts passieren, dann bin ich «in Ordnung». So wie Besitz als Ergebnis des Habenwollens stolz macht, so macht auch eine Rechtgläubigkeit stolz und unbarmherzig.

Gesetzlichkeit auf der einen Seite ist wie Liberalität auf der anderen Seite ein Versuch, Nachfolge prinzipiell zu machen. Liebe ist aber niemals prinzipiell, sondern immer individuell.

Deshalb hat Jesus Christus auch die Gebote nicht aufgehoben, sondern er kam, um sie durch eine Gerechtigkeit zu erfüllen, die besser ist als die äußere Gerechtigkeit der Pharisäer; eine Gerechtigkeit, die von innen, vom Vertrauen her kommt. Kein Kind Gottes kann, ohne Fehlentwicklungen zu erleiden, so tun, als gäbe es Gottes Gebote nicht. Gottes Gebote sind Bestimmungsstück der werdenden Freiheit, einer Freiheit, die uns geschenkt wird. Freiheit ist eben keine Abwesenheit von Zwang (das ist der äußere Freiheitsbegriff), sondern Freiheit entsteht durch innere Verbindlichkeit/Verbundenheit, durch die freiwillige Anerkennung von Gottes Geboten. Sie anerkennt, daß sie gut sind und der Mensch sie aus eigener Kraft nicht erfüllen kann, sondern zu ihrer Erfüllung von neuem geboren werden muß aus Wasser (= Buße) und Geist (= Kraft der Auferstehung).

Aus dem Alltag der Nachfolge wissen wir sehr wohl, daß sich unsere Wege nicht durch Gesetze regeln lassen. Wir brauchen eine neue, andere Gesinnung. Und diese neue Gesinnung verändert die Menschen («geistlich gesinnt sein ist Leben», Röm. 8,6).

Wenn Ungehorsam Zaubereisünde ist, dann steht dahinter

die geistliche Feststellung, daß der Widerstand gegen Gottes Wort und Gebot hervorgerufen wird durch Verzauberung, d. h. durch Bindung an das Vergängliche, an das Sichtbare. So war es schon im Sündenfall. Als Satan Zweifel in Gottes Liebe gesät hatte und Eva Gott mißtraute, bekam die Frucht eine andere Qualität: Sie wurde zu einer verlockenden Lust für die Augen. Mit der Bindung an das Sichtbare kam auch gleich die Verführung durch Verzauberung des Verstandes: die Lüge, es sei doch klug, sich zu nehmen, was vor Augen ist (1. Mose 3, 1-6). Weil das Sichtbare zeitlich ist und nur das Unsichtbare ewig, versucht der Fürst der Zeitlichkeit/der Vergänglichkeit, die Menschen an sich zu binden, indem er sie an das Vergängliche fixiert. Er will, daß auch sie vergehen. Deshalb bindet er sie an die Lust dieser Welt, die vergehen wird. Die ständige Gefahr auf dem Wege der Nachfolge ist die Verlockung durch das Sichtbare und die Bindung an das Vergängliche, sei es durch das Gesetz oder durch die Gesetzlosigkeit.

Auch das heranwachsende Gotteskind erkennt durch die Gebote Gottes, daß es unter die Sünde verkauft ist (Röm. 7,14), daß es die Gerechtigkeit, die vor Gott gilt, nicht aus sich selbst heraus zu erlangen vermag (Röm. 3,23), daß Glaube Vertrauen ist, das von Angst und Mißtrauen ständig bedrängt wird.

Und Jesus sagt uns selbst, daß wir durch eine äußere, Selbst-(gemachte)-Gerechtigkeit das Himmelreich nicht ererben können: Wir brauchen die Herrschaft des Geistes Gottes zu unserer Befreiung. Wir bedürfen eben eines anderen Gesetzes: des Gesetzes des Geistes Gottes.

Je äußerlicher der Glaube gelebt wird, je schwächer die innere Beziehung zu Gott in Jesus Christus ist, um so ausgeprägter kann die Gesetzlichkeit sein, um sich selbst und anderen zu zeigen, sich selbst und andere zu täuschen, daß doch alles in Ordnung sei.

Die Zehn Gebote sind kein Appell an unseren guten Willen, wie die Humanisten meinen. Wenn der Mensch aus eigener Kraft gut sein könnte, dann wären wir besser als Paulus, der geschrieben hat: «Wer wird mich erlösen von diesem todverfallenen Leibe?» (Röm. 7,24). Und dann hätte Jesus Christus auch nicht gekreuzigt zu werden brauchen. Gottes Gebote sagen uns vielmehr, wer wir sind: eine in Sünde gefallene Natur, die total erneuert werden muß, um teilzunehmen an der Herrschaft des Himmels.

Deshalb gibt es in den Zehn Geboten nur eine einzige positive Anweisung: «Du sollst deinen Vater und deine Mutter ehren». Alle andern sind negativ formuliert: «Du sollst nicht.../Du sollst keine...» (2. Mose 20). Und die Gebote werden eingeleitet mit dem Satz: «Ich bin der Herr, dein Gott.» Nur auf dem tragfähigen Grund einer Beziehung zu Gott kann die Unzulänglichkeit unserer Herzen und unseres Verhaltens ertragen werden. «Du sollst nicht» (beispielsweise ehebrechen) besagt ja, daß wir von Natur aus negativ (eben Ehebrecher) sind, es aber vom Bilde Gottes her eben nicht sein sollten. Die Zehn Gebote sind ein Instrument der Diagnose. Sie sagen uns, wer wir ohne Erlösung sind: zur ewigen Trennung von Gott Verurteilte.

Gottes erziehende Liebe setzt an bei dem Außenaspekt unserer Vergänglichkeit und verbietet uns die Sünde, damit uns die Sünde als das uns von Gott trennende Wesenselement unserer Natur deutlich und persönlich erfahrbar wird. Aber dahinter steht eben die Liebe des Vaters, der will, daß wir umkehren und ihm vertrauen. Und deshalb ist auch bei den Eltern die Erziehung primär eine Verbotserziehung. Erst ein Kind, das erfahren und gelernt hat, daß das «Du sollst nicht» keine Verwerfung bedeutet, kann zu einer Selbstannahme finden, von der her die Gebote nicht als autoritäre Manipulation erlebt werden, sondern als eine von der Liebe getragene sinnvolle Ordnung. Das Gesetz ist für den Menschen da, nicht der Mensch für das Gesetz. Erst nach dem Verbotsgehorsam folgt die Entwicklung des Gehorsams aus Vertrauen.

Weil Gott das Herz ansieht und der Heilige Geist uns die Sünde so zeigt, wie Jesus sie sieht («Wer eine Frau ansieht, sie zu begehren, der hat schon mit ihr die Ehe gebrochen in seinem

Herzen»), kommen die Kinder Gottes schnell an die Grenze eines nur äußeren Gehorsams. Der äußere Gehorsam wurde durch Jesus nicht aufgehoben, aber er wurde durch seine Gerechtigkeit von innen her erfüllt, damit unsere Gerechtigkeit besser sei als die der Pharisäer. Erst wenn wir auch aus Liebe (von Herzen, von innen her) gehorsam sein wollen und erkennen, daß dazu der Herr selbst das Wollen und Vollbringen geben muß, werden wir reif für ein Hören und Gehorchen, das nicht nur die Gebote betrifft, sondern auch die gebotsneutralen Weisungen des Herrn gemäß des Wortes: «Meine Schafe hören meine Stimme» (Joh. 10,27).

Die Eigenverantwortung auf dem Weg durch die Wüste (des Lebens) beginnt damit, daß die Kinder Gottes das Nein gegen sich selbst (= den natürlichen Menschen) wagen und der damit verbundenen Angst, zu kurz zu kommen, ins Auge sehen und diese durch den Geist des Vertrauens, der Liebe Gottes, überwinden.

Die Israeliten mußten erfahren, daß sie Gottes Geist brauchten, um diese Ängste zu besiegen.

Der alte Mensch möchte aus dem Würgegriff seiner Triebe und dem damit verbundenen Kreislauf von Angst, Macht und neuer Angst, neuer Macht ausbrechen, sei es durch Askese (Buddhismus) oder durch totale Befriedigung (Hedonismus). Doch es gelingt ihm nicht, seine Ketten zu sprengen. Er muß sich durch Christus erlösen lassen.

Nicht das Gesetz ist das Vollkommene, sondern «die Liebe ist des Gesetzes Erfüllung» (Röm. 13,10). Damit wir jederzeit die Freiheit der Liebe wiederfinden, ist uns von Jesus das Gesetz als Erziehungsmittel (= als «Zuchtmeister») gelassen worden. Die Gemeinde Gottes braucht ihre Ordnungen, Satzungen, Gesetze, aber sie lebt aus einer Person (aus der Wahrheit in Person): Christus Jesus. Der natürliche Mensch kann nur den Außenaspekt der Ordnung erfassen, den Aspekt der Machbarkeit und der Macht. Deshalb ist die Ordnung auch die Idee des Staates (Platon). Und der Mensch muß Angst haben vor einer Ordnung, die sich absolut setzt, und fragt deshalb:

«Was ist Wahrheit?» (Pilatus zu Jesus). Die Freiheit ist eben keine Ordnungsidee und entspringt ihr auch nicht, wie immer auch die (gesellschaftliche) Ordnung im Namen der Freiheit propagiert werden mag. Die wahre Freiheit ist die unbegreifliche «Ordnung» der göttlichen Liebe. Die Angst vor dieser ordnenden Macht der Liebe war so groß, daß man sie durch Verrat (Judas) doch noch ihrer Unbegreifbarkeit zu entreißen hoffte. Doch sie ließ sich nicht auf die Ebene menschlicher Ideen zwingen; man kreuzigte diese Ordnung Gottes, die Herrschaft des Reiches der Liebe, und bestand noch bis zuletzt darauf, daß Jesus doch vom Kreuz herabsteigen solle, um das Geheimnis preiszugeben. Aber Jesus schwieg wie das Lamm, das zur Schlachtbank geführt wird. Er siegte über die Hybris menschlicher Machbarkeit («Ihr werdet sein wie Gott») und verwies die Ideen und Ordnungen auf den 2. Platz. Und wer sie von da wegzunehmen versucht, und sei es im Namen des Friedens, der übt Verrat an der Wahrheit in Person: Jesus. Und er wird zu der Erkenntnis geführt werden, daß er in seinem Eifer für das Gute den Gerechten und sein Werk der Erlösung durch Selbsterlösung verraten hat. Nicht das Handeln im Namen Gottes macht uns frei, sondern der Herr selbst, so er in uns lebt.

Wirkliche Freiheit ist nur möglich in einer mit Gott gelebten Beziehung des Gebets in Jesu Namen. Alle anderen Freiheiten sind selbstgemachte Täuschungen oder ein relatives, vorübergehendes Freisein, das stets als bedroht erlebt wird. Basis der Gebote/des Gesetzes ist deshalb nicht die verbale Verordnung, sondern die Vertrauensbeziehung. Das führt hin zur Frage nach dem Gehorsam aus innerer Bindung.

Gehorsam aus Angst vor Liebesverlust

Während der äußere Gehorsam, der Gehorsam aus Angst vor Strafe, eher funktional ist – man fürchtet den Stärkeren, aber liebt ihn nicht (Knecht) –, ist der innere Gehorsam personal und geht aus von einer klaren Beziehung der Liebe zu Gott. Aber auch dieser Fortschritt in der Entwicklung des Gehorsams hin zu einem Glaubensgehorsam ist bedroht von einer anthropozentrischen Grundposition, bedroht von den Bildern und frommen Modellen, die man sich macht und denen man sich «aus Liebe» verpflichtet weiß.

Das brav-liebe Kind ist noch ebenso an das eigene Ich gebunden wie das ängstliche Kind. Wir sind aber zur Freiheit berufen und nicht zur Bravheit. Denn wo der Geist Gottes ist, da ist Freiheit.

Hiobs Freunde waren gehorsame, brave und gesetzestreue Männer. Und deshalb versuchten sie auch, Gott zu rechtfertigen und zu verteidigen vor den Angriffen Hiobs. Sie liebten Gott und wollten nichts auf ihn kommen lassen. Sie suchten nach Erklärungen, warum das Gott so macht, wie wir das ja auch von uns kennen. Aber sie waren damit auf einem falschen Weg, weil sie nicht ertragen konnten, daß Gott für sie unverständlich blieb. Sie vertrauten Gott, weil sie glaubten, ihn zu kennen, ihn verstanden zu haben. Sie identifizierten sich so mit Gott und seinen Geboten, daß sie darüber unversehens zum Rechtsanwalt und Verteidiger Gottes wurden. Sie waren so brav und fühlten sich so in Ordnung vor Gott, daß sie die Erkenntnis Gottes über die Liebe zu Gott stellten. Und deshalb begegneten sie auch Hiob nicht in der Liebe (Hiob 13,2-7).

Das Kind Gottes erkennt an den Zehn Geboten, was es tun sollte und was Gott sich für die Menschen gedacht hatte, als er sie schuf. Wenn der Nachfolger Jesu das zu erkennen vermag, dann kann er auch erfassen, welch verderbliche Macht der Tod und die Sünde sind und daß zurecht geschrieben steht: «Die Sünde ist der Leute Verderben» (Spr. 14,34). Und deshalb die große Verheißung: «Siehe, ich mache alles neu!» (Offb. 21,5).

Der Mensch begreift, daß er diese Realität der Sünde ohne Gottes Hilfe nie zu ändern vermag. Und dadurch wird er offen für einen Bundesschluß mit dem barmherzigen Gott unter dem Gesetz des Geistes. «Denn das Gesetz konnte nichts zur Vollendung bringen... So ist Jesus Bürge eines viel besseren Bundes geworden» (Hebr. 7,19-25). So ist das alte Gesetz ein

Zuchtmeister auf Jesus Christus hin (Gal. 3,24); hin zu der inneren Verantwortung aus Liebe: «Ein neues Gebot gebe ich euch, daß ihr euch untereinander liebt» (Joh. 13,34).

Auch auf dem Weg durch die Wüste mußte das Bundesvolk lernen, geistliche Verantwortung von innen her zu übernehmen: ein geübtes Gewissen vor Gott zu haben, Gutes und Böses zu unterscheiden. Das alte Bundesvolk mußte lernen, daß die Gebote gegen die alte Natur, gegen das Gesetz der Sünde stehen. Es gibt durch die Bekanntgabe der Zehn Gebote eine neue Situation auf dem Weg durch die Wüste: Der Mensch erfährt damals und auch heute, daß der Geist Gottes der alten Natur, dem alten Menschen, dem Fleisch, widerstreitet, das heißt: Gottes grundsätzliches Nein («Du sollst nicht...») ist keine Forderung, denn wir vermögen ihr ohnehin nicht nachzukommen, sondern eine Charakterisierung unseres Wesens. An diesem Nein gegen die alte Natur erkennen wir, daß wir nicht in der Lage sind, das Gute durchgängig zu tun. Wenn wir so tun, als wären wir dazu imstande, dann müßten wir den Teufel durch Beelzebub austreiben. Das geht nicht, wie Jesus selbst sagt. Der Mensch kann seine Natur nicht besiegen. Er kann gegen sie angehen und wird sie dabei vielleicht verdrängen oder sie in eiserne Zucht nehmen. Doch er wird niemals frei sein von ihr, niemals frei von der Macht der Vergänglichkeit, von der Macht des Begehrens und der dazugehörigen Angst, zu kurz zu kommen. Deshalb sagt Jesus: Wer tun will, was ich sage, der «wird innewerden, ob diese Lehre von Gott ist oder ob ich von mir selbst rede. Wer von sich selbst redet, der sucht seine eigene Ehre» (Joh. 7,17.18). Das Evangelium ist also keine menschliche Lehre und deshalb auch keine Moral-Lehre, verbunden mit eigener Ehre, sondern Leben in und durch Christus im Heiligen Geist.

Wenn das Gesetz Zuchtmeister ist auf Christus, dann verstehen wir auch die Verschärfung des Gesetzes in der Auslegung Jesu: «Ihr habt gehört, daß gesagt ist ... ich aber sage euch.» Es geht um die bessere Gerechtigkeit, die nie Fassade sein kann; eine Gerechtigkeit, die zutiefst echt ist, in der auch die fromme

Selbstgerechtigkeit und Bravheit keinen Raum hat. Und das Kriterium der Echtheit ist der Wille in der inneren Übereinstimmung mit Gottes Geist.

Wenn ein Mensch nicht betet mit dem Hinweis, es sei nicht recht zu beten, wenn man nicht das richtige Gefühl, die richtige Stimmung oder Lust dazu habe, dann muß ihm gesagt werden, daß das Kriterium der Echtheit Gottes Wort ist und nicht das Gefühl. Und es steht geschrieben, daß wir allezeit beten sollen.

Dasselbe gilt auch für einen Menschen, der die Sünde tut und sein Tun damit entschuldigt, daß er jedenfalls echt sei und kein Heuchler sein möchte, und außerdem wolle er sich nicht zwingen lassen. Auch hier irrt der Nachfolger. Denn es steht geschrieben: «Wer Sünde tut, der ist der Sünde Knecht» (Joh. 8,34). Und an anderer Stelle sagt die Schrift: «Wer Sünde tut, der ist vom Teufel; denn der Teufel sündigt von Anfang an» (1. Joh. 3,8). Aus welchen Motiven ein Mensch auch immer Sünde tut: Auch wenn er sich dabei echt vorkommt, es ist auf jeden Fall vom Teufel, das heißt, der Betroffene steht unter dem Gesetz Satans, unter dem Gesetz der Sünde, und erkennt situativ oder schließlich grundsätzlich Jesus nicht an als seinen Herrn. Aber wenn er die Sünde läßt, ist er immer noch nicht gerecht, denn die Gerechtigkeit kommt nicht aus dem Lassen der Sünde, nicht aus dem Werk, sondern ist eine Gabe Gottes (2. Kor. 5,21), ist Sache des Herzens. Und das kann nur Gott erneuern (Hes. 36,26).

Nur Gottes Wort ist Maßstab der Echtheit. Deshalb fragte Jesus seine Jünger auch nicht: «Habt ihr Lust, mir nachzufolgen?» Er berief sie und sprach: «Komm und folge mir nach». Oder Menschen sagen: «Herr, wir wollen dir nachfolgen.» Immer ist der Appell an den Willen und an den Gehorsam gerichtet, niemals an Lust und Laune. Der Mensch muß sich prüfen, ob er bereit ist, nicht nur aus Druck äußerlich als «Knecht» zu gehorchen oder brav bzw. trotzig mit halbem Herzen, sondern innerlich aus Liebe «Freund» und Vertrauter Jesu zu sein (Joh. 15,15). Der Knecht gehorcht einfach der

Autorität. Gehorcht er aus Angst und Gefügigkeit vor der Macht des Herrn, ist er nie frei von Erwartungen, heimlichem Murren und Groll. Gehorcht er wie ein braves Kind, ist er nie frei von Selbstgerechtigkeit und der Angst, Gott könne ihm seine Liebe entziehen, wenn er ungehorsam ist.

Der Freund gehorcht in der ganzen Freiheit des Geistes: «Wo aber der Geist des Herrn ist, da ist Freiheit» (2. Kor. 3,17). Deshalb kann es auch im Neuen Bund keine Führung durch Propheten geben, denen die Herde «im Namen Jesu gehorchen muß», denn damit wären der Manipulation Tür und Tor geöffnet. Aber es gibt die Geistesgabe der Prophetie, die der Herr auch einzelnen «Propheten» geben kann (Apg. 13,1). Auch eine prophetische Weisung, falls sie überhaupt von einem geprüften Propheten der Gemeinde stammt, d. h. einem, dessen detaillierte, konkrete Voraussagen nachweislich eingetroffen sind, müssen die Betroffenen selbst prüfen und frei vor Gott entscheiden, ob sie gehorchen wollen. Der Prophet darf nicht mit eigenmächtigen Sanktionen drohen, weil er dann die Betroffenen an sich und nicht an Gott bindet. Nachfolge ist stets Einwilligung in den Willen des Vaters: Jesus betete in Gethsemane: «... doch nicht mein, sondern dein Wille geschehe!» (Luk. 22,42). Und hinsichtlich des Erkennens von Gottes Willen gilt, daß jeder selbst (vom Geist) gelehrt sein wird (Jer. 31,34), sei es direkt oder über einen Propheten. Auf jeden Fall muß der Betroffene selbst prüfen und das Gute behalten (1. Thess. 5,21).

Im Alten Bund wurde das Wort von Gott durch Mose weitergegeben, im Neuen Bund an die Jünger durch Jesus Christus, als er auf Erden war. Und seit seiner Auferstehung durch den Heiligen Geist direkt oder durch Propheten indirekt. Aber immer in innerer Übereinstimmung mit der ganzen Bibel. Gott will zu uns reden durch seinen Geist und sein Wort: «Der Buchstabe tötet, aber der Geist macht lebendig» (2. Kor. 3,6). Die Entwicklung der geistlichen Verantwortung orientiert sich nicht am Buchstaben, sondern am Geist. Deshalb hat Gott den Menschen zuerst den Geist gegeben und danach das Gesetz offenbart. Der Buchstabe allein ist wie ein ausgetrocknetes Flußbett, und der Geist allein wie ein Fluß ohne Ufer. Wort und Geist gehören zusammen. Deshalb sollen wir auf den Einen hören, der jetzt vom Himmel her zu uns redet (Hebr. 12,25).

Wenn wir unseren frommen Vorstellungen, unserer frommen Kritik und Beurteilung nachgeben, den Splitter im Auge des Bruders sehen und nicht den eigenen Balken, dann sehen wir auch unter frommen Vorzeichen auf das Sichtbare und werden gesetzliche, brave Kinder Gottes. Der Buchstabe tötet uns, weil wir darin ein Lebensmodell sehen. Wir haben das fromme Leben voll in das bürgerliche Leben integriert. Aus der geistlichen Gemeinde wird dann die «ideale» Gemeinde, und unsere Bilder bestimmen uns. Wir haben dann Probleme mit Christen, die einen anderen «Stil» haben, und mit Fremden, die zu uns kommen.

Das Wort wird nur lebendig aus einer durch den Heiligen Geist in Gott gelebten Beziehung. Ohne das feste und zuverlässige Wort verlieren wir den Grund unter den Füßen. Wenn wir Wort und Geist auseinanderreißen, dann fehlt uns entweder das lebendige Wasser, oder wir ufern unkontrolliert und schwärmerisch aus, orientieren uns nur noch an der Erfahrung und den subjektiven Erlebnissen. Wort und Geist gehören zusammen: «Das Wort ward Fleisch.» Auch wir «haben diesen Schatz (des Heiligen Geistes) in irdenen Gefäßen, damit die überschwengliche Kraft von Gott sei und nicht von uns» (2. Kor. 4,7). So nehmen wir die Aussagen der Schrift wörtlich, aber nicht buchstäblich.

Mangel an geistlicher Kraft und innerer Stärke führt zu einer Nachfolge auf der Schwundstufe von Gruppenprozessen, abgestützt durch Gruppendynamik und psychologische Reflexionen über biblische Aussagen (siehe E. Drewermann, ein falscher Lehrer).

Wenn durch Gebet, Wort und Beichte die Beziehung zu Jesus Christus nicht lebendig bleibt, kann sie sehr schnell ersetzt werden durch eine Vergötzung des Kreuzes, bis dahin, daß das Zeichen des Kreuzes in ganz anderen Zusammenhängen (beispielsweise auf Friedensdemonstrationen) mißbraucht und mit einer anderen Aussage belegt wird.

So ist der Mensch immer wieder versucht, den inneren, unbegreifbaren Gehalt einer Liebes-Beziehung zu ersetzen durch den begreifbaren Gehalt der äußeren Geste, der äußeren Erscheinung.

Paulus ermahnte die Galater: «Im Geist habt ihr angefangen, wollt ihr's denn nun im Fleisch vollenden?» (Gal. 3,3). So kann die äußere Gestalt, der Außenaspekt einer Beziehung jederzeit zum Ersatz werden für den inneren Gehalt von Liebe. Nach solchen «Liebesbeweisen» sucht der Mensch, wenn die echte, innere Liebe nicht mehr erfahren wird. Dann klammert er sich an die Gaben, an die Zeichen von Liebe. Das ist auch der Weg in die Prostitution, in den Götzendienst. Eine Frau sucht innere Liebe und erfährt äußere Zuwendung (Begehren). Um der Enttäuschung zu entgehen, hält sie an der Täuschung fest, daß die äußere Zuwendung innere Zuneigung sei, bis sie erkennt, daß sie sich täuscht. Dann schlägt die Liebe um in Haß, und sie läßt sich «die Liebe» bezahlen, nimmt Rache an dem Verrat der echten Liebe (= innere Enttäuschung). Dasselbe gilt auch für jede andere Art enttäuschter Liebe.

Es gibt brave Christen, die wissen alles sehr genau und halten sich an alles, was sie erkannt haben, merken aber nicht, daß sie sich von Gott, von Frömmigkeit und Gemeinde ihr eigenes Bild gemacht haben. Und so sind sie schnell «von Gott enttäuscht». Sie vergessen, daß der Sündenfall nicht nur durch die Versuchung bewirkt wurde zu wissen, was böse ist, sondern viel listiger noch durch die Zusage: zu wissen, was gut ist. Nicht nur die Humanisten und Marxisten und anderen Ideologen geben an zu wissen, was gut ist (siehe: «wissenschaftlicher Marxismus» gegen das «Opium der Religion»), sondern auch die frommen Selbstgerechten, die Rechtsanwälte Gottes, meinen es zu wissen. Es sind jene braven oder «erfolgreichen» Christen, die genau wissen, wie Nachfolge aussehen muß oder wie man verhindert, daß etwas falsch werden könnte. «Das Evangelium liegt am meisten danieder, wenn man es am besten verteidigen will» (Martin Luther).

Gehorsam aus Liebe und aus Vertrauen zu Gott

Es gibt dafür einige gute Beispiele in der Bibel. Nehmen wir Hiob. Er hatte die Freiheit, Gott zu bitten: «Verdamme mich nicht! Laß mich wissen, warum du mich vor Gericht ziehst» (Hiob 10,1). Und er sagte: «Was ihr wißt, das weiß ich auch, und ich bin nicht geringer als ihr. Doch ich wollte gern zu dem Allmächtigen reden und wollte rechten mit Gott» (Hiob 13, 2.3).

Hier ist ein Mensch, der in Freiheit und Vertrauen mit Gott redet und rechtet, der sich beklagt bei Gott, weil er ihn nicht versteht, ihm aber dennoch vertraut. Hiob murrt nicht, aber er redet als ein Freier, als ein Liebender mit Gott (Hiob 2,10).

Wenn wir uns unsere eigenen Bilder machen von Gott, sei es ein Bild vom «Lieben Gott», der ja nicht ohne Grund leiden läßt – obwohl es bei Hiob so war (Hiob 2,3) –, oder ob wir uns ein Bild machen vom «Strengen und Harten Gott», bei dem man immer ein schlechtes Gewissen haben muß: In jedem Fall werden wir durch diese Bilder unfrei und bauen Gott ein in unsere frommen Denkmuster. Solche Kinder Gottes möchten unbedingt sicherstellen, daß es mit ihrer Nachfolge nicht schiefgehe. Solch ein Mensch liebt Gott, aber er hat sich sein eigenes Bild gemacht von ihm. Und dieses Bild hält er fest in Gesetzen und Verpflichtungen. Er hält sich zu Gott, so daß er an Gott und seine Gebote und Lehren gebunden ist, aber nicht in Freiheit und Souveränität an ihn selbst. Jesus hat das Gesetz nicht aufgehoben, sondern erfüllt; und deshalb hat er am Sabbat Kranke geheilt. Und David hat die Schaubrote gegessen, obwohl er sie nicht essen durfte, da er ja kein Priester war (1. Sam. 21,7).

Wir könnten viel von Hiobs Freiheit lernen. Hiob mußte dann auch seine «Freunde», die frommen, selbstgerechten und braven Kinder Gottes, segnen, nachdem sie Gott darüber in die Buße geführt hatte, daß sie mit all ihrem richtigen, frommen

Wissen doch nicht recht geredet hatten mit dem Gottesknecht Hiob (Hiob 42).

So kann auch das Gesetz, wenn der innere Bezug nicht mehr da ist, zu einem Götzen werden. Der Mensch klammert sich dann an die Gebote, wird hart, gesetzlich oder brav-angepaßt, bleibt an sich selbst gebunden, unfrei. Er hatte sich sein eigenes Bild von Gott gemacht und damit die eigene Enttäuschung programmiert (Röm. 2,21-23.28.29). Die Grenze für das, was wir tun oder lassen sollen, verläuft eben nicht im Äußeren, sondern im Inneren. Die äußere Grenze ist nur eine Notfallsgrenze. Wenn der Mensch die innere Unterscheidung nicht mehr spürt, weil er die Beziehung zu Jesus Christus verlassen hat (= den Weg der Liebe), dann ist es hilfreich, daß er noch eine äußere, deutliche Grenze kennt: die Zehn Gebote. Aber auf dem Weg durch die Wüste dieses Lebens, auf dem Weg der Versuchungen durch unsere Bedürfnisse, gibt es bloß eine innere Grenze. Die äußere Grenze ist nur solange notwendig und unbedingt zu befolgen, wie die innere verblaßt. Aber weil unsere Gerechtigkeit besser sein soll als die der Pharisäer, zeigt uns der Heilige Geist die innere Grenze für unser Tun und Lassen. Da hat uns Gott beispielsweise keine festen Regeln gegeben über das, was wir spenden sollen. Wenn es so einfach wäre, daß diejenigen, die monatlich einen bestimmten Betrag geben, geistliche Christen sind, und die, die weniger geben, weltliche Christen, dann wäre Nachfolge nicht mehr ein Weg der Liebe. Aber die arme Witwe, die zwei Scherflein in den Gotteskasten einlegte, hatte mehr gegeben als alle, die eingelegt hatten. Denn sie hatte alles eingelegt, wovon sie lebte, ihre ganze Habe (Mark. 12,41-44).

Die Liebe ist in der Tat des Gesetzes Erfüllung. Sie ist deshalb nicht berechenbar, ohne Grenze (die Witwe hat «alles» gegeben). Dies ist totale Freiheit. Und nach dieser Freiheit werden wir im Gericht gefragt. Denn das ist die Frage nach unserer Liebe zum Herrn und zu unserem Nächsten. «Der Sabbat ist um des Menschen willen gemacht und nicht der Mensch um des Sabbats willen» (Mark. 2,27). Ausnahmen, die mit ganzem Ernst im Einzelfall geprüft werden müssen, sind deshalb möglich. Wir können den schmalen Weg nicht nach allen Seiten befestigen und absichern. Der Weg ist und bleibt schmal, weil es ein Weg der Liebe und damit der Freiheit ist; aber einer Freiheit, die nicht ein «Deckmantel der Bosheit» sein darf (1. Petr. 2,16), deshalb auch keine konstruierte «Führung Gottes» wider seine Gebote und Ordnungen. Dazu ein Beispiel:

Als ich noch im aktiven Hochschuldienst war, kam ein junges Paar zum Glauben an Jesus Christus; ein Paar, das nach damals und heute weithin üblichen Maßstäben zusammenlebte, ohne verheiratet zu sein. Sie kamen beide in unseren Gebetskreis, und ich sprach mit ihnen dieses Problem an. Da ihre Wohnung zwei Zimmer und eine Küche hatte, sahen sie keine Veranlassung, auseinanderzuziehen. Nach einigen Wochen bekam ich im Gespräch mit führenden Leuten der Gemeinde Schwierigkeiten hinsichtlich dieser Frage. Man erwartete von mir, daß ich diesen beiden Leuten sagen würde, sie sollten auseinanderziehen. Ich wiederum sah dazu keine Veranlassung, denn ich empfand: Wenn Gott sie aus diesem Stand herausgerufen hat, dann ist er auch mächtig genug, ihnen zu sagen, daß sie auseinanderziehen müßten. Zu ihrer Eheschließung, ein Jahr später, erfuhr ich, daß sie vom Zeitpunkt ihrer Bekehrung an wie Geschwister miteinander gelebt hatten. Und nach ihrem eigenen Zeugnis war es eine sehr schöne Zeit der Vorbereitung auf die Ehe. Ich möchte mit aller Deutlichkeit sagen, daß ich hier keinen Freibrief gebe zu solch einer Praxis. Doch andererseits möchte ich klarstellen, daß Gott viel Geduld hat, Menschen dort abzuholen, wo sie sind, und aus ihrer Not herauszuführen. Wir müssen als Menschen da und dort von außen mahnen, aber nicht dirigistisch, manipulativ, verletzend eingreifen. Ich habe im Laufe meiner jahrzehntelangen Erfahrung als Seelsorger und Psychologe lernen müssen, daß Gott oft viel barmherziger ist als ich. Vor allen Dingen als junger Christ ist man schnell radikal und fanatisch. Reife Christen können aus innerer Freiheit heraus eine geduldige, abwartende und fürbittende Haltung haben.

Die geistliche Verantwortung ist abhängig von der persönlichen Beziehung zu Gott. Je mehr die persönliche Beziehung vernachlässigt wird, um so eher wird aus dem Neuen Testament ein Lehrbuch mit Handlungsanleitung: Wir fallen zurück auf die Ebene von Vorschriften. Nur unter solchen Bedingungen können die evangelisch-religiös Erzogenen seelisch krank werden und eine ekklesiogene Neurose bekommen. Die Beziehung zu dem Auferstandenen aber macht frei und gesund. So sagt Jesus der Martha, daß ihre Schwester Maria, die zu seinen Füßen saß, das gute Teil gewählt habe. Marthas Liebe lag im äußeren Tun und geschah auch nicht aus tiefer Liebe, sonst hätte sie sich nicht über Maria aufgeregt. Denn wahre Liebe kennt keine Rivalität (Lukas 10,38-42; Matth. 5,46). Auch die «rechte» Erkenntnis und das «rechte» Tun kann uns vom Herrn selbst trennen. Brave Kinder sind keine freien Kinder.

Als durch Sünde in meinem Leben meine innige Beziehung zu Jesus eine Zeitlang gestört war, sagte meine damals siebenjährige Tochter: «Papas Beten klingt so gemacht.» Es war sozusagen ein Plappern wie bei den Heiden: «tönende Schelle». Und wer die Beziehung zum Auferstandenen vernachlässigt, kann dem Herrn auch nicht mehr in die Augen schauen und folglich auch nicht mehr von seinen Augen geleitet werden. Doch Gott hat große Geduld mit uns. Er ruft uns immer wieder zur Umkehr. «Ich habe gegen dich, daß du die erste Liebe verläßt. So ... tue Buße und tue die ersten Werke» der ersten Liebe (= zu Jesu Füßen sitzen)! (Offb. 2,4.5). Und so ruft er Mose auch mit denselben Worten wieder auf den Berg: «Haue dir zwei steinerne Tafeln zu, wie die ersten waren, daß ich die Worte darauf schreibe, die auf den ersten Tafeln standen, welche du zerbrochen hast» (2. Mose 34,1). Das ist Buße zur ersten Liebe. Diesmal sollte Mose die Tafeln in eine Lade legen (5. Mose 10,1.2). So waren sie der unmittelbaren, direkten Sichtbarkeit entzogen und konnten erst gesehen werden, wenn die innere Vorbereitung eine Öffnung der Lade erlaubte. So schützte Gott sein Gesetz vor einem nur äußerlichen Gebrauch. Aber auf die Dauer endete der Weg des Volkes in seiner Beziehung zu Gott doch in der Sackgasse des

Buchstabens: Die Stiftshütte war aufgerichtet als ein Zelt, das mit dem Volk mitzog als ein Zeichen der Gegenwart Gottes unter seinem Volk. In dieser Stiftshütte (im Allerheiligsten) «waren das goldene Räuchergefäß und die Bundeslade, ganz mit Gold überzogen; in ihr waren der goldene Krug mit dem Himmelsbrot und der Stab Aarons, der gegrünt hatte, und die Tafeln des Bundes» (Hebr. 9,3.4).

Später wollte Gottes Volk einen Tempel haben, einen festen Ort der Gegenwart Gottes. Gott hatte durch den Propheten Nathan David sagen lassen: «So spricht der Herr: Solltest du mir ein Haus bauen, daß ich darin wohne? Habe ich doch in keinem Hause gewohnt seit dem Tag, da ich die Israeliten aus Ägypten führte, bis auf diesen Tag, sondern ich bin umhergezogen in einem Zelt als Wohnung. Habe ich ... je geredet ... und gesagt: ‹Warum baut ihr mir nicht ein Zedernhaus?›» Und der Herr sprach weiter, daß er ihm einen Nachkommen erwekken würde, dessen Königtum ewig bestätigt werden würde. Und «der soll meinem Namen ein Haus bauen, und ich will seinen Königsthron bestätigen ewiglich» (2. Samuel 7,1-13). Unter (fälschlicher) Berufung auf dieses letzte Wort, daß der Nachkomme des Königs David dem Herrn ein Haus bauen soll, hat dann Salomo den Tempel gebaut (1. Kön. 5,14). Er konnte nicht wissen, daß mit dem «Nachkommen» Jesus Christus gemeint war. Und so baute Salomo den ersten Tempel. Im Unterschied zur Stiftshütte in der Wüste findet sich in diesem Tempel, im Allerheiligsten, nur die Lade mit den zwei steinernen Tafeln (1. Kön. 8,9). Das Manna als Brot (als Anruf) vom Himmel fehlte; ebenfalls fehlte der grünende Zweig Aarons als Zeichen des priesterlichen Dienstes. Der nackte Buchstabe, das Gesetz, war geblieben.

So geht es jedem, der auf dem inneren Weg in die geistliche Selbständigkeit die persönliche Beziehung zu Jesus Christus und damit die Sensibilität für den Heiligen Geist verliert. Er hält sich kompensatorisch ans Äußere: an Namen, Buchstaben, Rituale und Zeichen. Er hat dann im Geist angefangen und im Fleisch geendet. Er hat die Werke, ist aber geistlich tot

(Offb. 3,1). Doch der Betroffene kann Buße tun. Dazu das Gebet von Klaus von der Flüe:

«Mein Herr und mein Gott,
nimm alles von mir, was mich hindert zu dir.
Mein Herr und mein Gott, gib alles mir,
was mich fördert zu dir.
Mein Herr und mein Gott, nimm mich mir
und gib mich ganz zu eigen dir.»

Fünfter Teil

Vom Kind zum Jüngling

Kapitel 12

Prüfung auf dem Weg zum Jordan

Rivalität und Neid

Sei es Gehorsam aus Gefügigkeit (aus Angst vor der Macht; siehe Bileam), oder sei es Gehorsam aus Bravheit (aus Angst vor Liebesentzug; siehe Hiobs Freunde): Immer bleibt der Gehorsam anthropozentrisch und damit unfrei und impliziert die Erwartung einer Reaktion von seiten Gottes.

Ganz anders bei Abraham, dem Vater der Glaubenden, oder bei Hiob, die zu artikulieren vermochten, wo sie mit Gottes Handeln nicht einverstanden waren, wo sie ihn nicht verstanden, aber dennoch im grundständigen Vertrauen blieben. Sie wollten nicht klüger sein als Gott; sie wollten ihn verstehen. Ihr Gehorsam war ein Gehorsam in und aus Freiheit, d. h. im und aus dem Heiligen Geist.

Der egozentrische Gehorsam, in welcher Form auch immer, hat stets die Bereitschaft zu Neid und Rivalität zur Seite. So war es schon bei Kain, der auch gehorsamst opferte. Doch die Sünde lauerte vor seiner Tür, weil er mit Abel rivalisierte und ihn schließlich aus Haß ermordete. So war es auch bei den Pharisäern, die Jesus aus Neid überantworteten, obwohl sie doch gesetzestreue Theologen waren.

Wenn die Heiligung nicht auch unser Ich überwindet, bleiben wir uns selbst unsere eigene Mitte, auch auf dem Weg der Nachfolge. Und das bedeutet ein Bestimmtwerden durch die innere Struktur des alten Menschen: Sehen und Greifen. Deshalb sagt Jesus einmal, daß wir unsere Augen ausreißen und unsere Hände abhauen sollen, damit der Leib nicht ganz und gar in die Hölle geworfen werde (Matth. 5,27-30). Wir können nicht Gott und dem Mammon (= dem Haben-Wollen) dienen. Es muß zu einer Trennung und Entscheidung kommen.

Wie sehr geistlicher Neid trennen kann, wissen viele Christen aus eigener Erfahrung. Jesus fragte Petrus, ob er ihn liebe. Das war die Wiederannahme des Petrus nach seiner Verleugnung. Und nachdem Petrus diese wunderbare Erfahrung mit dem Herrn gemacht hatte, fragte er, auf Johannes weisend: «Was wird aber mit diesem?» Und Jesus antwortete: «Was geht es dich an? Folge du mir nach!» (Joh. 21,15-22).

Mit der Ablösung von den geistlichen Eltern und dem Beginn zunehmender eigener Beurteilung und eigener Verantwortung wird die Beziehung zu den Eltern auf eine andere Ebene gestellt; auf die Ebene von Gegenseitigkeit. Der Blick wird frei für die Erweiterung der Beziehung auf die Geschwister.

Als psychoanalytisch orientierter Seelsorger kenne ich das Problem der Übertragung in einer Beziehung und die Notwendigkeit einer Ablösung. Das gibt es auch, wenn Menschen zum Glauben an den lebendigen Gott kommen. Und das gilt nicht nur für gegengeschlechtliche Beziehungen, sondern auch für gleichgeschlechtliche, wenngleich die gegengeschlechtliche Problematik sich stärker auswirken kann. Aber dennoch sollte man nicht zurückschrecken, auch als Mann eine Frau an die Hand zu nehmen und zu sagen: «Komm und sieh, ich habe den gefunden, von dem die Schrift sagt» (Joh. 1,45.46). Ich halte nichts von Enge und von Regeln menschlicher Art. Wir sind zur Freiheit berufen, zur Vorsicht und Wachsamkeit, aber nicht zur ängstlichen Enge.

Nach einem Vortrag in einer norddeutschen Stadt kam eine junge Frau zu mir und sagte: «Herr Professor, ich habe bei Ihnen Examen gemacht.» Nun haben viele Menschen bei mir Examen gemacht, und ich erinnerte mich nicht mehr an diese junge Dame. Doch ich fragte sie, wie das Examen ausgefallen sei, und sie sagte, es sei gut gewesen. Daraufhin sagte ich ihr: «Das eigentliche Examen fehlt Ihnen noch.» Daraufhin schaute sie mich ganz verdutzt an, weil sie nicht wußte, was ich meinte. Ich erklärte ihr dann, daß sie in einem lebensentscheidenden Examen vor Gott Rechenschaft ablegen müsse. Sie verstand mich sofort, denn sie kam aus einem katholischen Elternhaus und kannte die Bibel, hatte aber keine persönliche Beziehung zu Jesus Christus. Ich fragte sie, ob ich ihr bei diesem Examen helfen könne. Sie bejahte das, kam zu mir in die Sprechstunde und wurde gläubig an Jesus Christus. Ich empfahl ihr eine Gemeinde und einen Hauskreis, und beide Empfehlungen befolgte sie.

Nach ein paar Monaten hatte ich im Zusammenhang mit der geistlichen Gemeindeerneuerung eine Tagung in Norddeutschland zum Thema: «Liebe zu Menschen, Liebe zu Gott». Ich lud sie dazu ein, weil ich hoffte, daß sie viele junge Christen kennenlernen würde. Sie kam und war ganz begeistert. Sie hatte mitgesungen und mitgebetet. Am Ende der Tagung fragte ich sie im Beisein etlicher anderer: «Na, hast du jetzt Jesus lieb?» Und sie sagte: «Ja, das habe ich, aber dich habe ich noch lieber.» Ich war im ersten Moment erschrocken, aber nicht so sehr um meinetwillen, sondern wegen der frommen Zuhörer. Ich sagte ihr sofort: «Das mit der Liebe zu mir gibt sich. Die Liebe zu Gott und zu Jesus Christus bleibt.» Inzwischen ist sie längst abgenabelt, ist in einer Gemeinde von Gläubigen, auch in einem Hauskreis, und sie geht mit ihrem Mann in die Veranstaltungen der IVCG. Ihre beiden Töchter sind ebenfalls gläubig geworden.

Es ist immer so, daß man die neugeborenen Kinder eine Zeitlang ganz persönlich begleiten muß, sich um sie kümmern muß, damit sich ihr Umfeld ändert. Es ist auch notwendig, daß man sie regelmäßig im Gebet vor Gottes Thron bringt, gelegentlich anruft, sie auf Tagungen einlädt usw.

Mit der Ablösung der engeren Bindung an die Eltern und damit der Preisgabe des Schutzes, der Geborgenheit, können also neue Bindungsprobleme auftauchen. Entscheidend bleibt, wie wir als Seelsorger damit umgehen.

Das Rivalisieren, der Neid, die Geschwisterproblematik, das Ringen nach Ehre und Anerkennung sind um so stärker ausgeprägt, je fleischlicher der junge Christ noch ist.

Gott gibt uns Gelegenheit zu prüfen, wieviel Distanz wir

schon zu unserem Bedürfnis haben, weil die Verzichtsfähigkeit ein Maßstab ist für Vertrauen und Liebe. Das ist zumal dann der Fall, wenn es beim Verzichten um elementare Bedürfnisse geht.

Die Welt steht unter einem anderen Gesetz, unter dem Gesetz von Sünde und Tod, und ist deshalb auf das kompensatorische Habenwollen existentiell angewiesen. So ging es auch dem alten Bundesvolk auf dem Zug durch die Wüste. Sie waren schon sehr lange durch die Wüste gezogen. Die Wanderschaft ging ihrem Ende zu. Da klagte das Volk vor den Ohren des Herrn, daß es ihm schlecht gehe. Das fremde Volk unter ihnen war lüstern geworden. Und deshalb fingen auch die Israeliten wieder an zu weinen und sprachen: «Wer wird uns Fleisch zu essen geben? Wir denken an die Fische, die wir in Ägypten umsonst aßen, und an die Kürbisse, die Melonen, den Lauch, die Zwiebeln und den Knoblauch. Nun aber ist unsere Seele matt, denn unsere Augen sehen nichts als das Manna» (4. Mose 11, 4-6). Als nun Mose das Volk weinen hörte, einen jeden in der Tür seines Zeltes, entbrannte der Zorn des Herrn sehr. Und auch Mose verdroß es. Und Mose beklagte sich bei dem Herrn über die Last dieses Volkes, die auf ihm lag. Und der Herr sprach durch Mose zum Volk: «Darum wird euch der Herr Fleisch zu essen geben, nicht nur einen Tag, nicht zwei, nicht fünf, nicht zehn, nicht zwanzig Tage lang, sondern einen Monat lang, bis ihr's nicht mehr riechen könnt und es euch zum Ekel wird, weil ihr den Herrn verworfen habt, der unter euch ist, und weil ihr vor ihm geweint und gesagt habt: ‹Warum sind wir aus Ägypten gegangen?› ... Da erhob sich ein Wind, vom Herrn gesandt, und ließ Wachteln kommen vom Meer und ließ sie auf das Lager fallen, eine Tagereise weit rings um das Lager, zwei Ellen hoch auf der Erde. Da machte sich das Volk auf und sammelte Wachteln ... und sie breiteten sie rings um das Lager aus, um sie zu dörren. Als aber das Fleisch noch zwischen ihren Zähnen war und ehe es ganz aufgebraucht war, da entbrannte der Zorn des Herrn gegen das Volk, und er schlug sie mit einer sehr großen Plage» (4. Mose 11,18-33).

Es handelt sich hier um ein allgemeines Problem der Nachfolge. So beklagt der Psalmsänger Asaph seinen inneren Zustand vor Gott: «Ich aber wäre fast gestrauchelt mit meinen Füßen; mein Tritt wäre beinahe geglitten. Denn ich ereiferte mich über die Ruhmredigen, als ich sah, daß es den Gottlosen so gut ging. Denn für sie gibt es keine Qualen, gesund und feist ist ihr Leib. Sie sind nicht in Mühsal wie sonst die Leute und werden nicht wie andere Menschen geplagt. Darum prangen sie in Hoffart und hüllen sich in Frevel. Sie brüsten sich wie ein fetter Wanst, sie tun, was ihnen einfällt. Sie achten alles für nichts und reden böse, sie reden und lästern hoch her. Was sie reden, das soll vom Himmel herab geredet sein; was sie sagen, das soll gelten auf Erden. Darum fällt ihnen der Pöbel zu und läuft ihnen zu in Haufen wie Wasser.» Und dann sieht er auf sich selbst und sagt: «Soll es denn umsonst sein, daß ich mein Herz rein hielt und meine Hände in Unschuld wasche? Ich bin doch täglich geplagt, und meine Züchtigung ist alle Morgen da ... So sann ich nach, ob ich's begreifen könnte, aber es war mir zu schwer, bis ich ging in das Heiligtum Gottes und merkte auf ihr Ende ... Wie werden sie so plötzlich zunichte! Sie gehen unter und nehmen ein Ende mit Schrecken.» Asaph erkannte, daß er wie ein Narr geredet hatte und nichts wußte und wie ein Tier war vor Gott. Seine innere Situation ändert sich aber in wunderbarer Weise: «Dennoch bleibe ich stets an dir; denn du hältst mich bei meiner rechten Hand» (Ps. 73). Habsucht ist eine Wurzel allen Übels (1. Tim. 6,10). Das gilt auch für die Nachfolge. Geiz, Neid und Eifersucht verderben jede Beziehung, und das sowohl nach außen als auch nach innen, selbst in den eigenen Reihen (Gemeinde und Hauskreis).

Gottes Geist und Liebe vertreiben Neid und Rivalität, weil sie der Angst, zu kurz zu kommen, das Wasser abgraben. Und damit verschwindet das kompensatorische Habenwollen und die Eifersucht. Diese unwahrscheinliche Verwandlung geschieht ohne großes Aufsehen im Innersten unseres Herzens. Daß wir die Größe, Stärke und Majestät dieser Liebe nicht erkennen, liegt an unserem Mangel an geistlicher Tiefe. Wie alle große Liebe, ist auch Gottes Liebe so zart und leise, daß sie vom lauten Begehren nicht erkannt wird.

So kann sich der Mensch sehr schnell an diese Liebe gewöhnen, bucht sie auf sein selbstherrliches Konto und bemerkt kaum ihre Gegenwart. Erst wenn ihm diese Liebe genommen wird, erkennt er, daß sie Geschenk und Gnade ist. Und dann ist er vielleicht bereit, sie zu suchen, «zu gewinnen mit Ehrerbietung» (1. Thess. 4,3.4).

In seiner so begnadigten Situation steht jeder Nachfolger in Gefahr, auf das Zweitrangige, Törichte dieser Welt zu sehen. Das massiv Vordergründige wird ihm plötzlich wichtig, weil er durch Gewohnheit vergessen hat, daß die Gnade und Güte Gottes für ihn alles bedeutet. So schaute auch Israel auf die Lüsternheit der Fremden, die mit ihnen gezogen waren. Und sie ließen sich von ihrer Lüsternheit anstecken und vergaßen, was sie an ihrem Gott, an seiner Gnade und Güte und Treue erhalten hatten. Das äußere Habenwollen, die Befriedigung ihres äußeren Begehrens, schien ihnen mit einem Schlag wichtiger zu sein als der innere Reichtum und die Befriedigung durch Gottes Geist und Liebe. Sie beklagten sich bei Mose (bei Gott), mißtrauten seiner Führung und schauten zurück in das Haus der Knechtschaft, nach Ägypten. Sie sahen nur noch den Knoblauch und die Zwiebeln, hatten aber vergessen, daß sie dort Sklaven waren, ausgebeutet und verachtet.

Manchmal denke ich, das ist ganz ähnlich wie in der modernen gegenwärtigen Politik, wenn Fremde innerhalb unserer freiheitlichen Demokratie diese Staatsform so schlecht machen, weil das Gute nicht mehr gesehen wird und man am liebsten kommunistische, sozialistische und andere utopische Verhältnisse hätte. Der Mensch sieht primär und bevorzugt auf das, was er *nicht* hat. Deswegen ist er manipulierbar, und deshalb ist uns Dankbarkeit empfohlen (Eph. 5,20). Wer dankbar bleibt, ist weniger manipulierbar durch leere Versprechungen.

Der Nachfolger Jesu kann sich an die göttliche Barmherzigkeit und Liebe so gewöhnen, daß er sie für selbstverständlich hält. Er nimmt sie undankbar hin und will alles andere auch noch haben. Er hat vergessen, daß die Bedürfnisorientierung innere Sklaverei bedeutet und daß das Zurückschauen nach Ägypten, wie es das Volk in der Wüste tat, nur ein äußeres Zeichen ist für die innere Blindheit. Er steht dann in Gefahr, das Erstgeburtsrecht einzutauschen gegen das Linsengericht der Lust. Angesteckt vom Geist der Welt, hält er dann seine Möglichkeiten für wahre Freiheit und wird zu ihrem Sklaven. Er trinkt von rissigen Brunnen Brackwasser, aber die lebendige Quelle verläßt er. Am Anfang des Wüstenweges war Gott nicht zornig, als die Israeliten sich nach Fleisch sehnten, aber nun, gegen Ende des Weges, sollten sie mehr Vertrauen gelernt haben. Sie hätten an dem, was sie leiden mußten, Gehorsam und Vertrauen lernen können, aber durch ihr Murren wurde ihr Lernen blockiert. Es produzierte Mißtrauen, Verweigerung und Emanzipation. So kann man schnell die Gelegenheit verpassen, die von Gott gegebene Lektion zu lernen.

Geistliche Verantwortung kann erst dann wahrgenommen werden, wenn man die Bedürfnisorientierung überwunden hat, um seinem Nächsten in der Liebe Christi zu begegnen, d. h. ihn mit einer Liebe zu lieben, die das sucht, was des andern ist (1. Kor. 13).

Nur wer sich dieser Entwicklung stellt, kann mit Verantwortung betraut werden. Der fleischliche Christ hat deshalb Mühe mit der Anerkennung der geistlichen Autorität. Die Kinder in der Nachfolge Jesu können aber nur in Verantwortung hineinwachsen, wenn sie geistliche Autoritäten anerkennen. Wir wissen, daß es wenig vollmächtige geistliche Autoritäten gibt. Und wenn es sie gibt, gibt es noch genügend Christen, die sich selbst auch für geistliche Autoritäten halten (Offb. 2,20) und der echten Autorität den Kampf ansagen, mit ihr rivalisieren, so daß es den heranwachsenden Kindern in der Nachfolge Jesu sehr schwer wird, die echte – von Gott bestätigte – Autorität von der selbst angemaßten zu unterscheiden. So nimmt auch die Entwicklung ihrer eigenen geistlichen Verantwortung Schaden, weil sie autoritär selbstbezogenes Auftreten mit der

Souveränität echter geistlicher Autorität verwechseln. Verantwortung und Autorität, die von Gott bestätigt ist, führt immer – ganz gleich auf welcher Ebene – zu Problemen mit solchen, die auch bestätigt werden möchten.

Das gilt auch für die natürliche seelische Entwicklung. Jede Mutter kann aus der Entwicklung ihrer Kinder von Geschwisterproblematik und Geschwisterrivalität berichten. Solche Geschwisterrivalität hat es auch in der Bibel immer wieder gegeben. Da war Jakob, der mit List seinem älteren Bruder das Erstgeburtsrecht nahm. Jakob wollte um jeden Preis gesegnet werden, weil er um den Segen Gottes wußte. Und Esau war der Wirklichkeit Gottes gegenüber so gleichgültig, daß er leichtfertig für ein Linsengericht (der Lust) sein Erstgeburtsrecht an Jakob verkaufte. Aber als es ernst wurde und Jakob den Erstgeburtssegen erhielt, entstanden Neid und Haß, die dann zum Motiv des Tötenwollens führten. Jakob mußte fliehen. Hier wie an vielen anderen Stellen der Bibel zeigt sich exemplarisch, daß Neid und Rivalität eine böse Saat säen, die zum Verderben führt. So war es schon bei Kain. Er war neidisch auf Abels Liebe zu Gott und Gottes Liebe zu Abel. Schon vor dem Opfer hatte Abel Gott durch sein Motiv (durch Glauben) im Herzen ein besseres Opfer gebracht als Kain, und deshalb bestätigte Gott seine Gabe; und durch diesen Glauben, durch dieses Motiv redet er heute noch zu allen, die aus falschen Motiven opfern (Hebr. 11,4).

Und so war es auch später zwischen Isaak, dem Sohn der Verheißung, und Ismael. Ismael sollte allen seinen Brüdern zum Trotz leben, und sein Trotz richtete sich gegen Isaak. Als dieser entwöhnt wurde und dazu ein Festmahl gehalten wurde, spottete Ismael über ihn (1. Mose 21,8-19). Und ebenso war es auch mit Joseph.

Schon im 1. Buch Mose, Kap. 3 wird von Feindschaft zwischen den Nachkommen der Schlange (= der natürliche Mensch) und den Nachkommen des Weibes gesprochen (= der wiedergeborene, geistliche Mensch). Das Fleisch streitet wider den Geist und der Geist wider das Fleisch. Das Fleisch streitet immer gegen die Linie der Verheißung. Das schreibt auch Paulus im Brief an die Galater: «Aber wie zu jener Zeit der, der nach dem Fleisch gezeugt war, den verfolgte, der nach dem Geist gezeugt war, so geht es auch jetzt» (4,29). Und auch Jesus gegenüber beriefen sich die Juden darauf, daß sie doch Abrahams Kinder seien und deshalb frei und niemandes Knecht. Sie wandten sich damit gegen den neuen Bund des Geistes, den Jesus bezeugte (Joh. 8,34-36). Auch hier streitet das Alte gegen das Neue. Aber die Schrift spricht: «Stoß die Magd hinaus mit ihrem Sohn; denn der Sohn der Magd soll nicht erben mit dem Sohn der Freien.» So soll auch der gesetzlich-moralische Mensch nicht erben mit dem Jünger Jesu. «So sind wir nun, liebe Brüder, nicht der Magd Kinder, sondern der Freien» (Gal. 4,30.31).

Der Streit zwischen Geist und Fleisch nach innen und außen, in Gestalt von Neid und Rivalität, reicht hinein bis in die Gemeinde und ihre Leitungen. Es ist der Streit zwischen dem alten und dem neuen Menschen, die ja auch in gewissem Sinne «Geschwister» sind unter einem Dach, in einer Wohnung, in einem Leib. «Denn das Fleisch begehrt auf gegen den Geist und der Geist gegen das Fleisch; die sind gegeneinander, so daß ihr nicht tut, was ihr wollt» (Gal. 5,17). Nicht zufällig sind Esau (= Fleisch) und Jakob/Israel (= Verheißung) Zwillinge *einer* Mutter.

Meist führen Neid und Rivalität zu Aggressionen. Dabei spielt man mit verdeckten Karten. Wenn der Mensch Gründe braucht, um seinen Neid und seine Rivalität zu kaschieren, findet er auch welche. So war es auch bei der Geschwisterproblematik auf dem Zug des Volkes Gottes durch die Wüste. Unter der Führungselite des Volkes war Rivalität ausgebrochen. Mirjam und Aaron redeten gegen Mose um seiner Frau, der Kuschiterin (= Äthiopierin) willen. Es war nämlich dem Volke Gottes verboten, fremde Frauen zu nehmen. Trotzdem gab es immer wieder Mischehen. Mirjam und Aaron nahmen die Mischehe ihres Bruders zum Vorwand, ihrem Neid Luft zu machen.

Manchmal führt Neid nicht zu Rivalität und Aggression, sondern zu Identifikation und Anbiederei: Man sonnt sich in der geistlichen Vollmacht des Gottesmannes, ohne selbst zur Vollmacht berufen zu sein. So war es bei einem alten Propheten zu Bethel unter dem König Jerobeam (Nordreich). Als ein Prophet aus Juda auf das Wort des Herrn hin nach Bethel kam, um gegen den Altar zu sprechen, auf dem Götzenopfer geopfert wurden, und ein Zeichen seiner Vollmacht gab (der Altar barst), da reckte der gottlose König seine Hand nach dem Propheten aus, um ihn ergreifen zu lassen. Doch die Hand des Königs verdorrte.

Der alte Prophet von Bethel hörte davon, ließ ein Reittier satteln und erkundigte sich nach dem Weg, den der Prophet gegangen war, holte ihn ein und nötigte ihn, zurückzukommen, um mit ihm zu essen und zu trinken in seinem Haus. Aber der Prophet aus Juda sagte: «Nein», weil der Herr ihm das Bleiben ausdrücklich verboten hatte. Da sprach der alte Prophet zu dem jungen: «Ich bin auch ein Prophet wie du, und ein Engel hat zu mir geredet auf das Wort des Herrn hin: ‹Führe ihn wieder mit dir heim, daß er Brot esse und Wasser trinke.› Er belog ihn aber» (1. Kön. 13,18). Der alte Prophet, der unter einem ungläubigen König gedient hatte, wollte auf diesem Weg wieder in den Lichtbereich des wahren Anbetungsgottesdienstes kommen und suchte durch die Aufnahme des anerkannten Propheten in seinem Haus nach einer öffentlichen geistlichen Bestätigung. Es war der falsche Weg.

So ist es bis heute geblieben: Geistliche Vollmacht wird nicht nur von außen angegriffen, sondern auch aus den eigenen Reihen, von den eigenen Geschwistern. Entweder durch den Hinweis: «Wir haben auch den Heiligen Geist», oder mit der Abwehr der echten Prophetie durch die Verdächtigung: «Das ist ein Geist von unten»; oder die geistliche Vollmacht wird imitiert. Oder man versucht, an der Anerkennung der echten geistlichen Vollmacht durch das Volk teilzuhaben. Wohl den verantwortlichen, geistbegabten Berufenen, die demütig genug sind, sich in der hohen Berufung nicht zu überheben und sich nicht vom Fleisch und von der eigenen Ehre manipulieren lassen, so daß ihre Gaben durch eigene Vermessenheit nicht mißbraucht werden und verlorengehen. Hier wünscht man sich selbst und auch den Gemeindegliedern Verantwortungsbewußtsein, damit sie die von Gott gebrauchten Menschen nicht durch fleischliches Verehren in Versuchung führen. Wohl denen, die nicht rivalisieren, beneiden und fordern. Denn das alles ist menschliches, fleischliches Denken.

Wenn Kinder Gottes in ein fleischliches Denken und Urteilen zurückfallen oder über die gesunde Entwicklungszeit hinaus im fleischlichen, menschlichen Denken steckenbleiben, muß Gott mit einem Gericht eingreifen, damit sie das Ziel ihrer himmlischen Berufung nicht verfehlen und die geistliche Entwicklung weiterschreitet, bis sie die volle Mündigkeit erlangen: «... damit die Heiligen zugerüstet werden zum Werk des Dienstes. Dadurch soll der Leib Christi erbaut werden, bis wir alle hingelangen zur Einheit des Glaubens und der Erkenntnis des Sohnes Gottes, zum vollendeten Mann, zum vollen Maß der Fülle Christi, damit wir nicht mehr unmündig seien und uns von jedem Wind einer Lehre bewegen und umhertreiben lassen durch trügerisches Spiel der Menschen, mit dem sie uns arglistig verführen» (Eph. 3,1-21; 4,12-14). Durch solch fleischliches Verhalten blockieren wir nicht nur unsere eigene Entwicklung, sondern auch die Gemeinde Gottes. Der Neid von Mirjam und Aaron führte dazu, daß Mirjam aussätzig wurde. Mose schrie zum Herrn und bat um Heilung. Doch Mirjam mußte sieben Tage außerhalb des Lagers bleiben, und solange zog das Volk nicht weiter. Auch wich die Wolke von der Stiftshütte. Gott zog sich zurück. Wenn wir murren und sündigen, zieht sich Gott auch irgendwann einmal zurück. Deshalb heißt es: «Den Geist dämpfet nicht» (durch fleischlich-menschliches, neidisch-ängstliches Denken), «den Geist betrübet nicht» (durch Hochmut und Vermessenheit).

Selbstherrliche «Vollmacht»

«Gottes Gabe aber ist das ewige Leben in Christus Jesus, unserm Herrn» (Röm. 6,23). Alle anderen Gaben sind dieser Gabe untergeordnet und sind uns auch nur gegeben für diese Zeit.

Aber im Kontext des Rivalisierens können die Gaben noch einmal vom «alten Menschen» in den Dienst genommen und mißbraucht werden. Denn Gaben selbst sind neutral. Das gilt für die natürlichen Gaben des Intellekts: Man kann damit Atombomben bauen oder auch Viren erforschen. Und das gilt auch für die geistlichen Gaben (Gnadengaben).

Im Gleichnis vom Verlorenen Sohn spricht Jesus diesen zentralen Sachverhalt an: Das Kind Gottes kann sich gegen den Vater auflehnen. Es kann an Gaben fordern, was ihm verheißen ist, und sich damit auf und davon machen. Gabenträger können fern sein von Gott, wenn sie sich, fasziniert von den Gaben, mit «ihren» (gegebenen) Möglichkeiten identifizieren. Das ist immer dann der Fall, wenn die Gaben Gottes unter die Macht der alten Struktur geraten: Haben- und Herrschen-Wollen.

In der seelischen Entwicklung des Vorschulkindes betrifft das «Nein» gegen sich selbst und das spätere «Ja» für sich selbst nicht nur die Möglichkeit der Selbststeuerung in der Abgrenzung nach außen gegen den Fremdwillen, gegen das Rivalisieren um Besitz, Macht und Einfluß; das Nein und das Ja in der weiteren Entwicklung betrifft auch die Abgrenzung nach innen gegen den Druck der eigenen Möglichkeiten und Wünsche. Das Kind erfährt erstmalig, daß zur personalen Liebe Verzicht auf Eigenmacht und Selbstherrlichkeit gehört, das heißt auch Vergebungsbereitschaft und Versöhnungswille. Das Kind spürt existentiell, daß inneres Verzichten etwas zu tun hat mit dem endgültigen Verzicht (als einer im Herzen vollzogenen Entscheidung) auf eine selbst herstellbare, totale Geborgenheit (in der Mutter) im anderen und durch den anderen: Eine Rückkehr ins Paradies, ein Eins-Sein ist menschlich nicht möglich. Die kompensatorische Stärkung der durch diese Einsicht geschwächten Daseinsbefindlichkeit geschieht durch eine Ich-Aufwertung mit allen Konsequenzen von Rivalisieren um Macht und Einfluß mit ihrem Gegenpart, der Angst (Einfluß zu verlieren). Daraus resultiert ein möglicher Mißbrauch von Macht und Gaben. Beobachtet ein heranwachsendes Kind den Mißbrauch von gegebener Vollmacht (Gaben, Macht ohne Liebe), öffnet es sich dem Suchen nach einer überpersönlichen Geborgenheit in der Liebe. Findet es diese Liebe nicht, übernimmt es die Gaben nur von außen als Imitation und Rolle.

Auch in der Verheißung des Neuen Bundes spricht Gottes Wort davon, daß das Gesetz von außen nach innen verlagert wird, daß das Gesetz ins Herz gegeben wird. Ein jeder, der Christus nachfolgt, wird dann selbst gelehrt sein. Gottes Heiliger Geist wird ihn persönlich unterweisen und führen, so daß keiner den andern lehren und ihm sagen muß: «Erkenne den Herrn» (Jer. 31,34). Jesus hat diese persönliche Beziehung des einzelnen Gotteskindes klar formuliert, indem er sagte: «Meine Schafe hören meine Stimme» (Joh. 10,27). Nur so werden wir letztlich vor Mißbrauch von Macht und geistlicher Vollmacht bewahrt.

Die Pharisäer fragten Jesus Christus angesichts der Wunder, die nicht verborgen bleiben konnten: «Aus welcher Vollmacht tust du das, und wer hat dir diese Vollmacht gegeben?» (Matth. 21,23). Zum geistlichen Wachstum und zur Entwicklung von Eigenverantwortung gehört unbedingt Demut vor Gott und Verzicht auf Eigenmächtigkeit. Es sind viele Stimmen in uns, die aus der sichtbaren und unsichtbaren Welt auf uns einwirken. Deshalb gehört zur Nachfolge ganz zentral, daß wir unsere Gedanken und unsere Sinne bewahren lassen in Jesus Christus (Phil. 4,7) und wir unsere Gedanken gefangennehmen unter den Gehorsam Christi (2. Kor. 10,5), damit wir nicht unseren Bildern und Gedanken gehorsam sind, sondern dem lebendigen Gott. Unsere Selbständigkeit beruht nicht auf Konzepten und Ideologien, nicht auf «wasserdichten» Systemen von Nachfolge, nicht auf handfesten Gebrauchsanweisungen für den Glaubenskampf, sondern sie vollzieht sich allein in der Führung und Leitung durch den Heiligen Geist.

Die von Gott verheißenen Erhörungen unserer Gebete sind an zwei Voraussetzungen gebunden: a) an die persönlich empfangene Weisung – das Rhema – für eine bestimmte Situation und b) an den Glauben, an das Vertrauen, daß es nun unbezweifelbar nach diesem Wort geschieht: «Auf dein Wort (Rhema) will ich die Netze auswerfen» (Luk. 5,5).

Petrus und Johannes heilten den Lahmen am Tempel (Apg. 3,12) nicht «durch eigene Kraft oder Frömmigkeit». Sie hatten für die Situation von Jesus Weisung und Vollmacht empfangen. Fromme Selbstvermessenheit ist Hochmut, und dieser kommt vor dem Fall.

Der Nachfolger wird von Satan versucht, die ihm von Gott gegebenen Gaben selbstherrlich zu gebrauchen. Selbst ein Mann wie Mose, von dem die Schrift sagt, daß Gott mit ihm «von Angesicht zu Angesicht» redete (2. Mose 33,11; 4. Mose 12,8), hatte eine Stunde der Versuchung, die er nicht bewältigte. Und Gott verwehrte ihm daraufhin den Weg in das Verheißene Land.

Was sollte das Volk vor dem Land der Verheißung durch seinen Führer lernen? Sie sollten das Neue lernen: Jeder Gläubige des zukünftigen Bundes durfte persönlich Gott nahen (Joh. 4,23.25.26). Bis zu diesem Zeitpunkt führte Gott sein Volk durch Mose. Dieser ging in die Stiftshütte, und dort sprach der Herr mit ihm, wenn die Wolke Gottes Gegenwart anzeigte.

Nun haben sie in der Zeit der Wüste durch den Mittler Mose den Umgang mit Gott gelernt. Sie haben erfahren, daß man sich auf Gott verlassen kann, und sie stehen vor der entscheidenden Bewährungsprobe: Durchzug durch den Jordan, den «Fluß des Todes».

In der Nachfolge Jesu lernen auch wir, daß Gott uns alle unsere Sünden vergeben hat, so daß wir ihn nicht mehr fürchten müssen. Aber da es den Menschen «bestimmt ist, einmal zu sterben, danach aber das Gericht» (Hebr. 9,27), müssen auch wir uns vorbereiten lassen auf eine Begegnung mit dem Tod, der als der letzte Feind sein vermeintliches Eigentum einfordert, wenn wir sterben. So war es auch bei Mose (Jud. 9). Die Wegstrecke, die wir zu gehen haben, beginnt hier und endet im Land der Verheißung. Da keiner für den andern zu sterben vermag, muß auch jeder lernen, wie er allein vor Gott steht und besteht (Jer. 31,34). So ging es eben auch dem alten Bundesvolk. Bisher sahen sie nicht, wie das eigentlich geht, mit dem lebendigen Gott zu reden und vor ihm zu stehen, ohne zu sterben. Nun sollte es ihnen Mose zeigen; er sollte vor ihren Augen mit dem Felsen (= Jesus) reden. Und Mose versagte an dieser Stelle, weil er zornig war auf das Volk. Er hatte die Geduld verloren, brachte seine (Voll-) Macht ins Spiel und verlor das «Spiel» mit der Macht (4. Mose 20,7-13).

Von den Priestern Gottes erwartet der Herr, daß sie das Volk in Selbstlosigkeit und Gehorsam führen. Deshalb sagte er auch zu Paulus, als dieser den Herrn bat, ihm doch den Pfahl im Fleisch zu nehmen: «Laß dir an meiner Gnade genügen.» Der Herr nahm den «Pfahl» nicht weg, damit sich Paulus der hohen Offenbarungen wegen nicht überhebe (2. Kor. 12,7-10).

Vor dem Durchgang durch den Jordan (= Bereitschaft zum Sterben) müssen die «Jünglinge» und «Töchter» willens sein, alle Wesensgemeinschaft mit Satan (= der Sünde) aufzugeben und vor allem die zentralen Merkmale dieses Geistes von unten, nämlich Hochmut, Menschenbindung und Menschenfurcht, zu überwinden.

Erst wenn wir tun, was der Herr uns (persönlich) sagt, wenn wir seiner Stimme gehorchen und nicht einfach tun, was uns möglich ist, sind wir fähig, im Namen des Herrn zu kämpfen.

«Darum, wer diese meine Rede hört und tut sie, der gleicht einem klugen Mann, der sein Haus auf Fels baute» (Matth. 7,22-24). Man kann also in Jesu Namen etwas tun, ohne ihm gehorsam zu sein. So kam der Jünger Johannes eines Tages zu Jesus und sagte: «Meister, wir sahen einen, der trieb böse Geister in deinem Namen aus, und wir verboten's ihm, weil er uns nicht nachfolgt» (Mark. 9,38). Durchtragend ist nur die Beziehung zum Herrn.

Gott gibt Gaben, aber Satan versucht die Kinder Gottes dazu zu verführen, diese selbstherrlich zu gebrauchen. Dies begegnet uns auch in den Versuchungen Jesu. Die erste Versuchung war, sich aus eigener Vollmacht selbst zu helfen (aus den Steinen Brot zu machen). Die zweite war die Demonstration seiner Macht über den Tod. Der Nachfolger in der Wüste kommt an die Grenzen seiner natürlichen Bedürfnisse und muß lernen, sich auf Gott zu verlassen: «Darum sollt ihr nicht sorgen und sagen: Was werden wir essen? Was werden wir trinken? Womit werden wir uns kleiden? Nach dem allen trachten die Heiden. Denn euer himmlischer Vater weiß, daß ihr all dessen bedürft» (Matth. 6,31.32). So muß auch gelernt werden, daß der durch Gnadengaben begabte Nachfolger keine selbstherrliche Verfügung über die Gaben hat, sondern angewiesen ist auf die Weisungen Gottes. Er muß nicht nur seine natürlichen, sondern auch seine geistlichen Möglichkeiten Jesus Christus total überlassen, das heißt: in den Tod geben, Gott zurückgeben.

Wen Gott vorbereiten will auf das Land der Verheißung, der muß den letzten Feind überwinden: die Angst vor der eigenen Ohnmacht im Tod. Er muß gelernt haben, sich selbst zu verleugnen, damit er in der Tat und in der Wahrheit eintreten kann in das Neue: in der Welt zu sein, ohne von der Welt zu sein. Das ist das Neue und Bleibende.

Wer noch Angst hat, sich und seine Möglichkeiten zu verlieren, der wird noch bestimmt von der Angst dieser Welt. Er braucht viel Licht von Gott, um zu erkennen, was Eigenmacht ist, und sei sie noch so fromm getarnt. Denn das Sich-Verlassen auf Eigenmacht ist Mißtrauen gegenüber Gott und bindet den Nachfolger an Vergänglichkeit.

Die Versuchung zur Macht ist die weitgehendste Versuchung, stärker als die Versuchung zum Genuß. Wer durch Erfahrung gelernt hat, Gott hinsichtlich seiner existenziellen Bedürfnisse zu vertrauen, wird versucht, die Gnadengaben dem eigenen Ego zu unterstellen, das heißt, sie ohne Liebe in

Eigenmacht zu gebrauchen. Paulus sagt, wozu dieser Mißbrauch führt.

Der Mißbrauch der Zungenrede führt zu Prahlerei (= klingende Schelle); der Mißbrauch der Weissagung zu Rechthaberei; der Mißbrauch der Erkenntnis zu Fanatismus; der Mißbrauch der Gabe des Glaubens zu Stolz; der Mißbrauch des Opfers zu Verbitterung (Kain) und zu einer Anspruchshaltung (Martha).

Wer Jesus nachfolgen will, der muß sich selbst verleugnen, sein eigenes Ich vom Thron stoßen. Doch dazu muß er im Vertrauen auf Gott die Angst vor dem Tod überwinden. Diese Angst ist kreatürlich. Konrad Lorenz sagte in einem Symposium über die Angst zu Habermas (H. v. Ditfurth [Hrsg.], «Aspekte der Angst», Stuttgart 1965, S. 67): «Ich fürchte mich sehr vor dem Tod. Ich tröste mich immer damit, daß diese irrsinnige Angst vor dem Tod angezüchtet worden ist ...» Alle Erkenntnisse (eines Nobelpreisträgers) nützen nichts, wenn wir Die Liebe (= Christus) nicht in uns/für uns haben (1. Kor. 13,2). Nur die vollkommene Liebe treibt die (irrsinnige) Angst aus (1. Joh. 4,18). Der im Kampf Bewährte überwindet die natürlichen Ängste und wird getröstet von der Hoffnung und vom Ziel her (1. Thess. 4,18).

Sechster Teil

Der Jüngling

Kapitel 13

Reifeprüfung vor dem Jordan

Nach Aussagen des Apostels ist der Jüngling gekennzeichnet durch die «Überwindung des Bösen» (1. Joh. 2,13). Und das bedeutet: Überwindung des Teufels und des Todes, denn der Tod ist nur ein Agent des Teufels (Hebr. 2,14).

Zum Jüngling und damit zum Jünger/zur Jüngerin wird man durch die Macht über den Tod. Und deshalb heißt es, wer sich nicht selbst verleugnet, sich selbst in den Tod gibt, der kann nicht sein Jünger sein; und wer nicht sein Kreuz (= Bereitschaft zum Sterben) auf sich nimmt, der folgt Jesus nicht auf dem ganzen Weg nach (Matth. 16,24-26). Paulus konnte von sich sagen: «Wir tragen allezeit das Sterben Jesu an unserm Leibe, damit auch das Leben Jesu an unserm Leibe offenbar werde» (2. Kor. 4,10). Oder: «... Ich sterbe täglich» (1. Kor. 15,31).

Der Herr selbst begann die Mission der Erlösung mit der Bereitschaft zu sterben. Er verließ den Himmel und wurde Mensch, ging ein in unsere Niedrigkeit. Er verzichtete freiwillig auf die Herrlichkeit, war für eine Zeit niedriger als die Engel (Hebr. 2,7). Er achtete es nicht für einen Raub, Gott gleich zu sein, sondern entäußerte sich selbst, nahm Knechtsgestalt an, ward der Gestalt und der Gebärde nach wie ein Mensch erfunden (Phil. 2,5-7).

Jesus ließ sich von Johannes dem Täufer taufen, auf daß alle Gerechtigkeit erfüllt würde. Er empfing den Heiligen Geist und das Zeugnis: «Du bist mein lieber Sohn, an dir habe ich Wohlgefallen» (Mark. 1,11). An ihm erfüllte sich das Wort des Propheten von der Taufe mit dem Heiligen Geist und mit Feuer. Wir können Geist- und Feuertaufe nicht auseinanderreißen oder nur erstere beachten. Nach der Taufe mit dem Heiligen Geist und dem Zeugnis der Sohnschaft mußte er die

Taufe mit dem Feuer des Gehorsams, der Bereitschaft des Leidens, des Kreuztragens an sich geschehen lassen: Der Geist führte ihn in die Wüste. Dort wurde er hinsichtlich seiner Bereitschaft, auf Autonomie und Selbstherrlichkeit ganz zu verzichten, geprüft (= Feuertaufe!). Die Lehre von der Geistestaufe wird viel zu eng mit dem Pfingstgeschehen in Verbindung gesehen, insbesondere mit der Gabe der Zungenrede. An diesem Punkt entsteht dann auch immer wieder die Schwierigkeit und der Streit, unterscheiden zu müssen zwischen Geistempfang und Geistestaufe. Das Alte Testament kennt aber nur die Ausgießung des Heiligen Geistes (Joel 3,1) mit den Zeichen der Prophetie (durch Weissagungen und durch Träume). Im Neuen Testament sagt Jesus nach seiner Auferstehung, daß seine Nachfolger mit Heiligem Geist getauft und Kraft empfangen würden, um Zeugen zu sein in ganz Judäa, Samaria und bis an das Ende der Erde (Apg. 1,5-8).

Die Geistestaufe besteht also aus zwei Wirkungen: a) dem Empfang des Heiligen Geistes mit den begleitenden Zeichen, vor allem mit dem Bewußtsein (dem Zeugnis) der Kindschaft (Röm. 8,16); b) der besonderen Zurüstung durch geistliche Kraft und Vollmacht, um aus dieser Kraft heraus Glauben zu leben, der im Feuer bewährt ist (Offb. 3,18).

Diese Zweiteilung entspricht genau der Prophetie von Johannes dem Täufer: «Der ... nach mir kommt, ist stärker als ich ... der wird euch mit dem Heiligen Geist und mit Feuer taufen» (Matth. 3,11). Es ist insbesondere in charismatischen Kreisen üblich geworden, in der Lehre vom Heiligen Geist die Feuertaufe zu vergessen oder zumindest zu vernachlässigen. Und wo das geschieht, führt das Empfangen von Gaben, Kräften und Zeichen leicht zu frommem Stolz. Wir bleiben bei uns selbst und werden schließlich geistlich unwirksam. Denn die Kraft, die wir empfangen – wie sie Jesus auch empfangen hat, um in der Wüste dieser Welt bestehen zu können –, ist primär die Kraft, unser Leben zu lassen für die Brüder; und das ist mehr, als Wunder zu tun. Wunder und Zeichen tut auch der Antichrist. Aber sein Leben lassen aus Liebe, das kann er nicht.

Jesus aber hat uns gesetzt, Frucht zu bringen. Und das heißt zu sterben (Joh. 15,16).

Jesus sagt von sich selbst, daß er Macht habe, sein Leben zu lassen und es wiederzunehmen (Joh. 10,17.18). Er ist freiwillig ans Kreuz gegangen und hat so ein geistliches Opfer gebracht. Und der Apostel schreibt, daß jeder so gesinnt sein soll, wie Christus auch war. Deshalb sagt Jesus, daß ein jeglicher mit Feuer gesalzen (getauft) werden soll, weil jedes Opfer mit Salz gesalzen wird (Mark. 9,49). Und Paulus schreibt, daß wir unsere Leiber hingeben sollen als ein lebendiges Opfer. Das sei unser Gottesdienst, und das sei auch die Voraussetzung zu prüfen, welches der Wille Gottes für unser Leben sei (Röm. 12,1.2). Wir sollen also mit Heiligem Geist getauft werden, das Zeugnis der Sohnschaft und die Kraft aus der Höhe empfangen, damit wir im Feuer der Leiden nicht murren, sondern unsere Autonomie verbrennen lassen und mit unserem Herrn beten können: «Nicht wie ich will, sondern wie du willst» (Matth. 26,39). Jesus Christus predigte das Evangelium vom Reich (Matth. 4,23). Er predigte eben nicht nur, wie wir es allgemeinhin tun, das Evangelium als Erlösung, sondern das Evangelium vom Reich. Das heißt: Wir sind nicht erlöst, um erlöst zu sein, sondern damit Gottes Reich gebaut werde, damit Gott durch uns und mit uns seine Herrschaft aufrichten kann mitten in der Wüste und Dunkelheit dieser Zeit. Und an der Versuchungsgeschichte (Matth. 4) können wir klar erkennen, daß der Kern unseres Ungehorsams unsere Eigenwilligkeit ist: die mangelnde Identifikation mit dem Leiden und Sterben Jesu, wie es der Apostel Paulus erstrebte (Phil. 3,10).

Die fromme Egozentrik und Selbstherrlichkeit ist viel feiner gestrickt als die weltliche Selbstherrlichkeit, aber sie ist aus derselben Substanz. Aus der frommen Eigenmacht folgt die Haltung von Erwartungen und Forderungen. Da werden persönliche Erfahrungen, Gnadengaben des Glaubens und der Wunder so behandelt, als wären sie die Folgen bestimmter Bedingungen, die es einzuhalten gelte, um zu erhalten, was Gott verheißen hat. Aber im Handumdrehen werden daraus

Regeln, die uns scheinbar in die Lage versetzen, Gottes Kraft anzuwenden und ihn heimlich zu unserem Knecht zu machen.

Natürlich stehen vor den Verheißungen Bedingungen. Aber die Bedingungen garantieren nicht die Verheißungen. Wir haben keinen Anspruch auf Erfüllung der Verheißung, wenn wir die Bedingungen erfüllt haben. Denn wenn wir alles getan haben, so sind wir immer noch «unnütze Knechte» (Luk. 17,10). Mit diesem frommen Regeldenken von Bedingung und Folge, Ursache und Wirkung, streiten wir uns dann um sogenannte «Gesetze des erhörlichen Betens» und werden heimlich hochmütig, richten solche, die gebetet haben und keine Erhörung erleben konnten, und bezichtigen sie des Unglaubens.

Vergessen wir nie, was der Herr den Israeliten vor der Einnahme des Landes sagte: «Denn du kommst nicht herein, ihr Land einzunehmen, um deiner Gerechtigkeit und deines aufrichtigen Herzens willen, sondern der Herr, dein Gott, vertreibt diese Völker um ihres gottlosen Treibens willen, damit er das Wort halte, das er geschworen hat deinen Vätern Abraham, Isaak und Jakob. So wisse nun, daß der Herr, dein Gott, dir nicht um deiner Gerechtigkeit willen dies gute Land zum Besitz gibt, da du doch ein halsstarriges Volk bist» (5. Mose 9,5-6). Und wenn wir noch so aufrichtig beten, und wenn wir uns noch so auf die Gerechtigkeit Jesu berufen, können wir daraus keine Ansprüche an Gott ableiten. Wir können uns nichts nehmen. Und wenn wir alle Bedingungen des Glaubens und des Gehorsams erfüllen, können wir uns doch nichts nehmen, es sei uns denn gegeben vom Vater im Himmel (Joh. 3,27). Gott sei Dank für diese Souveränität; Gott sei Dank, daß es im Leben der Nachfolge Jesu Leiden gibt. Wir werden Gott noch ewig danken für die Leiden, die uns geholfen haben, unsere fromme Ichhaftigkeit zu überwinden. Ohne Leiden scheint das wohl nicht möglich zu sein (Ps. 30,11.12).

Nur in dem Maße, wie wir unsere Ichhaftigkeit überwinden, können wir stark werden an unserem inwendigen Menschen, um im Kampf gegen die Mächte der Finsternis bestehen zu können. Für diesen Kampf brauchen wir mehr als eine momentane Begeisterung. Wir wissen doch, daß Petrus dem Herrn sagte, er wolle mit ihm sterben. Aber als es hart auf hart ging, verleugnete er ihn.

Gott gab auch seinem alten Bundesvolk immer wieder Gelegenheit zu prüfen, ob sie sich von Angst, Begeisterung oder von der Liebe zum Vater bestimmen und von seinem Willen leiten ließen; ob sie wirklich Gottes Reich bauen wollten; ob sie bereit wären, das Land einzunehmen, das ihnen der Herr gegeben hat.

Wenn der geistliche Kampf in eine entscheidende Phase tritt, sind wir gefragt, ob wir bereit sind, die kindliche Egozentrik und die jugendliche Begeisterung zu überwinden und uns selbst, unser Ich geistlich in den Tod zu geben – oder ob wir unsere Egozentrik beibehalten wollen, um dann mit zunehmendem Alter kindisch zu werden.

Es geht um die Überwindung des letzten Feindes, die Überwindung von Angst, Tod und frommem Hochmut. Und deshalb erhielt Mose den Befehl, Kundschafter in das Land der Verheißung zu senden.

Es ist sicherlich kein Zufall, daß vor diesem Auftrag an Mose ein Streit stand zwischen Aaron und Mirjam hier und Mose dort: «Redet denn der Herr allein durch Mose? Redet er nicht auch durch uns?» sprachen Mirjam und Aaron und wandten sich gegen Mose. Aber Mose ließ sich von diesem Streit nicht beeinflussen. Er verteidigte sich nicht, rechtfertigte sich nicht, sondern ging damit zum Herrn. Und der Herr kam hernieder, rief Mose, Aaron und Mirjam in die Stiftshütte und sagte zu Aaron und Mirjam, daß er mit seinem Knecht Mose von Mund zu Mund rede, nicht durch dunkle Worte oder Gleichnisse, und daß Mose den Herrn in seiner Gestalt sehe. «‹Warum habt ihr euch denn nicht gefürchtet, gegen meinen Knecht Mose zu reden?› Und der Zorn des Herrn entbrannte gegen sie, und er wandte sich weg; auch wich die Wolke von der Stiftshütte. Und siehe, da war Mirjam aussätzig wie Schnee» (4. Mose 12,1-15). Wir lernen daraus: Gott rechtfertigt uns, wir müssen uns nicht selbst verteidigen.

Als junger Assistent an der Pädagogischen Hochschule, heute Universität Oldenburg, bekam ich den dienstlichen Auftrag, als Psychologe Gutachten anzufertigen über sogenannte Quereinsteiger, die durch Sonderreifeprüfungen die Studierfähigkeit zuerkannt bekamen. Es bestand für die endgültige Entscheidung über Aufnahme oder Nichtaufnahme ein Ausschuß. Ich hatte im Ausschuß meine Gutachten zu den einzelnen Bewerbern vorzulesen und meine Empfehlung gemäß meines Gutachtens zusammenfassend abzugeben. Bei einem jungen Mann hatte ich aufgrund von Gespräch und Testergebnissen negativ, also ablehnend entschieden. Nach dieser meiner Feststellung wurde ich von einer Theologieprofessorin stark angegriffen (vielleicht war sie mit diesem jungen Mann bekannt oder verwandt): Wie ich mir als junger Dachs das Recht nähme, einem Menschen seine berufliche Karriere zu verbauen?! Ich war nicht schlagfertig genug, war noch zu jung in dieser Position, um gleich zu kontern. Es hat mich sehr getroffen, denn ich hatte schließlich nur meine Pflicht getan. Ich ging nach Hause und legte das im Gebet meinem Herrn vor. Mit dem Hinweis auf sein Versprechen in 5. Mose 32,35: «Die Rache ist mein; ich will vergelten» (Matth. 6,4), bat ich meinen Herrn um Hilfe.

Nur wenige Wochen später ereignete sich folgendes: Ich war ohne mein Zutun der theologischen Prüfungskommission für das Staatsexamen zugeordnet. (Die Assistenten wurden willkürlich auf die einzelnen Kommissionen verteilt.) Jetzt saß ich mit der Theologieprofessorin in einem Raum und konnte beobachten, wie sie prüfte. Ich hatte als Assistent auch das Recht, Fragen zu stellen. Bei einer Kandidatin prüfte die Professorin das Gleichnis von den törichten und den klugen Jungfrauen. Als die Kandidatin ausgeredet hatte, stellte ich die Frage (mit Genehmigung der Theologin): «Was bedeutet denn das Öl im Gefäß?» Da die Kandidatin keine Antwort wußte, fragte ich sie, mit einer Geste auf die Professorin hinweisend: «Haben Sie denn das bei Professorin X nicht gelernt?» Darauf die Kandidatin: «Nein, das haben wir so nicht gelernt.» Da wandte ich mich an die Professorin und fragte sie: «Wissen Sie denn nicht, was das Öl im Gefäß bedeutet?» Sie wurde puderrot und verlegen und wußte nichts zu antworten. Dann habe ich es ihr (in Liebe?) gesagt. Sie hat nie mehr versucht, mich irgendwie anzumachen, sondern hat mich gefragt, ob ich denn auch Theologie studiert hätte. Ich fand das ganz lieb von meinem Vater im Himmel!...

Wenn es darum geht, das Land zu erkunden, das der Herr uns geboten hat einzunehmen, sind wir gefragt nach unserer letzten Angst, nach der Angst um uns selbst. Ein Symptom dieser Angst ist aber die Furcht, Existenz, Gesicht, Ansehen und Identität zu verlieren.

Gott macht uns hier klar, daß es in geistlichen Dingen nicht um ein Habenwollen gehen kann, ja daß Habenwollen und geistliche Vollmacht sich gegenseitig ausschließen. Nur ein Mensch Gottes, der die Inkompetenz des menschlichen Denkens in geistlichen Dingen erfaßt, Neid und Rivalisieren hinter sich gelassen hat, ist innerlich beauftragt und bevollmächtigt, das Land der Verheißung zu erkunden, erkunden zu lassen, d. h. zu prüfen, ob die inneren Voraussetzungen stimmen, um das Land einnehmen zu können (4. Mose 13,1-2.22). Mose sendet die im Glauben reifen Männer: die Ältesten; Menschen, welche sich in der Wüste im Gottvertrauen bewährt hatten.

Als sie nach vierzig Tagen zurückkamen, waren sie begeistert von dem Land. Es war ein Land, in dem wirklich Milch und Honig floß.

Dann kam jedoch das große Aber:

Nicht alle waren begeistert. Und alle Männer, die mitgezogen waren (bis auf Josua und Kaleb) sprachen: «Wir vermögen nicht hinaufzuziehen gegen dies Volk, denn sie sind uns zu stark ... Das Land ... frißt seine Bewohner ... und wir waren in unseren Augen wie Heuschrecken» (4. Mose 13,31-33). Daraufhin waren alle Kinder Israels gegen Mose und Aaron und sprachen: «Ach daß wir in Ägyptenland gestorben wären oder noch in dieser Wüste stürben! Warum führt uns der Herr in dies Land, damit wir durchs Schwert fallen und unsere Frauen und unsere Kinder ein Raub werden? Ist's nicht besser, wir ziehen wieder nach Ägypten?» (4. Mose 14,1-3). Wir sehen hier, welch eine große innere Verantwortung Menschen Gottes haben, die anderen vorangehen sollen. Begeisterung für Jesus reicht da nicht aus. Bereitschaft, auch gegenüber dem «letzten Feind» zu bestehen, ist gefragt. «Mose aber und Aaron fielen auf ihr Angesicht vor der ganzen Versammlung der Gemeinde der Israeliten. Und Josua ... und Kaleb ..., die auch das Land erkundet hatten, zerrissen ihre Kleider und sprachen zu der ganzen Gemeinde der Israeliten: ... ‹Wenn der Herr uns gnädig ist, so wird er uns in dies Land bringen und es uns geben ... Fallt nur nicht ab vom Herrn und fürchtet euch vor dem Volk dieses Landes nicht, denn ... es ist ihr Schutz von ihnen gewichen, der Herr aber ist mit uns. Fürchtet euch nicht vor ihnen!› Aber das ganze Volk sprach, man sollte sie steinigen» (4. Mose 14,6-10). In Josua und Kaleb war eben ein anderer Geist (4. Mose 14,24).

Da entbrannte der Zorn des Herrn: «Wie lange lästert mich dies Volk? Und wie lange wollen sie nicht an mich glauben trotz all der Zeichen, die ich unter ihnen getan habe?» (14,11).

Da tritt Mose für das Volk ein und beruft sich darauf, daß Gott gesagt habe, er sei geduldig, gnädig, von großer Barmherzigkeit; ein Gott, der die Missetat und Übertretung vergibt, auch wenn er die Folgen der Sünde nicht wegnimmt. Und Gott erhörte Mose und vergab dem Volk. Aber er ließ sie zu ihrer Besserung nicht ungestraft: «Von denen soll keiner das Land sehen, das ich ihren Vätern zu geben geschworen habe; auch keiner soll es sehen, der mich gelästert hat ... Eure Leiber sollen in dieser Wüste verfallen. Alle, die ihr gezählt seid von zwanzig Jahren an und darüber, die ihr gegen mich gemurrt habt ... außer Kaleb ... und Josua ...» (14,23.29.30). Für vierzig Jahre mußten sie nun zurück in die Wüste.

Wir sehen, daß Alter nicht vor Torheit schützt und auch das Vertrauen nicht unbedingt mehrt. Wir können an der angegebenen Zahl von vierzig Jahren auch erkennen, daß die geistliche Verantwortung, die Bewährung des Glaubens, das Leben des Überwindens und des Kampfes an eine bestimmte innere

Reife gebunden ist. Nach vierzig Jahren in der Nachfolge sollten die Kinder Gottes ihre Egozentrik und damit ihre Lebensangst überwunden haben, um im vollen Vertrauen auf den Vater im Himmel das Land einzunehmen, das er ihnen verheißen hatte. Das wäre das Ende ihrer Kindheit und damit der Beginn des Jünglingsstadiums und die Vorbereitung auf die Meisterprüfung gewesen.

Angesichts dieser Gerichtsworte Gottes scheiden sich die Geister. Da gibt es die Gruppe derer, die meinen, sie könnten eben schnell Buße tun und doch noch das Ziel erreichen: «Hier sind wir und wollen hinaufziehen in das Land, von dem der Herr geredet hat» (4. Mose 14,40). Sie nehmen Gottes Gericht und damit seine Erziehung nicht an. Und Mose warnt sie, daß es ihnen nicht gelingen würde.

«Aber sie waren so vermessen und zogen hinauf auf die Höhe des Gebirges ... Da kamen die Amalekiter und Kanaaniter ... herab und schlugen sie» (4. Mose 14,44.45). Die anderen nehmen diese Züchtigung des Herrn an. Sie haben Geduld und gehen wieder mit zurück in die Wüste. Sie bleiben unter dem (Gerichts-)Wort Gottes. Alle hatten sie keine Kraft gegen Amalek (Linie Esaus, Linie des Fleisches), weil sie noch in fleischlicher Weise kämpften (2. Kor. 10,3.4). Aber jene, die geistlich kämpfen, stellen sich der Bewährung. «Ich habe euch, ihr jungen Männer, geschrieben, weil ihr stark seid und das Wort Gottes (= Jesus; Offb. 19,13) in euch bleibt» (1. Joh. 2,14, Elberf.Ü.).

Ein gutes Lehrstück der Entwicklung vom Kind zum Jüngling ist die Geschichte Jakobs am Jabbok. Die Vorgeschichte ist wohl den meisten bekannt. Jakob war der Zwillingsbruder von Esau, wobei Esau zuerst geboren wurde und Jakob seine Ferse hielt. Beide waren Kinder Isaaks und Rebekkas. Jakob, der Zweitgeborene, sollte – entgegen der Regel – den Segen ererben. Gott hatte ihn erwählt, weil er schon vor der Geburt um sein Wesen wußte. Jakob aber konnte nicht auf die Verheißungen Gottes warten, sondern erlistete sich das Erstgeburtsrecht seines Bruders: Esau kam von der Jagd hungrig nach Hause.

Jakob hatte ein Linsengericht gekocht, und Esau verlangte, von diesem Linsengericht zu essen.

Jakob war bereit, ihm von dem Linsengericht zu geben, unter der Bedingung, daß er ihm sein Erstgeburtsrecht abtrete. Interessant ist die Leichtfertigkeit und die Begründung, mit der Esau sein Erstgeburtsrecht verkaufte: «Ich muß doch sterben; was soll mir da die Erstgeburt? ... So verachtete Esau seine Erstgeburt» (1. Mose 25,29-34).

Und obwohl Isaak die Verheißungen Gottes: «Der Ältere wird dem Jüngeren dienen» (1. Mose 25,23) kannte, wollte er doch Esau den Erstgeburtssegen geben. So wehrt sich die alte Natur bis zuletzt gegen eine Herrschaft des neuen Menschen; das Fleisch streitet bis zuletzt gegen den Geist. Und Rebekka verläßt sich auch nicht auf Gott, sondern erdenkt eine List, um Jakob auf jeden Fall den Erstgeburtssegen zuzuschanzen. So erhielt Jakob durch die Lüge, er sei Esau, den Segen von seinem Vater. Zum Entsetzen Isaaks kommt Esau später und will seinen Erstgeburtssegen vom Vater. Da wurde dem blinden Isaak klar, was er getan hatte und was er nach göttlicher Vorsehung tun mußte. Er sagte zu Esau: Ich habe deinen Bruder gesegnet, und «er wird auch gesegnet bleiben» (1. Mose 27,33). Nun merkt Esau, was es heißt, den Segen Gottes gering zu achten: «Meine Erstgeburt hat er genommen, und siehe, nun nimmt er auch meinen Segen.» Und er sprach zu Isaak: «Hast du mir denn keinen Segen vorbehalten?» Und Isaak antwortete und sprach zu Esau: «Ich habe ihn zum Herrn über dich gesetzt, und alle seine Brüder habe ich ihm zu Knechten gemacht. Mit Korn und Wein hab ich ihn versehen; was soll ich nun dir noch tun, mein Sohn?» Und Esau erhob seine Stimme und weinte. Es gibt ein Zuspät, wenn der Mensch die Güte Gottes gering achtet! Esau erhielt aber auch einen «Segen» vom Vater: «Siehe, du wirst wohnen ohne Fettigkeit der Erde und ohne Tau des Himmels von oben her. Von deinem Schwerte wirst du dich nähren, und deinem Bruder sollst du dienen» (1. Mose 27,36-40). Hier begegnen wir einer Reue der alten Natur (der Traurigkeit der Welt), die zum Tode führt und nicht zur Hinwendung zu Gott. Aber es entsteht nicht nur Traurigkeit, sondern auch Aggression: «Es wird die Zeit bald kommen, daß man um meinen Vater Leid tragen muß; dann will ich meinen Bruder Jakob umbringen» (1. Mose 27,41).

Als nun Jakob gesegnet war, riet ihm seine Mutter zur Flucht vor Esau. Auf seiner Flucht hatte Jakob einen Traum von einer Himmelsleiter. Er sah, wie die Engel Gottes hinauf- und herunterstiegen. «Und der Herr stand oben und sprach: ‹Ich bin der Herr, der Gott deines Vaters Abraham, und Isaaks Gott; das Land, darauf du liegst, will ich dir und deinen Nachkommen geben. Und dein Geschlecht soll werden wie der Staub auf Erden ... Und siehe, ich bin mit dir und will dich behüten, wo du hinziehst, und will dich wieder herbringen in dies Land. Denn ich will dich nicht verlassen, bis ich alles tue, was ich dir zugesagt habe.› Als nun Jakob von seinem Schlaf aufwachte, sprach er: ‹Fürwahr, der Herr ist an dieser Stätte, und ich wußte es nicht!› Und Jakob ... nahm den Stein, den er zu seinen Häupten gelegt hatte, und richtete ihn auf zu einem Steinmal und goß Öl oben darauf und nannte die Stätte Bethel (= Haus Gottes) ... Und Jakob tat ein Gelübde und sprach: ‹Wird Gott mit mir sein und mich behüten auf dem Wege, den ich reise, und mir Brot zu essen geben und Kleider anzuziehen und mich mit Frieden wieder heim zu meinem Vater bringen, so soll der Herr mein Gott sein. Und dieser Stein, den ich aufgerichtet habe zu einem Steinmal, soll ein Gotteshaus werden; und von allem, was du mir gibst, will ich dir den Zehnten geben›» (1. Mose 28,10-22).

Das ist kein Kuhhandel mit Gott, sondern die tiefe Ergriffenheit eines Gottesknechtes, der angesichts seiner mißlichen Lage auf der Flucht vor Esau Gott alles zutraut; auch das, daß er ihn wieder nach Hause bringt. Und angesichts dieser heimführenden Kraft und Macht Gottes kann er gar nicht anders, als zu sagen: «Dann sollst du mein Gott sein.» Hier nimmt Jakob die Treue Gottes im Glauben an, die er aus den Vätergeschichten kannte, und hier erlebt er vorweg, was später ein ganzes Volk in der Wüste zu lernen hatte: «Deine Kleider sind nicht zerrissen an dir, und deine Füße sind nicht geschwollen diese vierzig Jahre.

So erkennst du ja in deinem Herzen, daß der Herr, dein Gott, dich erzogen hat, wie ein Mann seinen Sohn erzieht» (5. Mose 8,4.5). Jakob wurde zum Kind Gottes und vertraute sich seinem Vater im Himmel an.

Und so, wie das Volk am Ende seines Wüstenweges vor dem Todesfluß (dem Jordan) steht, so begegnet auch Jakob auf dem Weg zurück in die (ewige) Heimat dieser Bedrohung durch den Tod in Gestalt seines Bruders, der die Schmach seiner Jugend nicht vergessen konnte. Erst hier wird Jakob zum Jüngling; bereit, mit dem Fleisch und dem Verderben des Fleisches, dem Tod, zu kämpfen.

Wir wissen, daß Jakob bei Laban sieben Jahre für Lea und dann noch einmal sieben Jahre für Rahel dienen mußte. Jakob kam zu Kindern und Reichtum. Er wurde so reich, daß dadurch seine Beziehung zu Laban belastet wurde. Da sprach der Herr zu Jakob: «Zieh wieder in deiner Väter Land und zu deiner Verwandtschaft; ich will mit dir sein» (1. Mose 31,3).

Und als Jakob sich heimlich mit seinem ganzen Besitz, seinen Herden und seinen Frauen und Kindern wegstahl, versuchte Laban, ihn wieder einzufangen. Aber Gott hatte Laban im Traum gewarnt und zur Freundlichkeit angehalten. Deshalb sagte er zu Jakob, als er ihn traf: «Ich hätte wohl so viel Macht, daß ich euch Böses antun könnte; aber eures Vaters Gott hat diese Nacht zu mir gesagt: ‹Hüte dich, mit Jakob anders zu reden als freundlich›» (1. Mose 31,29). Jakob bekennt: «Wenn nicht der Gott meines Vaters, der Gott Abrahams und der Schrecken Isaaks, auf meiner Seite gewesen wäre, du hättest mich leer ziehen lassen. Aber Gott hat mein Elend und meine Mühe angesehen und hat diese Nacht rechtes Urteil gesprochen» (1. Mose 31,41.42). Der von Gott gesegnete, aber listige Jüngling, der als Muttersöhnchen ausgezogen war, war inzwischen ein erwachsener Mann geworden. Doch seinen Charakter vermochte er nicht zu ändern. Er hatte die Begabung und die Gaben Gottes voll für sich in Anspruch genommen, aber er war von seinem Ich noch nicht gelöst und hatte deshalb die Angst nicht überwinden können.

Wer von sich selbst gelöst ganz in Jesus lebt, hat keine Angst vor dem Tod. Sicher schrecken wir zurück vor dem leiblichen Sterben, aber Angst vor dieser furchtbaren Macht müssen wir nicht mehr haben. Der Tod, der letzte Feind, ist besiegt (Hebr. 2,14.15). Dieser ewige Trost wird immer stärker sein als alle Mächte der Angst: Jesus hat in Gethsemane über den Tod und auf Golgatha über Satan gesiegt. So kann es sein, daß wir in der Welt vorübergehend Angst haben, aber sein Trost holt uns ein (Joh. 16,33).

Als Jakob auf dem Weg war zurück in sein Vaterhaus, bekam er Nachricht, daß sein Bruder Esau ihm mit vierhundert Mann entgegenzog. Da fürchtete er sich sehr. Und er teilte das Volk, das bei ihm war, und seine Schafe, Rinder und Kamele in zwei Lager und sprach: «Wenn Esau über das eine Lager kommt und macht es nieder, so wird das andere entrinnen.» Und er betete zu dem Gott seiner Väter: «Herr, ich bin zu gering aller Barmherzigkeit und aller Treue, die du an deinem Knecht getan hast; denn ich hatte nicht mehr als diesen Stab, als ich hier über den Jordan ging, und nun sind aus mir zwei Lager geworden. Errette mich von der Hand meines Bruders, von der Hand Esaus; denn ich fürchte mich vor ihm, daß er komme und schlage mich, die Mütter samt den Kindern. Du hast gesagt: ‹Ich will dir wohltun und deine Nachkommen machen wie den Sand am Meer, den man der Menge wegen nicht zählen kann.› Und er blieb die Nacht da und nahm von dem, was er erworben hatte, ein Geschenk für seinen Bruder Esau ... und tat sie unter die Hand seiner Knechte, je eine Herde besonders, und sprach zu ihnen: ‹Geht vor mir her und laßt Raum zwischen einer Herde und der anderen›» (1. Mose 31). Er führte in der Nacht seine beiden Frauen und die beiden Mägde und seine elf Söhne über die Furt am Jabbok und blieb allein zurück. Da rang ein Mann mit ihm, bis die Morgenröte anbrach. Als dieser Bote Gottes sah, daß er Jakob nicht zu überwinden vermochte, schlug er ihn auf das Gelenk seiner Hüfte, und das Gelenk wurde über diesem Ringen verrenkt, so daß er hinkte. Da Jakob bisher alles in eigener Regie getan hatte, als er mit List die Schwächen seines Bruders Esau für sich ausnutzte (Erstgeburtsrecht), als er Gottes Verheißung und Segen durch Lüge nachzuhelfen versuchte und als er im Begriff war, seine eigene Haut auf Kosten seiner Knechte zu retten, griff Gott ein und brachte ihn zur Besinnung. Er führte ihn an eine (seine) Grenze. Und diese Krise heilte und löste Jakob von sich selbst. Angesichts der Bedrohung durch den Tod hört alles menschliche Taktieren auf.

Gott durchkreuzte Jakobs Überlegungen und legte ihn gleichsam lahm, so daß er in der eigenen Kraft keine Chance mehr sah, sich im letzten Moment noch vor Esau zu retten.

Gott muß unser Fleisch und unsere eigenen Möglichkeiten manchmal so reduzieren, daß sich vor ihm kein Fleisch rühmen kann und daß die Wunder, die dann geschehen, wirklich erkannt werden als Eingriffe Gottes in unser Leben. So war es auch bei Jakob. Nach diesem Schlag auf die Hüfte sprach der Engel: «Laß mich gehen, denn die Morgenröte bricht an.» Aber Jakob antwortete: «Ich lasse dich nicht, du segnest mich denn» (1. Mose 32,27). Hier wird Jakob zum Jüngling, der sein Leben nicht bis ans Ende liebt. Er ist bereit, alles auf Gott zu setzen.

Angesichts des drohenden Verlustes aller seiner Güter, ja seines eigenen Lebens, begreift Jakob schlagartig, daß alles an der Gnade und am Segen Gottes liegt. Hier ist der Mensch, der Gottes Verheißung in Anspruch genommen hat wie kaum ein anderer, an die Grenze seiner frommen Eigenmächtigkeit und Eigenwilligkeit gekommen.

Als Jakob angesichts des Todes gelähmt war und in diesem letzten Alleinsein in der Angst und vor der Macht des Todes beten konnte: «Ich lasse dich nicht, du segnest mich denn», da fragte ihn der Engel: «Wie heißest du?» Und er antwortete: «Jakob». Da sagte der Engel zu ihm: «Du sollst nicht mehr Jakob heißen, sondern Israel; denn du hast mit Gott und mit Menschen gekämpft und hast gewonnen.» Und Jakob nannte die Stätte Pnuel (= Angesicht Gottes); denn, so sprach er, «ich habe Gott von Angesicht gesehen, und doch wurde mein Leben gerettet (meine Seele ist gesund geworden)» (1. Mose 32,31).

Als Gott ihn nach seinem Namen fragte und er «Jakob» sagte und sich damit zu seiner alten Natur und seiner Erlösungsbedürftigkeit bekannte, gab Gott ihm eine neue Identität: Israel (= Streiter für Gott; nicht mehr, wie bisher, Streiter für sich selbst).

Als Jakob nun die vierhundert Mann kommen sah, lief ihm Esau entgegen, fiel ihm um den Hals, küßte ihn und weinte. In Jakob war die Angst überwunden. Aber er ging nicht auf das Angebot Esaus ein, nun gemeinsam mit ihm weiterzuziehen, sondern trennte sich wieder von ihm, zog nach Sichem, baute dort einen Altar und nannte ihn «Gott ist der Gott Israels» (1. Mose 33,20). Die Konsequenz folgt der Neuwerdung auf den Fuß: Und Jakob sprach zu seinem Haus und zu allen, die mit ihm waren, daß sie ihre fremden Götter wegtun und sich reinigen und neue Kleider anziehen sollten, um nach Bethel zu ziehen, damit er dort dem Herrn einen Altar errichte, dem Gott Abrahams und Isaaks, der ihn erhört hatte zur Zeit seiner Trübsal und mit ihm gewesen war auf dem Weg (1. Mose 35,2.3). Jetzt war er wieder am Ort seines Gelübdes (1. Mose 28,11-22). Gott ist treu.

Jakob hatte einen neuen Namen bekommen. Nun sorgte er auch dafür, daß in seiner Familie der neue Geist des Gottesstreiters einzog, der Geist, der sich nicht festhielt an den Götzen, an den Gaben, an den Vergänglichkeiten, sondern der allein Gott die Ehre geben und ihm allein dienen wollte. Und Gott sorgte für Jakob und seine Söhne, daß ein Gottesschrekken über die Städte kam, die um sie herum lagen, so daß ihre Einwohner die Söhne Jakobs nicht bedrängten.

Die Bibel (vor allem die Bücher Richter sowie 1. und 2. Könige) ist voll solcher glaubensmutiger Jünglinge mit Erfahrungen des Eingreifens Gottes in das Leben und in die Wege, die sie gehen (= Verhältnisse und Geschicke). Aber alle Erfahrungen hatten und haben nur ein Ziel: Daß aus den Kindern Gottes reife Menschen Gottes werden, die ihr Leben nicht lieben bis hin zum Tod (Offb. 12,11), sondern sich ganz Gott überlassen, sich ihm ganz anvertrauen.

Auch im Neuen Testament gibt es so einen Scheitelpunkt der Entwicklung. Als Jesus seinen Jüngern sagte, daß sie ihr Leben hingeben müssen und daß nur der, der sein Leben verliert um seinetwillen, es zu erhalten vermag zum ewigen Leben, da wurden sie in eine Krise geführt. Und Jesus verstärkte seine Rede, indem er von seinem Leiden und Sterben sprach und seine Jünger aufforderte, sein Fleisch zu essen und sein Blut zu trinken. Und denen, die bereit sind, dies zu tun, gibt er die Zusage des Ewigen Lebens: «Wer mein Fleisch ißt und mein Blut trinkt, der hat das Ewige Leben, und ich werde ihn am Jüngsten Tage auferwecken ... so wird auch, wer mich ißt, leben um meinetwillen» (Joh. 6,53-57). Hier klingt an, welch tiefes Geheimnis das Abendmahl ist: geistlicher Trank vom begleitenden Felsen in der Wüste des Lebens (1. Kor.10,4).

«Viele nun seiner Jünger, die das hörten, sprachen: ‹Das ist eine harte Rede; wer kann sie hören?› Da Jesus aber bei sich selbst merkte, daß seine Jünger darüber murrten, sprach er zu ihnen: ‹Ärgert euch das? ... Der Geist ist's, der lebendig macht; das Fleisch ist nichts nütze.› Von da an wandten sich viele seiner Jünger ab und gingen hinfort nicht mehr mit ihm. Da fragte Jesus die Zwölf: ‹Wollt ihr auch weggehen?› Da antwortete ihm Simon Petrus: ‹Herr, wohin sollen wir gehen? Du hast Worte des ewigen Lebens; und wir haben geglaubt und erkannt: Du bist der Heilige Gottes.›» (Joh. 6,60-69).

Nur die Überwinder werden die Krone erhalten. Und nur die, welche denselben Kelch trinken wie er, werden mit ihm regieren (Matth. 20,20-22) als Könige und Priester (Offb. 5,10). Jesus wird mit ihnen allen erscheinen an dem Tage seines Wiederkommens: mit den «Berufenen und Auserwählten und Gläubigen» (Offb. 17,14).

Geschöpfe Gottes sind alle: Menschen und Tiere. Kinder des Vaters aber sind nur die, die in Jesu Namen sagen können: «Abba, lieber Vater». Töchter und Söhne Gottes sind die, die Jesus ohne Scheu seine Brüder nennt. Es sind die, die den Willen Gottes tun. Die im Kampf erprobten und bewährten

Jünglinge und Jungfrauen hat der Vater zu Erben gesetzt, zu Erben und Miterben Christi: Söhne und Töchter, Könige und Priester für einen neuen Himmel und eine neue Erde.

Siebter Teil

Mannesalter

Kapitel 14

Durchzug durch den Jordan

Der mündige Christ ist dadurch gekennzeichnet, daß er die Zwiespältigkeit seines Herzens im Jordan begraben hat. Er ist nicht mehr wankelmütig (Jak.4,8), nicht mehr umhergetrieben von dem Wind jeder (neuen) Lehre und Bewegung (Eph. 4,14). Zielbestimmtheit, Dynamik und Gehorsam bestimmen sein Wesen. Er schaut nicht mehr zurück und begehrt die heilige Einseitigkeit: Gott allein zu lieben.

Der Weg in die Wüste führte durch das Wasser; und das Wasser floß wieder. Die Macht des Feindes konnte den Erretteten nicht folgen. Der Weg aus der Wüste heraus führte ebenfalls durch Wasser; und der Jordan floß wieder. Gottes Kinder sind nach dem ersten Durchzug (= Wassertaufe) dem direkten Zugriff Satans entnommen, es sei denn, sie geben ihm wieder Raum. Die Schmach Ägyptens, d. h. die alten Anrechte Satans an uns, nimmt der Herr weg (Jos.5,9; Matth.18,18).

Als die Israeliten trockenen Fußes durch den Jordan gegangen waren, war die Macht des Todes gebrochen. Sie waren vom alten Wesen los: «Tod, wo ist dein Sieg? Tod, wo ist dein Stachel?» (1. Kor. 15,55). Der zweite Durchzug symbolisiert die Geistestaufe.

Und so, wie Lots Frau zur Salzsäule wurde, weil sie sich nicht lösen konnte von ihrem alten Leben, so, wie die Rotte Korach in der Wüste starb, weil sie zurück wollten nach Ägypten, so müssen wir es als ein Prinzip der göttlichen Führung und Fürsorge erkennen, daß es auf dem Weg der Nachfolge nur eine Richtung gibt: nach vorn; über Leiden und Kreuz in die Herrlichkeit der Auferstehung. Wenn der innere Kampf entschieden, wenn der Wille gereift ist, nun den ganzen Weg mit Jesus zu gehen und in der Kraft des Geistes und der Auferstehung nicht nur den Feind *um uns*, sondern auch *in uns* zu besiegen, um so im neuen Leben zu wandeln, dann sind aus den heranwachsenden Kindern Gottes mündige Söhne und Töchter Gottes geworden. «...die er aber berufen hat, die hat er auch gerecht gemacht; die er aber gerecht gemacht hat, die hat er auch verherrlicht» (Röm. 8,30).

Die Liebe, die Gott mit der neuen Geburt als ein helles Licht in unser Herz ausgegossen hat, kann nun wie aus einem Tempel heraustreten (ausstrahlen) in die Dunkelheit dieser Welt. Es ist das Licht der göttlichen, bleibenden Liebe. Sie leben nun die «bessere Gerechtigkeit».

Weil das Auge licht ist (nicht mehr verfinstert vom fleischlichen Haben-Wollen des Leibes und von der Angst, zu kurz zu kommen), ist nun auch der Leib licht, d. h. transparent für das Licht Gottes aus dem Inneren (Matth. 6,22). Das Licht steht dann wie auf einem Berg und leuchtet in eine dunkle Welt: Es ist der Leib, der verklärt ist von der Liebe des Vaters. Jesus war auf dem Berg der Verklärung in diese Liebe des Vaters verklärt, so daß sein ganzer Leib licht war. Die Gegenwart Gottes war für die drei Jünger, die dabei waren, so gewaltig, daß sie, um so zu bleiben, Hütten bauen wollten – vielleicht in einer inneren Entsprechung der Stiftshütte in der Wüste, dem Heiligtum des Alten Bundes. Das Bleiben in dieser Liebe ist kein selbstsüchtiges Lieben, sondern ein Lieben, das ständig sucht, was des anderen ist. Deshalb sagt Jesus ganz klar: «Wenn ihr liebt, die euch lieben, was werdet ihr für Lohn haben? Tun nicht dasselbe auch die Zöllner? ... Darum sollt ihr vollkommen sein, wie euer Vater im Himmel vollkommen ist» (Matth. 5,46-48). Nur an der Liebe zu Gott kann sich die echte, bleibende Liebe zu den Menschen entzünden.

Wenn wir in unserer Liebe abhängig sind von der Gegenliebe eines anderen, dann sind wir wie ein Rückstrahler am Fahrrad: Wird der Rückstrahler angestrahlt, so strahlt er wider, fällt die Anstrahlung aber weg, so ist er auch dunkel. Im konkreten Alltag unserer Nachfolge sind wir immer in Gefahr, die göttliche Liebe mit der menschlichen Liebe zu verwechseln oder

Individuelles Daseinsprofil eines Christen nach Galater 5,22

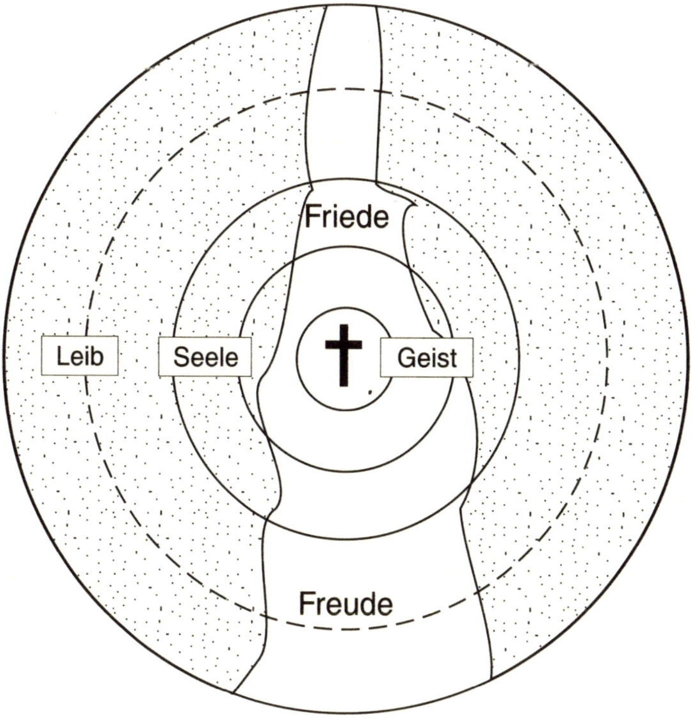

Matthäus 6,22:
Das Auge ist das Licht des Leibes. Wenn dein Auge lauter ist, so wird dein ganzer Leib licht sein.
(siehe: Jesus auf dem Berg der Verklärung – Matth. 17,2)

Matthäus 6,23:
Wenn aber dein Auge böse ist, so wird dein ganzer Leib finster sein.
Wenn nun das Licht, das in dir ist, Finsternis ist, wie groß wird dann die Finsternis sein!

Abb. 13

beide zu vermischen. Wenn wir uns mit Menschen so verbinden, daß wir von ihnen die Erfüllung unserer tiefsten Wünsche ersehnen und bei ihnen totale Geborgenheit und Nähe suchen, dann geben wir der göttlichen Liebe keinen Raum zu ihrer Entfaltung. Der Strom der Liebe Jesu kann dann nicht in uns hineinströmen, und unser Dienst ist nicht von seinem Segen geprägt. Wir meinen dann vielleicht noch, daß ein besonderes Verstehen mit einem Menschen ein hohes Maß an Liebe sei. In Wirklichkeit ist es aber Gebundenheit. Nachfolge ist Jüngerschaft: «... der sich nicht lossagt von allem, was er hat, kann nicht mein Jünger sein» (Luk. 14,33). Das gilt auch für die Ehe. Deshalb sagt der Apostel Paulus: «Fortan sollen auch die, die Frauen haben, sein, als hätten sie keine» (1. Kor. 7,29). Und Jesus spricht: «Wenn jemand zu mir kommt und haßt nicht seinen Vater und die Mutter und die Frau und die Kinder und die Brüder und die Schwestern, dazu aber auch sein eigenes Leben, so kann er nicht mein Jünger sein» (Luk. 14,26, Elberf.Ü.). Oder an anderer Stelle: «Wer Vater oder Mutter mehr liebt als mich, der ist meiner nicht wert» (Matth. 10,37).

Nun kann es ja nicht angehen, daß wir Vater und Mutter und Brüder und Schwestern hassen, damit wir Jesus nachfolgen. Denn wir sollen sie ja mit Gottes Liebe lieben. Haß soll nur da sein, wo die Liebe zu ihnen eine Bindung ist, die wir selbst noch haben oder die als Erwartung von seiten der Menschen (beispielsweise der Eltern) an uns herangetragen wird. Solche Bindungen halten uns ab von der Nachfolge. Und nur durch ihre Ablehnung und Verneinung (= Haß) erhalten wir die innere Kraft der Lösung, so daß uns nichts mehr abhält von der Nachfolge Jesu.

Das Wort Gottes ist ein scharfes Schwert, es scheidet Seelisches vom Geistlichen und ist ein Richter der Gedanken und Sinne (Hebr. 4,12). Gott will, daß wir uns in Jesus Christus finden und in seiner Liebe verbunden seien. Aber unsere Beziehungen müssen alle gereinigt werden und durch das Verlieren und Loslassen hindurchgegangen sein.

Ich weiß aus meinem eigenen Leben, wie schnell Seelisches

und Geistliches vermischt werden kann. Jeder, der Jesus Christus in reiner Liebe dienen und ihm nachfolgen will, weiß, wie hier von menschlichen Beziehungen her Gefahr droht, die uns die Vollmacht im Dienst nehmen kann. Gerade die Liebe, die durch den Willen gekennzeichnet ist, den anderen nicht zu binden, kann eine sehr große Anziehungskraft und Ausstrahlung entfalten, so daß der, der sich so geliebt erlebt, geneigt ist, sich zu binden. Wer hier nicht das Sterben gelernt hat, wird schwerlich erfassen, was wirkliche Sohnschaft, Jüngerschaft und Nachfolge bedeuten; wird schwerlich erfassen, daß das Aufnehmen des Kreuzes identisch ist mit der Bereitschaft zum Sterben. Unser Kreuz, das wir tragen, sind nicht unsere mißlichen Verhältnisse, wie viele meinen, sondern ist die Bereitschaft, sich selbst zu sterben, und zwar freiwillig. Immer da, wo uns durch liebevolle Nähe und Umworbensein das Sterben schwergemacht wird, haben wir Gelegenheit, die Liebe Gottes zu erahnen, der seinen Sohn für uns sterben ließ. Wir sind eben erwählt, «ehe der Welt Grund gelegt war, daß wir heilig und untadelig vor ihm sein sollten; in seiner Liebe» (Eph. 1,4). Darum kommt es in unserem Dienst so sehr auf diese Liebe an, und deshalb kann man viel reden, viel evangelisieren, mit Menschen- und mit Engelzungen reden. Doch wenn man diese Liebe nicht hat, ist der Dienst letztlich unnütz (1. Kor. 13,1-3). Deshalb schreibt Paulus auch: «Die Liebe Christi drängt uns» (2. Kor. 5,14).

Eine Liebe, die auf Gegenliebe angewiesen ist, ist eine abhängige Liebe, und damit ist sie nicht frei und macht auch nicht frei. Doch eine Liebe, die unabhängig ist von der Gegenliebe, unabhängig auch von Haß (denn sie vermag auch den Feind zu lieben), macht den Menschen frei. Diese Liebe ist dem Haß, dem Geist Satans, überlegen. Diese Liebe ist ewig. Wie ist das zu begreifen? In einem Gedankenexperiment kann man sich vorstellen, daß man Liebe steigern kann; mehr Liebe und immer noch mehr Liebe. Da gibt es kein Ende: Liebe ist ewig. Aber wenn ein Mensch einen anderen haßt und noch mehr haßt und immer noch mehr haßt, dann kommt der Punkt des Todes und der Vernichtung: Haß ist endlich. Und in Offenbarung, Kapitel 12 heißt es, daß die «Brüder» den Bösen überwunden haben, indem sie ihr Leben nicht geliebt haben. Und deshalb haben sie mit Christus Jesus zusammen das Reich Gottes eingenommen. Sie haben überwunden durch das Blut des Lammes und durch das Wort ihres Zeugnisses (Offb. 12,11).

Wenn wir in dieser Liebe schon hier Anteil haben an Gottes Ewigem Reich, dann können wir getrost auf den Punkt zuleben, wo wir loslassen müssen im Augenblick des letzten Atemzuges. Welche Weisheit Gottes und welche Liebe, daß er uns die Möglichkeit gibt, Gottes Kinder zu werden und uns erziehen zu lassen, damit wir rechtzeitig lernen loszulassen, was wir ohnehin verlieren werden – unseren Leib und unsere Seele –, um sie in Jesus Christus neu zu erhalten. Das ist Gnade. Das ist das Angebot der Überwindung.

Im Jordan lassen wir die Bindung an uns selbst zurück, werden befreit von einem egozentrischen Glauben; und aus dem Jakob wird ein Israel. Der Durchzug durch den Jordan führt zu der Wahrheit und Wirklichkeit, die der Apostel mit den Worten ausdrückte: «Ich lebe, doch nun nicht ich, sondern Christus lebt in mir. Denn was ich jetzt lebe im Fleisch, das lebe ich im Glauben (= im Vertrauen) an den Sohn Gottes, der mich geliebt hat und sich selbst für mich dahingegeben» (Gal. 2,20). Nun können wir mit Christus in uns bestimmte Erfahrungen machen, aber wir nehmen diese Erfahrungen meist mit dem alten Apparat unserer Sinne wahr und verarbeiten sie nach unserer alten Denkstruktur. Deshalb brauchen wir Augensalbe (Offb. 3,18), damit wir die Erfahrungen geistlich beurteilen und nicht menschlich. Wer durch den Jordan geht, löst sich, läßt sich lösen von der Blickrichtung des Selbsts, verleugnet sich selbst und nimmt auch seine Gedanken gefangen unter den Gehorsam Christi (2. Kor. 10,5).

«Der letzte Feind ... ist der Tod» (1. Kor. 15,26). Der Weg in das Land der Verheißung führt durch den Jordan (= Fluß des Todes). Dieser Weg liegt vor jedem, der dieses Buch liest.

Das Evangelium ist eine einzige Sterbehilfe. Gott bereitet

uns in unserem geistlichen Wachstum vor auf diesen Übergang. Er prüft unser Reifsein für den letzten Atemzug daran, ob wir die Angst um uns selbst verloren haben oder ob wir die «Kinder Enaks», die stärker sind als wir, fürchten und vor ihnen verzagen.

Die Nachfolger, die im vollen Mannesalter sind, sind bereit, den ganzen Weg mit Jesus zu gehen. «Ein neues Gebot gebe ich euch, daß ihr euch untereinander liebt, wie ich euch geliebt habe» (Joh. 13,34). Und Jesus definiert diese Liebe: «Niemand hat größere Liebe als die, daß er sein Leben läßt für seine Freunde» (Joh. 15,13). Diese Liebe führt durch den Tod in die Auferstehung.

Als die ehemaligen Jünglinge vierzig Jahre später wieder vor der gleichen Situation standen und sich des Gerichtes aus ihrer Jugendzeit erinnerten, standen sie anders vor dem Land der Verheißung als ihre Väter. Sie waren innerlich gestärkt. Mose war gestorben, und Josua hatte die Führung übernommen. Weil ein anderer Geist, der Geist der Auferstehung, der bedingungslosen Liebe und des Vertrauens zu Gott, in ihm war, sollte er zusammen mit Kaleb in das Land der Verheißung kommen und das Volk hinüberführen. Mose sprach zu dem Volk Israel: «Ich bin heute hundertundzwanzig Jahre alt, ich kann nicht mehr aus- und eingehen. Dazu hat der Herr zu mir gesagt: ‹Den Jordan hier sollst du nicht überschreiten!› Der Herr, dein Gott, wird selber vor dir hergehen. Er selber wird diese Völker vor dir her vertilgen, damit du ihr Land einnehmen kannst. Josua, der soll vor dir hinübergehen, wie der Herr zugesagt hat» (5. Mose 31,1-3).

«Und der Herr befahl Josua, dem Sohn Nuns, und sprach: ‹Sei getrost und unverzagt, denn du sollst die Israeliten in das Land führen, wie ich ihnen geschworen habe, und ich will mit dir sein›» (5. Mose 31,23). Und als Mose sterbend seine Hände auf Josua legte, wurde dieser erfüllt mit dem Geist der Weisheit, und die Kinder Israel gehorchten ihm und taten, wie der Herr Mose geboten hatte (5. Mose 34,9).

Alle, die nun bereit waren, den Weg durch den Jordan, den

Weg des Sterbens zu gehen, gingen hinter Josua her. «Und Josua machte sich früh auf, und sie zogen aus Schittim und kamen an den Jordan, er und alle Israeliten, und blieben dort über Nacht, ehe sie hinüberzogen. Nach drei Tagen aber gingen die Amtleute durchs Lager und geboten dem Volk: ‹Wenn ihr die Lade des Bundes des Herrn, eures Gottes, seht und wie die Priester aus dem Stamm Levi sie tragen, so brecht auf von eurem Ort und folgt ihr nach; doch daß zwischen euch und ihr ein Abstand sei von ungefähr zweitausend Ellen! Ihr sollt ihr nicht zu nahe kommen. Aber ihr müßt ja wissen, auf welchem Wege ihr gehen sollt; denn ihr seid den Weg bisher noch nicht gegangen›» (Jos. 3,1-4).

Angesichts des bevorstehenden Durchschreitens des geistlichen Jordans/des Todes in seiner Kreuzigung und Auferstehung spricht Jesus wie selbstverständlich davon, daß das Herz der Jünger darüber nicht erschrecken solle. Sie sollten an Gott glauben und ihm vertrauen (Joh. 14,1). Jesus wußte, daß die Menschen in der Welt Angst haben. Die Jünger können aber getrost sein, weil er für sie und mit ihnen die Welt überwunden hat. Er hat sie solches gelehrt, damit sie im Sterben jenen Frieden haben, den auch der Herr hatte auf dem Weg, den er für uns alle gegangen ist.

Es ist der Weg zu den himmlischen Wohnungen, die der Herr uns bereitet, damit wir in Ewigkeit bei ihm seien: im Reich des Lichtes und nicht in der Finsternis und Gottferne ... Und der Herr hat es zugesagt, daß er die Seinen (ab-)holen will (Joh. 14,1-3). Er holt unsere Seele ab, auch wenn der Leib im «Todeskampf» rebelliert. Der innere Mensch hat wohl Abstand zu diesem Kampf, den wir von außen sehen. Etwa drei Minuten vor dem letzten Atemzug kann man beobachten, wie der Sterbende sich dem Kontakt, der Berührung mit den Zurückbleibenden entzieht. Die Seele verläßt wohl zu diesem Zeitpunkt den Leib. Nun steht sie vor dem geistlichen Jordan und sieht die Bundeslade und den Hohenpriester Jesus Christus, damit sie den Weg weiß.

Thomas, der Zweifler, der immer noch nichts begriffen hatte

von der überwindenden Macht Jesu, bekommt vom Herrn die Antwort auf seine Frage nach dem Weg: «Ich bin der Weg und die Wahrheit und das Leben; niemand kommt zum Vater denn durch mich» (Joh. 14,6).

Jesus Christus ist für uns alle, die wir ja ohne Ausnahme auf das Sterben zugehen, der eine Weg, die eine Wahrheit, das eine ewige Leben. Angesichts der Todeslinie wird vieles, was uns so wichtig war, insonderheit die eigene Ehre, unwichtig. Da zählt nur noch eins: Wie gewinne ich einen gnädigen Gott, wenn ich vor dem Heiligen stehen werde? Und Josua weist uns diesen Weg genau an: «Er sprach zum Volk: ‹Heiligt euch, denn morgen wird der Herr Wunder unter euch tun.› Und zu den Priestern sprach er: ‹Hebt die Bundeslade auf und geht vor dem Volk her!›» Und er gebot im Namen Gottes den Priestern: «Wenn ihr an das Wasser des Jordans herankommt, so bleibt im Jordan stehen» (Jos. 3,5-8).

Wenn das Volk durch den Todesfluß hinübergehen soll in das Land der Verheißung, dann ist die Voraussetzung dazu ein geheiligtes Leben. Die Heiligung des Volkes und der priesterliche Dienst der verantwortlichen geistlichen Führer und Väter ist die Zubereitung dafür, daß die Kinder Gottes den Weg durch den Jordan gehen können. Die Bundeslade mit dem Gnadenthron geht voran. Jesus Christus, der uns durch den Glauben hingestellt ist zu einem Gnadenstuhl, weist uns den Weg. Nicht fleischlich-frommer Eifer bringt uns durch den Jordan, sondern allein die Heiligkeit, die vor Gott gilt.

Wir haben in letzter Zeit viel von Sterbehilfe gehört. Aber die Sterbehilfe des Händchenhaltens wird zu einem hilflosen Trost, wenn dabei die Wahrheit des Evangeliums verleugnet wird. Sie wird dann zur Anmaßung und verführt die Menschen nur. Das Evangelium hingegen ist die wahre Sterbehilfe. Ohne daß den Menschen die Wahrheit gesagt wird über den Tod und die Auferstehung, ohne daß mit dem Menschen gebetet wird, ist eine wirksame Sterbehilfe gar nicht möglich und Händchenhalten ein böser Selbstbetrug. Aber der Mensch kann die Wahrheit über die Macht des Todes nur ertragen, wenn er von ihr erlöst ist. Andernfalls muß er die Macht des Todes, die im Sterben offenbar wird, verdrängen. Deshalb kann nur der mit Vollmacht über den Tod reden, der um den Weg weiß, welcher über das Sterben hinausführt in die Auferstehung. Diese Befreiung von der Macht und Angst des Todes wird geschenkt durch die Autorität Jesu Christi, des Auferstandenen: «In der Welt habt ihr Angst; aber seid getrost, ich habe die Welt überwunden» (Joh. 16,33). Ein solcher, von Jesus Christus erlöster Mensch kann sagen, daß im Tod der Fürst dieser Welt kommen wird, aber keine Macht über ihn hat (Joh. 14,30). Diese Überwindung unserer letzten und tiefsten Angst, der Todesangst, ist die Voraussetzung dafür, in vollkommener Freiheit *in* dieser Welt zu sein, ohne *von* ihr zu sein. Und diese Befreiung und Erlösung ist die Grundvoraussetzung dafür, schon hier das Land der Verheißung zu betreten, teilzuhaben am Himmelreich (Phil. 3,20).

So war es zeichenhaft auch beim alten Gottesvolk, als sie vor dem Land der Verheißung standen: Alle, die unter zwanzig Jahren alt waren, standen nicht unter dem Gericht Gottes, das er über die Angst der geistlich Verantwortlichen ausgesprochen hatte. Alle über zwanzig Jahren mußten zurückbleiben in der Wüste. Nur Kaleb und Josua sollten hineinkommen in das Land der Verheißung; und Gott gibt dazu die Begründung: «... weil ein anderer Geist in ihm ist» (4. Mose 14,24). Der andere Geist, der in Kaleb und Josua wirkte, ist der Geist Jesu: der Geist und die Kraft der Auferstehung. Aber diese Kraft der Auferstehung gibt es eben nicht *vor* dem Sterben, sondern erst im Sterben und *danach*; nicht vor der Kreuzigung, sondern im Weg des Kreuzes. Deshalb sagte der Apostel Paulus, daß er täglich sterbe. Wir möchten Jesus gerne *vor* dem Kreuz zum König machen und «Hosianna» rufen. Aber Jesus ging ans Kreuz. Wir möchten allzugern die «Überkleidung»: «Steige herab vom Kreuz, hilf dir selbst und uns» (Matth. 27,41-42). Das ist nicht die ganze Nachfolge. Wer nicht sein Kreuz auf sich nimmt täglich, der kann nicht Jesu Jünger sein. Sterben ist ein Loslassen; ein Loslassen all dessen, was wir empfangen haben: irdische, vergängliche Güter und geistliche Gaben.

Wenn wir nicht rechtzeitig lernen, wie wir dem Tod begegnen und ihn überwinden können, dann muß uns der Herr wieder zurückschicken in die Wüste, d. h. in Situationen und Verhältnisse, wo wir nachlernen/nachreifen können, um den Weg des Kreuzes anzunehmen.

«Jesus kann ewig selig machen» (Hebr. 7,25). Hoffnung bleibt, Liebe und Glaube auch. Wo aber Hoffnung ist, muß es positive Veränderung geben, diesseits und jenseits der Sterbenslinie. Interessanterweise sagt Jesus dem Schächer am Kreuz, der doch hindurchgerettet wurde wie durch Feuer (1. Kor. 3,15): «Heute wirst du mit mir im Paradies sein» (Luk. 23,43). Er sprach eben nicht vom Himmelreich. Da gibt es gewiß Unterschiede. Die Ordnung der Himmel ist eine Hierarchie der Liebe und Demut.

Ich habe das in meinem Leben zweimal buchstäblich erlebt. Durch eigene Schuld (Angst und Mißtrauen) hatte ich mir meine erste Assistentenstelle an einer deutschen Hochschule selbst verbaut. Sie war mir ohne mein Zutun angetragen worden. Ich tat Buße; und nach einer von Gott sinnvoll gestalteten Zwischenzeit wurde ich wieder vor die gleiche Situation gestellt: Ohne mein Zutun erhielt ich eine Anfrage von einer anderen deutschen Hochschule wegen einer Assistentenstelle. Da hatte ich gelernt, was Gott mich lehren wollte. Und der Herr gab mir, was mein Herz wünschte. Ich erhielt die Stelle nicht vor, sondern nach der notwendigen Lektion.

Es gibt in der Schule Gottes kein Doping, keine Schnellbleiche, sondern Frucht, die wachsen muß in Geduld und Ausharren. Wenn Gott über unseren Ungehorsam und Unglauben das Gericht gesprochen hat und uns zurückversetzt, damit wir eine Lektion noch einmal durcharbeiten, dann können wir der Schule Gottes nicht davonlaufen, schnell beten und weitermachen, als wäre nichts geschehen. Manch einer erkennt plötzlich, daß er versagt hat, und welche furchtbaren Folgen sein Versagen nun nach sich zieht. Und er möchte die Situation schnellstmöglich korrigieren: «Ich werde doch hinaufziehn und den Willen des Herrn tun.» Doch Gott sagt dazu: «Nein». Denn das wäre ein Gehorsam aus Trotz, aus Egoismus, und nicht aus Vertrauen und bewährter Liebe. Wir müssen uns vielmehr dem Gericht Gottes und der Schule des Lebens stellen und die verdiente Strafe auch ausleiden.

Wenn es schon von Jesus Christus heißt, daß er an dem, was er litt, Gehorsam gelernt hat, wieviel mehr haben wir Leiden nötig, um Gehorsam zu lernen. Gott läßt uns so lange in der Zurechtbringung, d. h. im Gericht, bis wir wirklich zurechtgebracht sind. Gericht ist bei Gott Zurechtbringung und nicht Strafe um der Strafe willen. Zurechtbringung ist kein äußerer Sachverhalt, sondern eine innere Situation. Und wenn die innere Situation neu geworden ist, wenn unser äußeres Tun dem inneren entspricht, dann haben wir auch Kraft weiterzuziehen.

Wir können uns durch äußeres Gehabe nicht heiliger machen, als wir sind. Das Wachstum in der Nachfolge Jesu ist ein Wachstum von innen nach außen. Wir können es nicht forcieren. Wir müssen mit Jesus Christus im Gleichschritt gehen. Wer schneller voran will, als Jesus mit ihm geht, der wird sich aufreiben. Wer langsamer vorangeht, der wird einschlafen. Jesus bestimmt das Tempo unseres Wachstums und die Versetzung in die «nächste Klasse». Er hat in seiner Gnade den Überblick und verliert das Ziel (unsere himmlischen Wohnungen, für die er uns zubereitet) nicht aus den Augen. Gottes Wille ist unsere Heiligung, aber immer in Übereinstimmung mit seinem Plan. Heiligung ist unbedingter Gehorsam aus einer unbedingten freien Liebe zu Jesus.

In der reifen Nachfolge lieben wir Jesus bedingungslos und werden dadurch befreit zu einer Liebe, die souverän zu lieben vermag, die auch den Feind liebt – vor allem und gerade dann, wenn er der Nächste ist –, wie Jesus den Judas Ischariot liebte. So wird Petrus nach der Verleugnung Jesu und nach seinem bitterlichen Weinen vom Herrn dreimal gefragt: «Hast du mich lieb? Hast du mich lieb? Hast du mich lieb?» Nach dreimaliger Bejahung bekommt er den Auftrag, sich um die Herde Christi zu kümmern und die Gemeinde zu bauen. Und dann sagt ihm Jesus, daß ihn diese Liebe zu ihm sein Leben kosten wird (Joh. 21,15-18).

Hier beginnt der Dienst der Väter und Mütter in Christus. «Als nun das Volk aus seinen Zelten auszog, um durch den Jordan zu gehen, und als die Priester die Bundeslade vor dem Volk hertrugen und an den Jordan kamen und ihre Füße vorn ins Wasser tauchten – der Jordan aber war die ganze Zeit der Ernte über alle seine Ufer getreten –, da stand das Wasser, das von oben herniederkam, aufgerichtet wie ein einziger Wall, sehr fern, bei der Stadt Adam, die zur Seite von Zarethan liegt; aber das Wasser, das zum Meer hinunterlief, zum Salzmeer, das nahm ab und floß ganz weg. So ging das Volk hindurch gegenüber von Jericho. Und die Priester, die die Lade des Bundes des Herrn trugen, standen still im Trockenen mitten im Jordan. Und ganz Israel ging auf trockenem Boden hindurch, bis das ganze Volk über den Jordan gekommen war» (Jos. 3,14-17).

Wenn wir priesterliche Menschen geworden sind und selbst an den Todesfluß kommen oder andere an diese Grenze führen, dann werden wir die Macht und Kraft der Herrlichkeit Gottes erfahren, wie er den Fluß des Todes stoppt, so daß er sehr fern aufgerichtet steht wie ein Wall in der Stadt Adam. Der Fluß des Todes steht da, wo sich die Grenze unseres Menschseins befindet: in Adam (= Mensch).

«Als nun das Volk ganz über den Jordan gegangen war, sprach der Herr zu Josua: ‹Nehmt euch aus dem Volk zwölf Männer, aus jedem Stamm einen, und gebietet ihnen: Hebt mitten aus dem Jordan zwölf Steine auf von der Stelle, wo die Füße der Priester stillstehen, und bringt sie mit euch hinüber›» (Jos. 4,1-3). Und die zwölf Steine, die sie aus dem Jordan genommen hatten, richtete Josua auf in Gilgal. Diese Steine sollten für Israel ein ewiges Andenken sein davon, daß der Fluß des Todes in Adam stehenbleiben mußte und die Kinder Gottes trockenen Fußes hindurchgingen. Der Tod konnte ihnen nichts mehr anhaben.

Dann richtete Josua (von sich aus) zwölf Steine auf mitten im

Jordan, an der Stelle, wo die Füße der Priester gestanden hatten, die die Bundeslade trugen. Die Steine im Jordan sind ein Zeichen für das Gestorbensein mit Christus in seinem Tod. Und der Jordan floß wieder über die Steine hinweg. Aber die Steine in Gilgal sind eine Erinnerung an die Auferstehung Christi. Die im strudelnden Jordan zurückgelassenen Steine sind ein Bild der Buße, und die Steine in Gilgal sind ein Bild für das neue Leben, für die neue, geheilte Beziehung zu Gott.

Die neue Generation ließ sich dort auch beschneiden, was offenbar in der Wüste unterlassen worden war. Fortan trugen sie das sichtbare Zeichen der Gotteszugehörigkeit. Die Beschneidung ist ein Zeichen des akzeptierten Urteils Gottes über alles Fleisch; und der Tod Christi ist die geistliche Beschneidung für sein Volk (Kol. 2,11). Nun nahm der Herr auch die Schmach Ägyptens von Israel weg, die sie mit durch die Wüste geschleppt hatten. Und damit war alles neu geworden. Sie waren *in* der Welt, aber nicht *von* der Welt. Das Manna hörte auf, und sie genossen die Früchte des Landes (Jos. 5,9).

Nun erhielt Josua die Vision vom göttlichen Führer: Der Engel Gottes mit dem gezückten Schwert stand vor Jericho. Es war der noch nicht fleischgewordene Christus. Er war da, um die zu führen, die im Land der Verheißung zu kämpfen hatten gegen die Finsternis: «Es soll nicht durch Heer oder Kraft, sondern durch meinen Geist geschehen, spricht der Herr Zebaoth» (Sach. 4,6).

Wir sollen das Land einnehmen, das der Herr uns gegeben hat. Er, der Herr, bringt uns in das Land (5. Mose 11,29). Dabei handelt er nicht ohne uns: «...der Heilige Geist und wir...» (Apg. 15,28). Aber es ist nicht «unsere Frömmigkeit» oder unsere eigene Kraft, die etwas bewirkt (Apg. 3,12). Unser Beten hat keine Kraft, wenn es etwas anderes ist als der Ausdruck des Willens Gottes in einer bestimmten Situation. Unser Denken ist derart geprägt von Ursache und Wirkung, daß wir auch unser Beten so erleben, als würde es etwas bewirken, als vermöchten wir selbst durch Gebet etwas auszurichten. Deshalb sollen wir in Übereinstimmung mit dem Herrn, nämlich in «seinem Namen», beten.

Deshalb heißt es in Mark. 11,24: «Alles, was ihr bittet, … glaubt nur, daß ihr es empfangen habt.» Auch hier geht die innere Gewißheit der äußeren Tat des lauten Betens voraus. Geistliches Leben in der Nachfolge entzieht sich total der Machbarkeit. Machbarkeit, das ist der Geist dieser Welt. Von daher ist die Verheißung auf Erhörung gebunden an die Tatsache, daß wir in Jesus bleiben und seine persönlichen Worte (Rhema) in uns. Dann werden wir bitten, und es wird uns widerfahren (Joh. 15,7).

Die vielen nicht erhörten Gebete sollten wir nicht nachträglich deuten und «erklären», sondern Buße tun darüber, daß wir die erste Liebe verlassen haben, eigenmächtig geworden sind, nicht in der Tat und in der Wahrheit eins sind mit Jesus. Wenn Gebete nicht erhört werden, dann weist uns Gottes Wort an, uns zu besinnen: Joh. 15,16 (Frucht und Erhörung), Jak. 4,3.4 (Habenwollen und Nicht-Erhörung), Jesaja 58,2 (Ungerechtigkeit und Nicht-Erhörung). Gott hat uns gesetzt, daß wir Frucht bringen. Und Frucht ist eine Voraussetzung erhörlichen Betens. Also liegt es nicht an unserem Machen und Beten, sondern am Heiligen Geist.

Wenn wir in der Kraft des Heiligen Geistes im neuen Leben wandeln, müssen wir wissen: Es ist Gottes Gnade! So wie Mose dem alten Bundesvolk sagt: «Du kommst nicht herein, ihr Land einzunehmen, um deiner Gerechtigkeit und deines aufrichtigen Herzens willen, sondern der Herr, dein Gott, vertreibt diese Völker um ihres gottlosen Treibens willen» (5. Mose 9,5).

Es ist eben nicht so, daß die alten Herren vertrieben wurden und wir nun die neuen (autonomen) Herren wären – natürlich mit Gottes Hilfe … Nein, Gott selbst ist der Herr; wir sind und bleiben seine Knechte und Freunde, die allein tun, was er sagt. Wir nehmen das neue Land ein, weil es Gott zugesagt hat (um Abrahams willen/um Jesu willen).

Und so können wir auch die Entrückung der Gemeinde

(= Jesu Leib) sehen: Die Gemeinde wird entrückt, dem Herrn entgegen in die Luft, um bei ihm zu sein allezeit (1. Thess. 4,17). Doch zuvor wird Satan auf die Erde geworfen. Der Mächtige, der jetzt noch in der Luft herrscht (Eph. 2,2) und unter dem Himmel (Eph. 6,12), wird überwunden durch das Blut des Lammes und durch das Wort des Zeugnisses und weil sie (die Kinder Gottes) ihr Leben nicht bis an das Ende geliebt haben (Offb. 12,9). Wir übernehmen als Kinder Gottes den Machtbereich dieser vergangenen Welt, weil wir zu dem neuen, Ewigen König Jesus Christus gehören. Jesus übernimmt das Feld und regiert von Ewigkeit zu Ewigkeit mit den von ihm Berufenen, Auserwählten und Gläubigen (Offb. 17,14).

Jetzt sehen wir noch nicht, daß er (Jesus) überall herrscht (Hebr. 2,8). Aber er kann schon hier und jetzt mit denen regieren, die ihr Leben in den/seinen Tod gegeben haben. Wir haben mit unserer Erlösung von Gott die Macht empfangen, Gottes Kinder zu werden (Joh. 1,12).

Es ist die Macht, das Leben zu lassen und es wieder zu nehmen, wie es Jesus von sich selbst gesagt und wie er es auch selbst getan hat (Joh. 10,18). Mit dem Durchzug durch den Jordan hat diese Macht Gottes ihr Ziel erreicht: Satan hat keine Macht mehr über die, die in Jesus Christus sind. «Das Gesetz des Geistes ... hat mich (Sie!) frei gemacht von dem Gesetz der Sünde und des Todes» (Röm. 8,2).

Wir merken es selbst, daß wir mit unserem frommen Wollen an eine Grenze kommen. Und wenn wir diese Grenze vom Tun der Sünde auch immer weiter nach innen zum Gedanken an die Sünde verschieben, so sind wir zwar nicht mehr der Sünde Knecht, aber haben die bittere Wurzel der Sünde immer noch in uns. Und das merken wir täglich. Hier müssen wir den Herrn bitten, daß er uns reinigt und uns die Gnade der Buße schenkt (1. Joh. 1,9), damit Er in uns lebt und wir in ihm, denn das so von Gott neu Geborene/Geschaffene kann nicht sündigen (1. Joh. 3,9).

Gott will nicht die Verbesserung des alten Menschen. Er

will, daß wir «Teilhaber der göttlichen Natur» werden (2. Petr. 1,4, Elberf.Ü.). «Das Alte ist vergangen, siehe, Neues ist geworden» (2. Kor. 5,17).

So müssen wir im Land der Verheißung anders kämpfen als in der Wüste: nicht mit guten Vorsätzen und stets neuem Versagen, sondern alles daran setzend, um in ihm zu bleiben und uns treiben und drängen zu lassen durch seine Liebe: «der Heilige Geist und wir». Nachfolge ist immerwährende Einwilligung in seinen Plan und Willen. Nur so werden wir in seiner Kraft die «Geschäfte des Fleisches» töten und davor bewahrt, in moralischen Klimmzügen einer neurotisierenden Entwicklung den Weg zu bahnen.

Achter Teil

Väter und Mütter in Christus

Kapitel 15

Versuchung und Bewährung

Alle, die Gottes Wort ernst nehmen, kennen die Aussage aus dem Jakobusbrief (1,12): «Selig ist der Mann, der die Anfechtung erduldet; denn nachdem er bewährt ist, wird er die Krone des Lebens empfangen.» So setzen wir allen Fleiß daran, die wir auf den neuen Himmel warten, daß wir vor ihm unbefleckt erfunden werden (2. Petr. 3,13.14), denn es wird auch Abfall geben (2. Thess. 2,3; 2. Petr. 2,20-22). Aber: Anfechtungen müssen sein! Aus der Seelsorge weiß ich, daß selten jemand kommt, der bei selbst- oder unverschuldeter Not nicht primär die Not sieht, sondern bereit ist zu bedenken, daß es sich hierbei um eine Anfechtung handelt. Und selbst wenn er die Anfechtung als solche akzeptiert, ist er noch lange nicht fähig, sich deshalb selig zu preisen. Die meisten sehen nur die Not und erwarten und wünschen, möglichst schnell davon erlöst zu werden. Viele haben vergessen, daß Anfechtung lehrt, auf das Wort zu achten (Jes. 28,19). Von Jesus Christus steht geschrieben, daß er an dem, was er litt, Gehorsam lernte (Hebr. 5,8).

Solange der Mensch in der Nachfolge vor allem sich selbst sieht, fällt es ihm schwer, seine Nöte und Probleme geistlich zu beurteilen. Unter solchen inneren Bedingungen können deshalb auch nur wenige mit folgenden Aussagen etwas anfangen: «Sagt Dank ... allezeit für alles» (Eph. 5,20) oder: «... seid dankbar in allen Dingen; denn das ist der Wille Gottes in Christus Jesus an euch» (1. Thess. 5,18). Diese Worte werden nicht nur einfach überlesen, sondern lösen bei etlichen auch Widerstand aus. Dann werden diese Worte als Zumutung zurückgewiesen mit der Begründung, daß man in dieser oder jener Sache eben nicht dankbar sein könne, ohne zu heucheln. Selbstverständlich muß man sich fragen, was der Maßstab der

Echtheit, was das Maß der Wirklichkeit ist. Wie wirklich ist unsere Wirklichkeit, und wie wirklich ist die Wirklichkeit der unsichtbaren Welt in unserem Leben? Jedenfalls kann unsere subjektive Befindlichkeit nicht der Maßstab sein. Der Maßstab ist Gottes Wort. Und wenn wir nicht danken können, dann muß unsere Befindlichkeit korrigiert werden. Wir dürfen es nicht wagen, Gottes Wort gemäß unserer Befindlichkeit zu korrigieren oder umzudeuten. Wir müssen uns vielmehr fragen, warum Dankbarkeit in dem einen oder anderen Zusammenhang uns oder den Betroffenen nicht möglich erscheint. Solange Gottes Wort uns ein Ärgernis ist, vermag es uns nicht zu korrigieren. Dazu ist es aber geschrieben, daß wir korrigiert werden. Und hierzu gehört auch die Stellung zu mancherlei Nöten, die uns, sobald wir anfangen, dafür zu danken, nicht mehr primär als Nöte erscheinen, sondern als Anfechtungen, um derentwillen wir uns selig preisen dürfen und können. Der Maßstab der Echtheit ist eben Gottes Wort, nicht unsere situativ-jeweilige Befindlichkeit. Wenn denen, die Gott lieben, alle Dinge (Verhältnisse) zum Besten dienen (Röm. 8,28), dann ist es auch logisch, für alles zu danken.

Aber etliche der Betroffenen helfen sich mit dem Trick, daß es ja anderen noch schlechter gehe als ihnen. Von diesem Kontext her sind sie dann «relativ dankbar». Aber das ist nicht der geistliche Weg zu einer Gott wohlgefälligen Dankbarkeit. Die Gott gefällige Dankbarkeit in Anfechtungen beschreibt uns Paulus in Röm. 5,1-5.

Wenn wir unsere Situation geistlich beurteilen, dann schließen sich Traurigkeit und Seligkeit nicht aus. Denn der Apostel Petrus sagt, daß wir uns, auch wenn wir jetzt eine kleine Zeit in mancherlei Anfechtung traurig sind, dennoch freuen sollen (1. Petr. 1,6.7). Und sinnentsprechend heißt es bei Jeremia, daß Leid bei Gott nicht das letzte ist (Jer. 29,11). Es kann also nicht darum gehen, die Traurigkeit zu überlisten oder sie mit frommem Geplapper zu übertünchen. Vielmehr geht es darum, daß wir von Gott eine Freude bekommen, die stärker ist als unsere Traurigkeit.

Ich steckte einmal in einer existentiell bedrohlichen Situation, weil ich in den 60er Jahren in den Verdacht geraten war, ein Ostagent zu sein, so daß meine Hochschullaufbahn in Frage gestellt schien. Das war ein Erlebnis, das ich nie mehr vergessen werde. Auf dem Weg ins Kolleg ging ich an einem katholischen Friedhof vorbei und hatte die Last dieses Verdachts (eine diesbezügliche Mitteilung des Ministeriums an den Rektor der Hochschule war mir zur Kenntnis gebracht worden) in meinem Herzen. Ich betrat die Friedhofskapelle und betete vor dem Kreuz: «Herr Jesus Christus, es steht geschrieben: ‹Die vollkommene Liebe treibt die Furcht aus.›» Ich betete das mehrmals hintereinander, ruhig und gelassen. Ich hatte wenig Zeit, denn ich mußte pünktlich in der Hochschule sein. Nach einigen Minuten erfüllte mich eine große Freude, so daß ich den Friedhofsweg bis zur Hauptstraße hinuntersprang. Und obwohl ich mir sagte, daß sich an dem mir zur Kenntnis gegebenen objektiven Sachverhalt bisher nichts geändert hatte, wich die Freude den ganzen Tag nicht mehr aus meinem Herzen. Als ich in mein Quartier kam, lag dort Post von einem befreundeten Pfarrer, der mir selten schrieb. Aber an diesem Tag lag der Brief vor mir, und es stand darin u.a.: «Ich wünsche Dir, daß Du in Deinem kindlichen Glauben bleibst.» Es entstanden zwar einige Tage später wieder neue Spannungen, doch die existenziell bedrohliche Angst fand nicht wieder Eingang in meine Seele. Diese Befreiung von der Angst hielt an, bis ich die Nachricht erhielt, daß der Verdacht überprüft und die belastende Notiz aus meinen Personalakten entfernt worden sei.

Hier hatte ich die «Traurigkeit in mancherlei Anfechtungen» durch die Freude, die mir der Heilige Geist ins Herz gab, überwinden können. Mit psychologischen Tricks nach dem Motto: «Mir geht es mit jedem Tag in jeder Hinsicht immer besser und besser» und ähnlichem wäre das niemals möglich gewesen. Jesus Christus lebt, und er hilft den Seinen. So ging es auch Paulus und Silas, als sie in Ketten gebunden im Gefängnis lagen (sicherlich auch nicht so komfortabel wie in unseren Einrichtungen!). Aber sie lobten und priesen Gott, und durch

Gottes Eingreifen wurden sie frei. «Der Herr macht alles zu seinem Zweck» (Spr. 16,4a).

Wir lernen daraus, daß es zwei Möglichkeiten gibt, auf Traurigkeiten und Leiden (d. h. auf mancherlei Anfechtungen) zu reagieren. Nach 2. Korinther 7,10 gibt es erstens eine weltliche Traurigkeit (murren, resignieren, Gott anklagen). Dies ist eine Traurigkeit, die den Tod wirkt. Und es gibt zweitens eine geistliche Traurigkeit, die eine Reue wirkt, die über Buße zur Seligkeit und zur Dankbarkeit führt.

Gott verliert den Überblick über unseren Weg nicht. Solange der Satan am Kreuz nur gerichtet ist, aber noch nicht vernichtet, übernimmt Gott die Führungen auch auf den Wegen der zugelassenen Versuchungen. Das Ziel Gottes ist aber, daß der Versucher gebunden wird, so daß er uns dann nicht mehr versuchen kann. Deshalb beten wir auch im Vaterunser: «... und führe uns nicht in Versuchung, sondern (was sozusagen viel besser wäre) erlöse uns von dem Bösen.» Doch wenn wir versucht werden, werden wir nicht über unser Vermögen versucht (1. Kor. 10,13), was aber gleichzeitig besagt, daß da offensichtlich einer ist (Satan), der uns über unser Maß versuchen möchte, der uns wieder binden und von dem Weg der Nachfolge abbringen möchte. Gott läßt die Versuchungen zu, aber er selbst versucht niemanden (Jak. 1,13). Wenn wir versucht werden, dann werden wir mittels unseres Begehrens versucht, damit die Lust empfange (den Samen der Schlange). Und wenn die Lust empfangen hat, gebiert sie die Sünde (Zielverfehlung). Und diese bewirkt ihrerseits den Tod (Jak. 1,14.15). Weil uns niemand aus der Hand Jesu reißen kann – auch nicht unsere Sünde, wenn wir sie bekennen und die Sünde Sünde nennen –, wacht der Vater im Himmel darüber, daß der Tod auf dem Weg über die Versuchung keine endgültige Macht über uns bekommen kann. Es werden uns (= denen, die Gott lieben) aber alle Dinge (auch unsere Sünden) zum besten dienen, wenn wir nicht die Lust suchen, sondern verstehen, daß Gott die Versuchungen und die Anfechtungen zuläßt, damit unser Glaube sich bewähre. Und das nicht nur deshalb, weil wir wachen und beten, sondern auch dadurch, daß wir vertrauend unsere Sünden bekennen.

Die Macht, die Gott durch seinen Heiligen Geist in unserem Leben konkret wirksam werden lassen kann, ist so groß wie unser Vertrauen in die Liebe Gottes, durch das wir Gott einräumen, über unsere alte Natur, über unser Fleisch zu herrschen: «Wißt ihr nicht, daß euer Leib ein Tempel des Heiligen Geistes ist?» (1. Kor. 6,17-19). «Dir geschehe, wie du geglaubt hast» (Matth. 8,13). Nachfolge ist Einwilligung in das, was der Herr will.

Gemäß der Schrift ist Jesus gekommen, die Werke des Teufels zu zerstören (1. Joh. 3,8). Er ist das Wort, und über die Wirkung des Wortes erfolgt das Werk des Heiligen Geistes. Deshalb dankt der Apostel Paulus Gott dafür, daß seine Zuhörer das Wort der Predigt nicht aufnahmen als ein Menschenwort, sondern «als das, was es in Wahrheit ist, als Gottes Wort» (1. Thess. 2,13).

Dieses Wort reinigt durch den Heiligen Geist, der auf der Schiene des Wortes «Fleisch» wird. Ohne Heiligen Geist bleibt es tötender Buchstabe (2. Kor. 3,6). Es gibt also «ein Wasserbad im Wort» (Eph. 5,26). Und das sind die Ströme des Heiligen Geistes, die durch das Wort zum Menschenherzen gelangen und im Menschen diese reinigende Wirkung entfalten. Der Hebräerbrief sagt, wie das geschieht: «Denn das Wort Gottes ist lebendig und kräftig und schärfer als jedes zweischneidige Schwert, und dringt durch, bis es scheidet Seele und Geist, auch Mark und Bein, und ist ein Richter der Gedanken und Sinne des Herzens» (Hebr. 4,12).

Der Geist scheidet von Anbeginn an Licht und Finsternis. Dieses Werk der Scheidung wird erst dann zu Ende kommen, wenn Gott wieder alles in allem sein wird und keine Finsternis mehr ist (1. Kor. 15,28; Offb. 22,5). Dieses Werk der Scheidung trennt die Seele des Menschen vom Geist von unten, vom Geist Satans, der die lebendige Seele verführte und durch den Sündenfall zu einer toten (d. h. von Gott getrennten Seele) gemacht hat. Denn der Mensch wurde geschaffen als eine

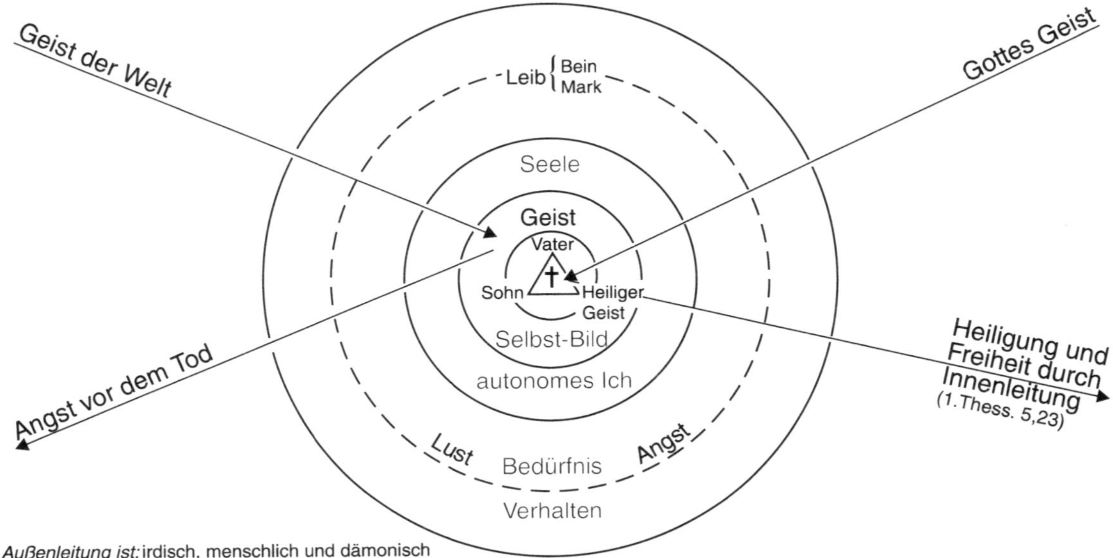

Außenleitung ist: irdisch, menschlich und dämonisch (Jak. 3,15), d.h. natürliche und übernatürliche Einbindung in die vergängliche Welt der sichtbaren und unsichtbaren Finsternis (= Satan).

Innenleitung ist: Einbindung von Geist, Seele und Leib in eine göttliche, bleibende Liebe innerhalb der sichtbaren und unsichtbaren Welt des Reiches Gottes.

Abb. 14

«lebendige Seele» (1. Mose 2,7). Und durch Gottes Geist bekommt der mit Gott versöhnte Mensch das Zeugnis der Kindschaft. Durch den Heiligen Geist bekommt er die Kraft von oben, und die «tote Seele» wird verwandelt und erneuert zu einer «lebendigen Seele». Wir nehmen das (innere) Land von Bereich zu Bereich ein nach dem Grad und Maß unseres Glaubens und unserer Einwilligung in das Werk des Heiligen Geistes.

Nun beschreibt die Schrift den Prozeß der Heiligung als ein Bewahrtwerden nach «Geist samt Seele und Leib» (1. Thess. 5,23). Doch die Scheidung betrifft nach Hebr. 4,12 nicht nur Geist und Seele, sondern sie geht weiter: Die Dimension des Leibes wird noch einmal differenziert in «Mark und Bein». Und hier scheidet der Geist Gottes ebenfalls. Er entkoppelt also die eingeschliffene Verbindung von «Mark» und «Bein». Mark, das ist die Innenseite des Leibes: «Das Gesetz der Sünde ... in meinen Gliedern»/die «sündigen Leidenschaften ... in unseren Gliedern» (Röm. 7,23; 7,5), und Bein ist die Außenseite des Leibes, d. h. die Verhaltensebene. Durch die Kopplung von Mark und Bein beim natürlich-fleischlichen Menschen ist die Verbindung von Lust/Begehren und Verhalten so eng, daß für den Willen gegen die Lust in der modernen Zeit gar kein Platz mehr ist. Ganz in diesem Sinne hat die sogenannte antiautoritäre Erziehung ein «Recht auf Lust» propagiert. Die Glieder standen und stehen beim Ungläubigen im Dienst der Sünde und der Ungerechtigkeit (Eph. 2,1-3). Und das ist das «schlechte» Recht der Gottlosen und Ungläubigen. Hier wird nur ein Zwang zur Sünde legitimiert und mit dem Etikett von «Freiheit» und Fortschritt getarnt.

Das Wort Gottes scheidet Mark und Bein. Die Kopplung von Lust und Verhalten ist nun nicht mehr zwingend. Und die mit dem Heiligen Geist verbundene Seele kann nun die Glieder in den Dienst der Gerechtigkeit stellen und sie der Lust und Ungerechtigkeit, dem Geist von unten entziehen: «Durch den Geist» werden sie «die Taten des Fleisches» töten (Röm. 8,13). Das alles geschieht durch den Heiligen Geist und nicht durch unseren «guten» Willen, denn das wäre Moral. Und wo sollte unser «guter» Wille auch ansetzen? Er könnte das doch nur im Geist von unten und müßte die «tote» Seele bekämpfen. Das aber hieße, «den Teufel mit dem Beelzebub» austreiben. Ein solches Reich könnte nicht bestehen (Luk. 11,15-21). So geschieht es also nur in der Kraft des Heiligen Geistes: Er «wirkt beides, das Wollen und das Vollbringen» (Phil. 2,13).

Es geht nicht um Lustfeindlichkeit, sondern um Freiheit und innere Souveränität gegenüber der Lust in Mark und Bein. Das ist der Weg des Überwindens. Puritanismus und Hedonismus sind nicht die Dimensionen des Evangeliums, sondern Reflexionen der horizontalen Gottlosigkeit. Puritanismus ist doch nur das Negativ des Hedonismus im Kontext von Verdrängung. Und die «Angst», das Evangelium könnte lustfeindlich sein, ist zutiefst unevangelisch. Nur wenn wir uns von der Lust in Situationen bestimmen lassen, wo Gottes Heiliges Wort dagegensteht (beispielsweise im Falle eines Ehebruches), verlassen wir den Boden des Evangeliums; aber Gott geht uns auch dann noch nach (1. Joh. 2,1.2), vorausgesetzt, daß wir Sünde auch Sünde nennen.

Satan will das Werk der Erlösung verhindern und verschiebt die Nachfolge auf die Schwundstufe von Moral und Zwischenmenschlichkeit. Denn unter diesem Aspekt bleibt die Kopplung zwischen Mark und Bein erhalten, sei es mit einem Nein oder einem Ja zur Lust. Satan will die alten Kopplungen um jeden Preis aufrechterhalten oder wiederherstellen, weil ihm diese Kopplung seine Herrschaft über die Menschen garantiert. Sie bleiben dann unter dem Diktat der Lust und/oder der Gesetzlichkeit. So versucht er über die Sinne und Gedanken und «christlichen» Normen das menschliche Denken wieder zu installieren oder es zu erhalten. Und das Gebot, den Nächsten zu lieben wie sich selbst, wird mißbraucht als Legitimation von Selbstliebe und Selbstverwirklichung. Aber im Gebot ist von Agape (= göttliche Liebe) die Rede (Matth. 22,39).

Im Gesamtkontext der Lehre Jesu geht es deshalb weder um Lust noch Lustfeindlichkeit, das wäre eine menschlichideologische Ebene, sondern um Nachfolge: «Will mir jemand nachfolgen, der verleugne sich selbst und nehme sein Kreuz (= Bereitschaft zum Sterben) auf sich» (Matth. 16,24). Paulus schreibt an Timotheus (2. Tim. 3,2), daß in der Endzeit greuliche Tage kommen werden, wo die Menschen «selbstsüchtig» werden (Elberf.Ü.; Luther: «viel von sich halten»). Aber wörtlich übersetzt muß es heißen: «Sich selbst (menschlich) lieben» (philautos = philia und autos)). Aber genau dieses Wort «philia» steht in der dritten Frage Jesu an Petrus: «Hast du mich lieb?» (Joh. 21,17). Es geht also bei dieser Liebe nicht um die Anweisung, sich selbst zu lieben. Die Selbstliebe des modernen Menschen und das sogenannte «Recht auf Lust» werden von der Bedeutung her synonym verstanden. Deshalb ist es außerordentlich irreführend, aus dem Gebot, den Nächsten zu lieben wie sich selbst, eine Selbstliebe abzuleiten. Selbstannahme ist inhaltlich und substantiell etwas anderes als Selbstliebe. Selbstannahme ist kein Gebot, ergibt sich aber aus der Aufforderung, allezeit Dank zu sagen für alles (Eph. 5,20) und nicht zu murren, sondern sich und seinen Weg anzunehmen.

Die Sünde kam in die Schöpfung Gottes durch Selbstliebe. Als glänzender und schimmernder Cherub wandelte Satan vor seinem Fall im Garten Eden, bis Missetat an ihm gefunden wurde, «weil sich dein Herz erhob, daß du so schön warst» (Hes. 28,13-17). Die Sünde brach ein, als das Geschöpf auf sich selbst sah und den Blick nicht mehr frei zu Gott erheben konnte/wollte. Das ist der Geist von unten: Selbstbezogenheit in jeder Form, auch als sogenannte Erlaubnis, ja Forderung zur Liebe zu sich selbst. Selbstliebe trennt von Gott und vom Nächsten, weil sie sich selbst sucht und nicht mehr Gott und den Nächsten. Und das führt zur Einsamkeit und Sinnleere. Doch die Moderne nennt es Emanzipation.

Die Anweisung, «den Nächsten zu lieben wie sich selbst», kann im Kontext der Gesamtaussage der Bibel nur so verstanden werden, daß die Liebe zu sich selbst ein Maßstab der Liebe zum Nächsten ist, damit man dem Nächsten nicht eine Bürde auferlegt, die man zu tragen selbst nicht bereit oder fähig ist.

Agape-Liebe, das ist Christus in uns. Wenn zuerst der «natürliche» Mensch ist und dann der «geistliche» (1. Kor. 15,44), dann ist auch beim «fleischlichen Christen» zuerst die Selbstliebe noch dominant (1. Kor. 3,1-3). Wir sollen uns aber selbst verleugnen, sagt das Wort. Der Herr korrigiert Petrus. Denn es ist ihm ärgerlich, daß dieser menschlich-fleischlich denkt, weil er Leid vermeiden will, wo doch der Herr gesagt hat, daß das sein Weg sei. Der Herr ermahnt ihn deshalb, geistlich zu denken (Matth. 16,23.24) und nicht menschlich-selbstbezogen mit Angst vor Verlust.

Gottes Wort ist ein «Richter der Gedanken und Sinne des Herzens.» Paulus sagt deshalb ganz klar, daß in der Nachfolge die (menschlichen) Gedanken dem Gehorsam Christi unterstellt werden sollen (2. Kor. 10,3-5). So sollen wir das Wort Christi reichlich unter uns wohnen lassen, damit es sein Werk der Scheidung an uns ausrichten kann und wir zu wahrhaft freien Menschen werden (Kol. 3,16).

Jesus hat uns vorgelebt, wie das geht. In seinen Erdentagen wurde er vom Geist Gottes in die Wüste geführt, um vierzig Tage lang zu fasten und zu beten. Dort versuchte ihn der Teufel. Doch Jesus blieb ohne Sünde; und das nicht nur in jener Zeit, sondern während seiner gesamten Erdentage. Er war versucht wie wir, doch ohne Sünde, damit er uns verstehe und Mitleid und Erbarmen mit uns haben könne.

Die Versuchung in der Wüste ist von besonderer Art. Sie zeigt uns exemplarisch die in der Offenbarung angesagte «Große Versuchung», die am Ende der Zeit über den ganzen Erdkreis kommen wird (Offb. 3,10).

In der Tat haben die Versuchungen Jesu einen Hinweischarakter auf die Ereignisse in der letzten Zeit des menschlichen Hochmutes, der bekanntlich vor dem Abfall kommt (siehe Matth. 4,1-11).

Die erste Versuchung ist die Aufforderung, aus den Steinen Brot zu machen. Das war die marxistische Versuchung: Jedem nach seinen Bedürfnissen. Heute ist aller Welt diese große Lüge offenbar, die so viel unfaßbares Leid über die Menschen gebracht hat und in einer letzten Abwehr der Wahrheit noch bringt.

Die zweite Versuchung ist die Verlockung zur Macht und zur Machbarkeit. Es ist die technologische Versuchung der westlichen Gesellschaft. Der Teufel ermunterte den Herrn, sich doch von der Zinne des Tempels zu stürzen, um seine Macht vor aller Welt zu zeigen. Doch Jesus wollte nicht Macht, sondern Liebe.

Heute sind wir an den Grenzen der technologisch-industriellen Macht (Atomenergie, Ozonloch, Umweltverschmutzung), an der Grenze des analytischen Denkens. Und nun wird der Ruf laut nach einer neuen Ganzheit im Sinne von New Age und einem neuen, esoterischen Bewußtsein. Das ist *die letzte Versuchung* Jesu, und das ist auch die letzte große Versuchung vor der Wiederkunft des Herrn: Satan bietet Jesus an, ihn doch anzubeten. Er werde ihm dann alles geben. Der Antichrist wird sich anbeten lassen. Im «Heil Hitler» erhielten wir einen Vorgeschmack davon.

Im Jakobusbrief ist die Rede von der Weisheit von unten. Sie ist zuerst irdisch (bedürfnisorientiert), dann menschlich (machtorientiert) und dann dämonisch (transpersonal-okkult orientiert). Hier sind die drei Wurzeln der Versuchung Jesu durch Satan; so werden auch wir versucht. Wer sich aber an Jesus Christus wendet, der wird auch hier hindurchgeführt. Er bleibt in der Wahrheit, wird die echte Freiheit bewahren und eingehen in das Reich des Lichtes, in das Reich des Sohnes Gottes. Jesus ließ das Wort Gottes wirken («Es steht geschrieben») und erhielt sich so die Vollmacht, letztendlich dem Bösen zu gebieten.

Der persönliche Umgang mit den Situationen der Versuchung entscheidet über die Qualität des persönlichen Glaubens, über «gesunden, wachsenden» Glauben oder auch über «kranken, absterbenden» Glauben.

Die Versuchung Jesu als exempl. Vorwegnahme der großen Versuchung, die da kommen wird über den ganzen Weltkreis.

(Micha 6,8 + Offb. 3,10 + Matth. 4,4-11)

	Zeichen der Zeit	Weisheit von unten (Jak. 3,15)	Versuchung Versucht wie wir: «Bist du Gottes Sohn?»	Gottes Weisheit und Antwort	
Lust	Marxismus: Jeder nach seinen Bedürfnissen	«irdisch» (bedürfnisorientiert) Haben-Wollen	«Mache aus Steinen Brot !»	«Der Mensch lebt nicht vom Brot allein, sondern von einem jeden Wort, das er persönlich von Gott erhält.» Gottes Wort halten	**Befriedung**
Macht	Technokratie: Ideologie der Selbstverwirklichung; Freiheit ist unsere Möglichkeit	«menschlich» (machtorientiert) Herrschen-Wollen	«Stürze dich von der Zinne des Tempels und berufe dich auf die dir gegebene Verheißung»	«Du sollst Gott, deinen Herrn nicht versuchen» «... demütig sein vor deinem Gott»	**Vertrauen**
Flucht	New Age: Antichrist, Synkretismus und Welteinheit	«dämonisch» (transpersonal-okkult orientiert) Wie Gott sein wollen	«Wenn du niederfällst und mich anbetest, sollst du das alles haben»	«Hebe dich weg von mir, Satan; es steht geschrieben: Du sollst anbeten Gott deinen Herrn und ihm allein dienen.» Gott lieben und deinen Nächsten	**Geborgenheit**
		Ich + Selbst-bezogen Erster Adam		Gott- + Christus-bezogen Zweiter Adam	

Abb. 15

Gesunder Glaube hat folgende Merkmale:
Der sich gesund entwickelnde Glaube ist in zunehmendem Maß auf Christus zentriert: «Er muß wachsen, ich aber muß abnehmen» (Joh. 3,30).

Der Glaube durchläuft dann, wie bei Israel in der Wüste, bestimmte Stationen des Heranreifens. Das Ziel bleibt immer dasselbe: Es geht nicht darum, daß wir gerettet, gesund, geistgetauft usw. sind; es geht einzig und allein darum, daß wir etwas *sind* zum Lobpreis seiner Herrlichkeit (Eph. 1,12-14). Und dazu gibt der Herr uns, was wir brauchen: Gaben, Gesundheit, Erfolg, aber auch das Gegenteil: Leiden, Verfolgung, nicht erhörte Gebete («Laß dir an meiner Gnade genügen», 2. Kor. 12,9, und: «Rede mir davon nicht mehr», 5. Mose 3,22-26).

Solche Christen werden stark an ihrem inwendigen Menschen und können beides ertragen: viel zu haben oder wenig (Phil. 4,12). Sie werden zu Gottes Zeitpunkt zu solchen, die den guten Kampf des Glaubens kämpfen und den Bösen überwinden (1. Joh. 2,13). Sie wissen, daß es nach der Schrift solche gibt, die vor der sichtbaren Welt ein erfolgreiches Leben geführt haben, aber auch andere, die unsäglich litten, die aber ebenso das Zeugnis des Glaubens haben wie die ersteren (Hebr. 11,22-40).

Letztere lassen sich von Gott auch dahin führen, wohin sie nicht wollen, wie Petrus (Joh. 21,18). Sie sind bereit zum Opfer, weil sie wissen, daß das Feuer Gottes nur dann auf dem Altar brennt, wenn ein Opfer darauf liegt. Sie haben jene tiefe Freiheit erkannt und zuinnerst erfaßt, die dann entsteht, wenn der Mensch anfängt, den Weg der Selbstverleugnung zu gehen, den Weg, «zu suchen, was des anderen ist». Das geschieht aus einer Liebe zu Gott und nicht aus falscher Demut: «Werdet nicht der Menschen Knechte» (1. Kor. 7,23), aber bleibt auch nicht «Knechte eures Habenwollens» (Matth. 6,20). Gott hat uns zur Freiheit berufen (Gal. 5,13).

Sie wissen, daß dieser Weg nur ein Weg sein kann in der immer tiefer werdenden Verbundenheit mit Jesus Christus und dem Vater. Deshalb haben sie die Haltung der Maria verinnerlicht: «Eines aber ist not.» Maria hatte das gute Teil erwählt (= Stille zu Jesu Füßen statt Aktivismus für ihn). Das sollte nicht von ihr genommen werden (Luk. 10,42).

Sie sind bereit zum Opfer, auch zu geistlichen Opfern (1. Petr. 2,5), so wie Jesus selbst die von Gott empfangenen Gaben hingegeben und sich seine Vollmacht nicht zunutze gemacht hat, als der Versucher zu ihm sprach: «Bist du Gottes Sohn, so sprich, daß diese Steine Brot werden» (Matth. 4,3). Er ließ sich nicht zum Mißbrauch der Geistesgaben verführen, nahm diese also nicht einfach für sich selbst in Anspruch, sondern wie allezeit tat er auch hier, was er den Vater tun sah. So werden diese Nachfolger zu Vätern/Müttern in Christus, weil sie (nur noch) den Einen kennen, der von Anfang ist (1. Joh. 2,14).

«Die Sinne und äußeren Dinge scheinen mehr und mehr an Recht zu verlieren, da die Seele ihr verlorenes Privileg (mit Jesus im Dialog verbunden zu sein) in wachsendem Maß zurückgewinnt.» (Teresa von Avila: «Die innere Burg», Zürich 1979, S.72).

Kranker Glaube hat folgende Merkmale:
Er ist Ich-zentriert, wächst nicht über eine kindliche Stufe hinaus (1. Kor. 3,1-3), wird hindurchgerettet, jedoch wie durch Feuer (1. Kor. 3,11-15), bleibt fleischlich orientiert an den Ablenkungen dieser vergänglichen Welt. Von daher bleibt er leicht verführbar, wird des Kampfes müde, fängt an, menschlich zu denken und verliert so die Freiheit, die nur aus dem Geist und aus dem geistlichen Denken kommt. Er schaut nicht hindurch in das «vollkommene Gesetz der Freiheit» (Jak. 1,25) und bleibt deshalb auch leicht gesetzlich oder wird liberal. Nachfolge wird zur Moral oder zur unverbindlichen Frömmigkeit. Er bringt kaum oder gar keine Frucht, vergißt, daß er einmal nach der Liebe, dem «Gesetz der Freiheit» (Jak. 2,12), gerichtet werden wird.

Er bleibt an sich selbst gebunden und damit an das Gesetz dieser Welt: an die Angst, zu kurz zu kommen, und an das

Habenwollen (wobei das Habenwollen, wenn es sich auf Geistesgaben bezieht, fromm getarnt werden kann). Der Außenaspekt seiner Existenz in der Nachfolge bleibt dominant, der Innenaspekt verkümmert. Sein Leib wird kein Licht ausstrahlen, weil seine Augen auf die Vergänglichkeit gerichtet sind (Matth. 6,21-24).

Gewiß ist, daß uns niemand aus Gottes Hand reißen wird (Joh. 10,28). Aber wir können ihn verlassen (Joh. 6,66), wenn wir vor der Entscheidung stehen, den ganzen Weg mit Jesus zu gehen, einschließlich Leiden, Opfer, Selbstverleugnung und Überwindung. Und schließlich können wir die Welt wieder so lieb gewinnen, daß wir nichts mehr von Jesus und seinem Weg wissen wollen. Dann trifft uns das harte Wort vom Abfall, von dem der Apostel Petrus bezeugt, daß es diesen Abweg gibt: «... Wenn sie durch die Erkenntnis unseres Herrn und Heilands Jesus Christus entflohen sind dem Unrat der Welt, werden aber wiederum in diesen verstrickt und von ihm überwunden, dann ist's mit ihnen am Ende ärger geworden als vorher» (2. Petr. 2,20.21 und Matth. 12,45).

Abraham blieb in der Wüste (= geistlich). Lot ließ sich von seinen Augen leiten und ging nach Sodom, aber Gott rettete ihn heraus (= fleischlich). Lots Frau jedoch schaute sich um, blieb an sich und die Welt mit ihrer Lust gebunden, fiel unter das Gericht (wurde zur Salzsäule) und nahm Schaden an ihrer ewigen Seele (Matth. 16,26).

Jesus sagt: «Wer zu mir kommt, den werde ich nicht hinausstoßen» (Joh. 6,37). Wir können immer wieder zu ihm kommen. Er wartet (auch dann noch, wenn wir nicht mehr kommen). Er ist treu; und Nachfolge ist keine Leistung, kein Muß, sondern absolute Freiwilligkeit:

«Herr, wohin sollen wir gehen, du hast Worte des ewigen Lebens» (Joh. 6,68).

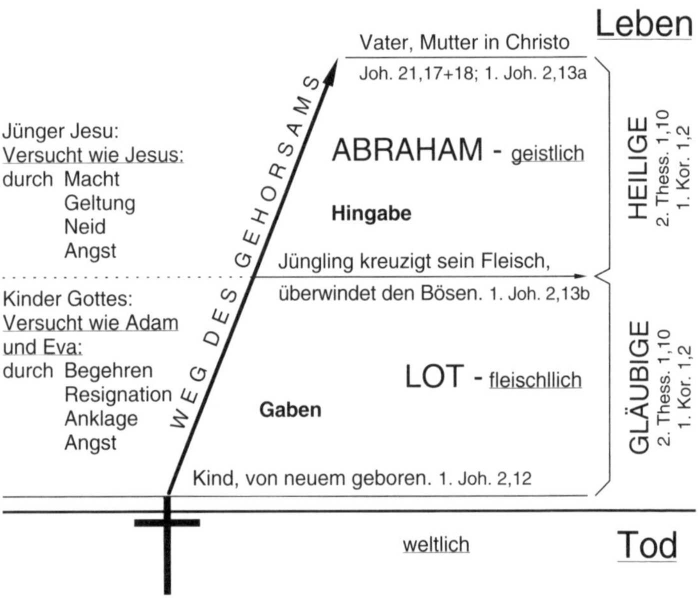
Leben
Vater, Mutter in Christo
Joh. 21,17+18; 1. Joh. 2,13a
Jünger Jesu:
Versucht wie Jesus:
durch Macht
Geltung
Neid
Angst
WEG DES GEHORSAMS
ABRAHAM - geistlich
Hingabe
HEILIGE
2. Thess. 1,10
1. Kor. 1,2
Jüngling kreuzigt sein Fleisch,
überwindet den Bösen. 1. Joh. 2,13b
Kinder Gottes:
Versucht wie Adam
und Eva:
durch Begehren
Resignation
Anklage
Angst
LOT - fleischllich
Gaben
GLÄUBIGE
2. Thess. 1,10
1. Kor. 1,2
Kind, von neuem geboren. 1. Joh. 2,12
weltlich
Tod

Abb. 16

Kapitel 16

Die Meisterprüfung

«Ihr solltet längst Meister sein» (Hebr. 5,12, Lutherübers. 1970). Der Meister ist reif in seiner Erkenntnis und in seinem Tun. Er braucht keine Milch mehr wie ein Säugling im Glauben, sondern feste Speise, die ihm Kraft gibt, den guten Kampf vorbildlich zu kämpfen. Paulus sagt: «Seid meine Nachahmer» (1. Kor. 4,16, Elberf.Ü.). Er war ein Vater in Christus. Die Väter haben Sanftmut, Geduld und Demut gelernt. Das sind die zentralen Eigenschaften geistlich-göttlicher Liebe. «Ich schreibe euch Vätern; denn ihr kennt den, der von Anfang an ist» (1. Joh. 2,13). Johannes macht hier ganz deutlich, daß ein Herangereiftsein zum vollen Mannesalter, d. h. zur vollen Reife, daran zu erkennen ist, daß man Gott als den Einen kennt, der von Anfang ist. Kennen ist kein theoretisch-intellektuelles Geschehen, sondern ist nach der Aussage der Schrift dasselbe wie Lieben, wie Einswerden. Adam «erkannte» sein Weib Eva (1. Mose 4,1). Das Erkennen des Vaters ist ein Teilhaftigsein an seinem Wesen (2. Petr. 1,4).

Es wird hier ganz deutlich gesagt, daß das Wesen der Väter und der Mütter in Christus etwas von der Weite und Größe der Herrlichkeit Gottes widerspiegelt. Die Väter und Mütter in Christus haben eine weitreichende geistliche Perspektive für ihr Leben und Sterben und auch für das Leben und Sterben derer, die ihnen anvertraut sind. Mit dieser Weite und Barmherzigkeit sind sie wirklich ein Ort der Geborgenheit in der Verkürztheit unseres Denkens, des Denkens der Menschen, die nur sehen, was vor Augen ist, und die von ihren Ängsten getrieben werden. Die Väter und Mütter in Christus sind «Sehende», sie haben erkennen dürfen. Und damit leben sie in einer Hoffnung, die nicht zuschanden werden läßt. Sie haben durchgeschaut in das vollkommene Gesetz der Freiheit und beharren darin und sind nicht vergeßliche Hörer der göttlichen Botschaft, sondern sie tun, was sie hören, und sind selig in ihrem Tun. Sie handeln und reden wie Menschen, die einmal durch dieses Gesetz der Freiheit gerichtet werden. Sie leben in der Tat und in der Wahrheit in dem neuen Bund Gottes: auf der Ebene des Himmelreichs (Jak. 1,25; 2,12).

Wer ist der Eine, der von Anfang war? Den alten Israeliten war es verboten, den Namen des Herrn überhaupt auszusprechen. Wenn wir den Einen kennen, dann kennen wir ihn nur, weil er sich uns selbst offenbart. Der eine lebendige Gott wird in der Bibel durch verschiedene Namen geoffenbart. Gott im allgemeinen Sinn als Schöpfergott wird im Alten Testament als Elohim bezeichnet. Um eine Verwechslung mit anderen Göttern und Götzen zu verhindern, definiert sich Gott selbst durch seine Offenbarung. Er ist auch heute der Lebendige, der sich den Menschen offenbart. In wunderbarer Weise offenbarte er sich Mose und sagte ihm, wer er sei: «Ich werde sein, der ich sein werde ... So sollst du den Israeliten sagen: ‹Ich werde sein›, der hat mich zu euch gesandt.»

Dann wird Gott noch konkreter und spricht weiter: «Der Herr (hier steht im Hebräischen der Eigenname Gottes: Jahwe. Durch ihn wird der Gott Israels unterscheidbar von allen anderen Göttern), der Gott eurer Väter, der Gott Abrahams, der Gott Isaaks, der Gott Jakobs, hat mich zu euch gesandt. Das ist mein Name auf ewig, mit dem man mich anrufen soll von Geschlecht zu Geschlecht» (2. Mose 3,13-15).

Und dieser Gott hat sich zuletzt offenbart in seinem Sohn Jesus Christus: «Das Wort ward Fleisch und wohnte unter uns, und wir sahen seine Herrlichkeit, eine Herrlichkeit als des eingeborenen Sohnes vom Vater, voller Gnade und Wahrheit» (Joh. 1,14).

Den Einen, den Vater, kennen heißt: seine Offenbarungen persönlich empfangen. Als Paulus in Lystra einen Lahmen geheilt hatte, waren die Zuschauer so aufgeregt, daß sie sagten: «Die Götter sind den Menschen gleich geworden und zu uns herabgekommen.» Als Barnabas und Paulus das hörten, zerrissen sie ihre Kleider und sprachen: «Ihr Männer, was macht ihr da? Wir sind auch sterbliche Menschen wie ihr und predigen euch das Evangelium, daß ihr euch bekehren sollt von diesen falschen Göttern zu dem lebendigen Gott, der Himmel und Erde und das Meer und alles, was darin ist, gemacht hat. Zwar hat er in den vergangenen Zeiten alle Heiden ihre eigenen Wege gehen lassen; und doch hat er sich selbst nicht unbezeugt gelassen, hat viel Gutes getan und euch vom Himmel Regen und fruchtbare Zeiten gegeben, hat euch ermahnt und eure Herzen mit Freude erfüllt» (Apg. 14,11-17).

Wahrlich, er ist der lebendige Gott, der sich nicht unbezeugt gelassen hat, sondern der immer wieder zu den Menschen geredet hat. Und die, die sehen konnten, sahen, und die, die hören konnten, hörten. Er redet und offenbart sich in seiner Schöpfung: «Denn Gottes unsichtbares Wesen, das ist seine ewige Kraft und Gottheit, wird seit der Schöpfung der Welt ersehen aus seinen Werken, wenn man sie wahrnimmt, so daß sie keine Entschuldigung haben» (Röm. 1,20).

Die in Christus lebenden Mütter und Väter haben durch Teilhabe an der göttlichen Natur diese Weite und Herrlichkeit in irdenen Gefäßen. Von ihnen geht etwas aus an göttlicher Kraft, Weisheit und Herrlichkeit. Gott ist in ihnen gegenwärtig als der lebendigmachende, ewige Schöpfer, der da sagt, es werde Licht, und es wird Licht. So war es am Anfang, und so ist es heute noch.

Die Väter und Mütter kennen Gott als den, der von Anfang an war und der sich immer wieder offenbart in seiner unendlichen Liebe und Barmherzigkeit. Sein schöpferisches Wort ist ein Wort der Rettung.

Die Väter und Mütter in Christus leben in der Welt, ohne von der Welt zu sein. Sie können zeugnishaft sagen: «Ich lebe, doch nun nicht ich, sondern Christus lebt in mir. Denn was ich jetzt lebe im Fleisch, das lebe ich im Glauben an den Sohn Gottes, der mich geliebt hat und sich selbst für mich dahingegeben» (Gal. 2,20).

Väter und Mütter in Christus sind den ganzen Weg mit Jesus gegangen, bis in die Gemeinschaft seiner Leiden und in die Kraft der Auferstehung (Phil. 3,9.10). Durch das Sterben Jesu am Kreuz ist der Vorhang im Tempel zerrissen, der Zugang ist frei zum Thron der Gnade.

Aber der Weg dahin vollzieht sich als ein Weg in unserem Innern. Wir sind von Gott würdig gemacht, diesen Weg zu gehen, aber ohne die konkrete Einwilligung und Heiligung bleiben wir trotz unserer Berufung auf dem Wege stehen. Die Gerechtigkeit, die Gott seinen Kindern zuspricht, die Erlösung von der Macht der Sünde, die der Herr ihnen gewährt, ist nur das Fundament, der Startschuß für den inneren Lauf hin in das Heiligtum Gottes. Denn ohne konkrete Heiligung wird niemand Gott sehen (Hebr. 12,14). Wir können zu dieser Heiligung nichts beitragen, als Jesus gewähren lassen: «Christus in euch, die Hoffnung der Herrlichkeit» (Kol. 1,27). Auf unserer Seite bleibt nur das Sich-Fürchten und Zittern vor jeglicher Gottlosigkeit und Sünde (Phil. 2,12). Jesus in uns gibt das Wollen und schafft das Vollbringen. Aber an uns ist es, ihm Raum zu geben. Und das heißt, sich selbst zu verleugnen.

Viele bewährte Nachfolger berichten von diesem Zeitpunkt oder Schritt in ihrem Leben, wo die Innewohnung Jesu, das Sein in Christus nicht mehr nur fromme Glaubensaussage war, sondern ein von allen anderen Vorerfahrungen unterscheidbares inneres Ereignis.

Väter und Mütter in Christus haben nicht nur die Vergebung ihrer Sünden und damit ewiges Leben, sondern sie haben sich selbst aus ihrer Mitte herausgenommen. Sie lieben den Herrn von ganzem Herzen, mit ihrer ganzen Seele, mit ihrem ganzen Gemüt: «Wer mich liebt, der wird mein Wort halten; und mein Vater wird ihn lieben, und wir werden zu ihm kommen und Wohnung bei ihm nehmen» (Joh. 14,23). Ein wenig später sagt Jesus: «Wenn ihr in mir bleibt und meine Worte in euch bleiben, werdet ihr bitten, was ihr wollt, und es wird euch widerfahren. Darin wird mein Vater verherrlicht, daß ihr viel Frucht bringt und werdet meine Jünger» (Joh. 15,7.8). Das sind Väter und Mütter in Christus. Und genau darum bittet der Apostel Paulus: «Deshalb beuge ich meine Knie vor dem Vater, der der rechte Vater ist über alles, was da Kinder heißt im Himmel und auf Erden, daß er euch Kraft gebe nach dem Reichtum seiner Herrlichkeit, stark zu werden durch seinen Geist an dem inwendigen Menschen, daß Christus durch den Glauben in euren Herzen wohne und ihr in der Liebe eingewurzelt und gegründet seid. So könnt ihr mit allen Heiligen begreifen, welches die Breite und die Länge und die Höhe und die Tiefe ist, auch die Liebe Christi erkennen, die alle Erkenntnis übertrifft, damit ihr erfüllt werdet mit der ganzen Gottesfülle» (Eph. 3,14-19).

Mütter und Väter in Christus sind solche, die die Liebe Christi leben. Sie sind nicht mehr selbst der Herr ihres Lebens, sondern haben Jesus alles übergeben; sie sind vor Gott ein Ganzopfer. Sie haben ihre eigene Ehre bis in die Wurzel in den Tod gegeben. Sie verteidigen sich nicht, rechtfertigen sich nicht, rühmen sich nicht. Sie haben ihre Ängste, zu kurz zu kommen, in den Tod gegeben. Und deshalb hat der Tod keine Macht mehr über sie.

So war es auch bei Jesus selbst. Bevor er ans Kreuz ging, sagte er: «Ich gehe ... zum Vater ..., denn der Vater ist größer als ich ..., denn es kommt der Fürst dieser Welt. Er hat keine Macht über mich» (Joh. 14,30). Deshalb kann es heißen: «Wer in ihm (Christus) bleibt, der sündigt nicht» (1. Joh. 3,6). Es ist wahr, der neue Mensch kann nicht sündigen, denn er ist aus Gott geboren (1. Joh. 3,9). Das Gesetz des Geistes hat ihn frei gemacht vom Gesetz der Sünde. Das bedeutet nicht, daß Väter und Mütter in Christus nicht mehr sündigen können, aber es besagt, daß sie nicht auf der Ebene des Fleisches leben, sondern auf der Ebene des Geistes, wo sie allenfalls von einer Sünde überrascht werden können. Die Tatsünde ist dann ein Einbruch der Finsternis in einem Augenblick, wo die Wachsamkeit und Abwehr schwach ist. Aber dahinter steht nicht mehr eine fleischliche Nachfolge (1. Kor. 3,1ff.) wie bei den Kindern, nicht mehr das selbstverständliche Rechnen mit Sünde. Sie leben auf der Ebene des Reiches Gottes. Ihr Alltag wird bestimmt vom neuen Menschen, und sie leben den neuen Menschen mitten im alten. Sie haben lichte Augen, gesalbte Augen (Offb. 3,18). Die Sündlosigkeit Jesu bestand darin, daß er sich kein einziges Mal von seinen Augen leiten und von Menschen (auch nicht von seiner Mutter) bestimmen ließ, aber auch nicht von seinen eigenen Bedürfnissen, sondern allein von seinem Vater im Himmel. Das ist auch die Perspektive der Väter und Mütter in Christus. Das ist ihre Freiheit. Das ist das Gesetz der Freiheit, wonach wir gerichtet werden (Jak. 2,12).

Diese priesterlichen Menschen, in denen Jesus Christus Gestalt gewonnen hat, leben in einer inneren Freiheit und Liebe. Sie treten in den Riß. Sie können die Brücke sein in das Land der Verheißung. So war es bei Abraham, so war es bei Mose, so war es bei Paulus. Und so hat Christus es gelebt, und so zeigt er es uns bis heute. In den priesterlichen Menschen ist und bleibt die Liebe Gottes wirksam auch in den verzweifelten Situationen ihres Lebens oder ihrer Mitgeschwister. Wie oft können wir den Mangel an Vollmacht erkennen, wenn es darum geht, verzweifelten Menschen Hilfe zu leisten! Und wer kennt nicht jene Menschen, die von einem Seelsorger zum anderen geschickt werden, weil es so wenig Väter und Mütter in Christus gibt, die begriffen haben, was es heißt, daß solche bösen Mächte nur weichen durch Beten und Fasten?! Beten und Fasten ist dabei nicht ein äußerliches Ritual, sondern Ausdruck eines inneren Prozesses, in dem und durch den der Mensch in seinem Leben zeigt, daß er von Gottes Wort allein lebt und nicht von seinen Bedürfnissen bestimmt ist (siehe Matth. 4: Jesu Versuchung). Und der Apostel Paulus beklagt: «... wenn ihr auch zehntausend Erzieher hättet in Christus, so habt ihr doch nicht viele Väter» (1. Kor. 4,15). Ihr Evangelium besteht nicht nur in Worten, sondern in der Kraft und Macht der Liebe, das eigene Leben für die Brüder zu lassen.

Den Mangel an Vollmacht ersetzen viele Menschen durch Aktivitäten, die priesterliche Autorität durch psychologische Seelsorge. Sie suchen nach den Ursachen in der Vergangenheit. Und dabei schauen sie zurück und sind «nicht geschickt zum Reich Gottes» (Luk. 9,62). Wohl ist es gut, um die Vergangenheit zu wissen. Aber das Wissen um die Vergangenheit ist nicht die Heilung, sondern allenfalls der Anlaß zur Buße.

Priesterliche Menschen handeln in der Autorität und Kraft des Heiligen Geistes. Ich spreche deshalb auch nicht gern von Seelsorge, ganz abgesehen davon, daß wir uns keine Sorgen machen sollen, auch nicht um die Seele. Ich spreche lieber vom priesterlichen Dienst, zu denen die Väter und Mütter in Christus berufen sind. Sie haben keine bestimmten Konzepte, mit denen sie arbeiten, sondern sie gehen schlicht hinter der Bundeslade her und rufen das Volk auf, sich zu heiligen und der Bundeslade zu folgen. Sie führen die Menschen in der Nachfolge Jesu durch deren Ängste und Nöte hindurch, hinein in die Kraft der Auferstehung.

Väter und Mütter in Christus sind Nachfolger, die die Not der Kinder in Beziehung bringen zur Kraft Gottes. Für sie ist das Gebet kein Instrument des Habenwollens, sondern ein Ausdruck des Vertrauens und der Liebe zu Gott und ein innerer Ort der Verwandlung. Gebet ist ein mit Gott gelebtes Leben und nicht etwas, was wir «tun» und was uns hilft. Dieser Ansatz der Machbarkeit ist der Ansatz der alten Denkstruktur von Ursache und Wirkung: Auf Beten folgt Erhörung. Das «Hilf-dir-selbst» wird dann lediglich ausgedehnt auf die geistliche Dimension. Das ist aber kein geistliches Gesinntsein; das ist ein falsches Beten (Jak. 4,3). Kinder dürfen noch so egozentrisch beten und bitten – und der Vater erhört sie sogar. Aber die priesterlichen Menschen, die Väter und Mütter in Christus, beten anders.

Und hier liegt dann auch der geistliche Kampf der Väter und Mütter in Christus: Sie heben ihre Hände empor, damit die Kinder, die kämpfen, auch siegen. Der Kampf gegen Amalek, so sagt uns das Wort, währt von Geschlecht zu Geschlecht. Die Kinder können nicht allein kämpfen; sie bedürfen der Unterstützung der Väter und Mütter. Auch als Josua gegen Amalek kämpfte, siegte er, solange Mose auf dem Berg die Arme emporhielt und betete. Ließ er die Arme sinken, siegte Amalek.

Die Väter und Mütter in Christus haben zutiefst in ihrem

Herzen begriffen, daß die Hingabe des eigenen Lebens die Liebe ist, die Gott sucht. Als Jesus gefragt wird, welches das höchste Gebot sei und welcher Art die Liebe sei, von der er spricht, weist er auf das neue Gebot hin, das er gegeben hat: einander zu lieben, wie er uns geliebt hat.

Unmittelbar im Anschluß daran spricht er davon, daß diese Liebe nicht menschlicher Anstrengung entspringt, sondern Frucht des Heiligen Geistes ist; Frucht, die in uns wächst wie die Rebe am Weinstock: «Nicht ihr habt mich erwählt, sondern ich habe euch erwählt und bestimmt, daß ihr hingeht und Frucht bringt und eure Frucht bleibt, damit, wenn ihr den Vater bittet in meinem Namen, er's euch gebe» (Joh. 15,16).

An dieser Stelle muß deutlich gemacht werden, daß zu der Frucht des Heiligen Geistes auch der Glaube gehört: «Die Frucht aber des Geistes ist Liebe, Freude, Friede, Geduld, Freundlichkeit, Gütigkeit, Glaube, Sanftmut und Keuschheit» (Gal. 5,22, Lutherübers. 1972). Die Väter und Mütter in Christus haben durch diese Liebe Vollmacht im Glauben. Liebe und Glaube (= Beziehung des Vertrauens zu dem lebendigen Gott) sind zwei Seiten ein und derselben Medaille. Es gibt einen Glauben als Frucht, und es gibt einen Glauben als Gabe: «Und wenn ich prophetisch reden könnte und wüßte alle Geheimnisse ... und hätte allen Glauben, so daß ich Berge versetzen könnte, und hätte die Liebe nicht, so wäre ich nichts» (1. Kor. 13,2). Wenn zwei dasselbe tun, ist es nicht dasselbe. Wenn ein Mensch einen Kranken heilt, weil er von Gott den Auftrag und die Gabe erhalten hat, dann geschieht es, weil Gott das in dieser Situation getan haben will und weil er sich ein Werkzeug für diese Situation auserwählt hat. Gnadengaben sind Geschenke und haben nichts zu tun mit dem Grad unserer Heiligung.

Ganz anders ist es aber bei der Frucht. Der Glaube als Frucht sieht die Situation mit den Augen der Barmherzigkeit und der Wahrheit und handelt in der Kraft des Heiligen Geistes nach dem Plan Gottes. Der Glaube, daß ein Kranker gesund wird, ist kein Fürwahrhalten (daß es geschehen kann), sondern es ist die innere Gewißheit, die aus der göttlichen Liebe kommt, die geheiligte Menschen in der Übereinstimmung mit Gottes Plan leben läßt. Es hat nicht jeder die Gabe der Krankenheilung. Aber jeder soll Frucht tragen auf dem Weg der Nachfolge, so daß er unter Umständen auch mal einem Kranken die Hände auflegen kann und dieser von der Liebe Gottes, die vom Betenden auf den Kranken überfließt, angerührt wird und dadurch gesund wird oder sich zumindest wohler fühlt. Wenn nach dem Zeugnis des Neuen Testaments die Kranken gesund wurden, wenn der Schatten von Petrus auf sie fiel, dann wissen wir ja sehr genau, daß es nicht der Schatten war, sondern die Ströme lebendigen Wassers, die von Petri Leib flossen. Es war die Liebe und Barmherzigkeit Gottes, die Kraft des Heiligen Geistes, die von ihm ausging und Heilung bewirkte. Es war nicht die Gnadengabe des Glaubens, es war die Frucht des Glaubens. Gott will, daß allen Menschen geholfen werde. Krankheit ist zutiefst die Folge der Trennung von Gott. Aber daraus zu folgern, Gott wolle in dieser Zeit schon, daß alle gesund werden, widerspricht Hebr. 2,8: «Jetzt aber sehen wir noch nicht, daß ihm alles untertan ist.» So bleibt es beim begleitenden Zeichen (Mark. 16,8). Erst wenn Jesus wiederkommt und Israel sich bekehrt, bricht jene Heilszeit an, wo «als Knabe gilt, wer hundert Jahre alt stirbt, und wer die hundert Jahre nicht erreicht, gilt als verflucht». «Man wird nirgends Sünde tun noch freveln auf meinem ganzen heiligen Berg» (Jes. 65,20; 11,9). In den Vollkommenen lebt und wirkt heute schon exemplarisch das Zukünftige.

Väter und Mütter in Christus sind geheiligte Menschen, deren Frucht sichtbar wird in dem und an dem, was sie bewirken. Der Knecht bekommt seine Gaben und seine Aufgaben und muß gehorsam das tun, was er zu tun seinem Herrn schuldig ist. Der Freund Gottes (siehe Abraham) ist aber hineingenommen in das Geheimnis und den Plan Gottes und tut allezeit – wie Jesus selbst –, was er den Vater tun sieht. Das ist das geheiligte Leben eines priesterlichen Menschen. Wir wissen sehr genau, wie wenig Menschen im Verlauf ihres Lebens hier (in dieser

Zeit der Vergänglichkeit) so in die geistliche Reife geführt werden. Oft stehen wir mit gutgemeinter menschlicher Liebe dem Wirken der göttlichen Liebe im Weg (Matth. 16,23; Joh. 2,4).

Die Liebe Gottes ist eben nicht vergleichbar mit der menschlichen Liebe. Deshalb sind wir in Christus berufen zu guten Werken; nicht ohne ihn und nicht außerhalb von ihm (Eph. 2,10). Nur unter dieser Bedingung werden die Menschen unsere guten Werke sehen und den Vater im Himmel preisen. Das ist das Licht, das leuchten soll vor den Menschen (Matth. 5,16). Wie schnell ist gesagt: «Ich liebe dich» – und wie schwer erfassen wir in unserem Inneren, was wirklich Liebe von Gott ist. «Die Liebe ist langmütig und freundlich, die Liebe eifert nicht, die Liebe treibt nicht Mutwillen, sie bläht sich nicht auf, sie verhält sich nicht ungehörig, sie sucht nicht das Ihre, sie läßt sich nicht erbittern, sie rechnet das Böse nicht zu, sie freut sich nicht über die Ungerechtigkeit, sie freut sich aber an der Wahrheit; sie trägt alles, sie glaubt alles, sie hofft alles, sie duldet alles. Die Liebe hört niemals auf» (hier nicht und in Ewigkeit nicht, 1. Kor. 13, 1-8). Diese Liebe (Agape) ist nicht menschlicher Art.

In dieser Liebe soll «ein jeder von euch seine eigene Frau zu gewinnen suchen in Heiligkeit und Ehrerbietung, nicht in gieriger Lust wie die Heiden, die von Gott nichts wissen» (1. Thess. 4,4.5). Und im unmittelbaren Zusammenhang mit dieser Aussage über die geistliche Liebe in der Ehe spricht die Schrift vom Willen Gottes als unserer Heiligung (1. Thess. 4,3). Und nur in diesem Kontext und in der Definition dieser Liebe hat die Aussage: «Wer in der Liebe bleibt, der bleibt in Gott» (1. Joh. 4,16) ihre Gültigkeit. Gerade diese Stelle aus dem Neuen Testament wird oft mißbraucht unter dem Schlagwort: «Liebe und tue, was dir gefällt.» Angesichts der Begrenztheit der menschlichen Liebe ist es notwendig, daß die Väter und Mütter in Christus diese wahre Liebe leben und aussagen.

Wenn Jesus vom Reich des Himmels predigt und zur Buße aufruft, dann spricht er vom Reich der Liebe Gottes; einem Reich, in dem es in den Beziehungen der Kinder Gottes zueinander nur die Qualitäten von Glaube, Hoffnung und göttlicher Liebe geben wird. Dieses Reich beginnt zeichenhaft schon hier in der Vergänglichkeit und wird offenbare Wirklichkeit nach unserem Sterben in der Vollendung.

Diese priesterliche Liebe sucht nicht die eigene Ehre, sie ist niemals anthropozentrisch, sondern immer christozentrisch. Aus dieser Liebe heraus hat Jesus Christus sich nie gerechtfertigt, nie verteidigt, und er hat sich nie so dargestellt, daß die Menschen ihn sahen statt seinen himmlischen Vater. Er konnte sagen: «Wer mich sieht, der sieht den Vater.» Wer ihn sieht, der sieht gleichsam durch ihn hindurch mit den Augen des Geistes Gottes die Liebe Gottes in der Person seines Sohnes. Und priesterliche Menschen sollen dem Wesen Jesu gleichgestaltet werden. Sie sollen Gottes Natur widerspiegeln.

Dies kann niemals eine knechtische Liebe sein. Sie läßt sich auch nicht erpressen und nicht zwingen. Diese göttliche Liebe ist souverän, und sie stellt den Menschen allein vor Gott, sei es im Gericht oder in der Gnade. Unmündige Christen geraten sehr schnell in Streitigkeiten über Erkenntnisse oder andere Dinge; sie verteidigen sich, sie greifen an, sie schlagen zurück, sie suchen nach den besseren Argumenten. All das ist nicht die Liebe Gottes, denn sie bedarf keiner Rechtfertigung und Verteidigung. Väter und Mütter in Christus sind solche Nachfolger, die sich reinigen lassen von all ihren menschlichen Bezogenheiten. Sie müssen sich radikal trennen von der Lust dieser Welt, und sie können es tun, weil sie vom Herrn etwas Besseres empfangen haben. Wer trinkt noch Brackwasser, wenn er die lebendige Quelle frischen Wassers gefunden hat? Das Bessere ist des Guten Feind. Und so hat Gott immer wieder dafür gesorgt, daß er die Menschen, die er auserwählt hatte zu Vätern und Müttern, mehr und mehr gereinigt hat von aller Fleischlichkeit. So waren und sind die Männer und Frauen Gottes Menschen, die ganz diesem Jesus nachfolgen, der sich selbst für uns dahingegeben hat. Das ist priesterlicher Dienst, und das ist die Liebe derer, die «zum vollen Maß der Fülle Christi» gelangt sind (Eph. 4,13).

Zusammenfassung

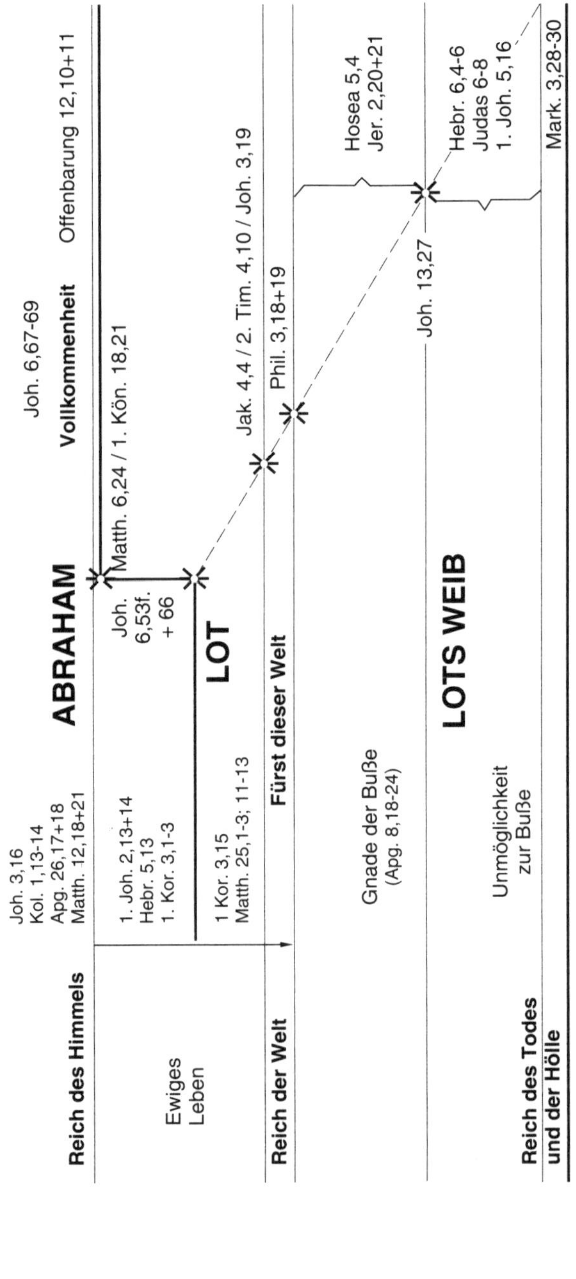

Abraham sah auf Gott (geistlich gesinnt): Röm. 8,6
Lot sah auf seine Bedürfnisse (fleischlich): 1. Kor. 3,1-3
Lots Frau sah sich um (fleischlich gesinnt): Röm. 8,6

Abb. 17

Offenbarung 22,17 und 20.

Literaturverzeichnis

Alt, F.: Frieden ist möglich, München 1983
Appasamy, A.J.: Der Sadhu, Stuttgart 1927
Avila, Teresa von: Die innere Burg, Zürich 1979
Bahr, M.: Der Nahostkonflikt, Bad Liebenzell 1991
Blechschmidt, E.: Die Erhaltung der Individualität, Neuhausen 1982
Bouillon, H.: Ordnung, Evolution und Erkenntnis, Tübingen 1981
Brown, R.: Er kam, um die Gefangenen zu befreien, Verlag Christliche Literatur, Ingolstadt 1988
Carretto, C.: Und doch ist alles gut, Freiburg 1988
Ditfurth, H. v.: Aspekte der Angst, Stuttgart 1965
Eccles, J.C.: Das Rätsel Mensch, Basel 1982
Elten, J.: Ganz entspannt im Hier und Jetzt, Hamburg 1979
Erikson, E.: Identität und Lebenszyklus, Frankfurt 1966
Fehrenbach, G.: Drewermann verstehen, Olten 1991
Jordan, P.: Schöpfung und Geheimnis, Hamburg 1970
Koch, K.: Seelsorge und Okkultismus, Wüstenroth 1953
Kohlberg, L.: Sozialisation und Moral, Weinheim 1978
Kohlberg, L.: Moralische Entwicklung und Moralerziehung, in: Portele, G., Basel 1978
Langhammer, J.: Evangeliumsmission, Nr. 62, 1988 (darin der Bericht von Pastor Johannes Busch)
Lea, L.: Könnt ihr nicht eine Stunde mit mir wachen? Remenscheid 1989
Lorenz, K.: Das sogenannte Böse, Wien 1963
Lorenz, K.: Gespräch über die Angst, in: Ditfurth, H. v.
Pascal, B.: Von der Kunst zu überzeugen, Basel 1974
Plack, A.: Die Gesellschaft und das Böse, München 1967

Popp, F.A.: Biosignale zur Steuerung des Zellstoffwechsels in: Münchener Medizinische Wochenschrift, Bd. 116, Nr. 8 1974, S. 381 ff.

Riedl, R. / Parey, P.: Biologie der Erkenntnis, Berlin 1979

Richter, H.E.: Der Gotteskomplex, Hamburg 1979

Seiß, R.: Humane Pädagogik, Bad Heilbrunn 1986

Seiß, R.: Identität und Beziehung, Stuttgart 1988

Seiß, R.: Verwahrlosung und Delinquenz von Schülern als Zeichen des Unglaubens, in: Bäuerle, S.: Kriminalität bei Schülern, Bd. I, Stuttgart 1989

Watson, L.: Das Geheimnis des Lebens, Frankfurt 1980

Weinreb, F.: Der Sinn der Bibel nach der ältesten jüdischen Überlieferung – der göttliche Bauplan der Welt, Zürich 1973

Vom selben Autor:

Freiheit und Identität des Christen

Vom Bild zum Sein
120 Seiten, ABCteam Paperback Nr. 445

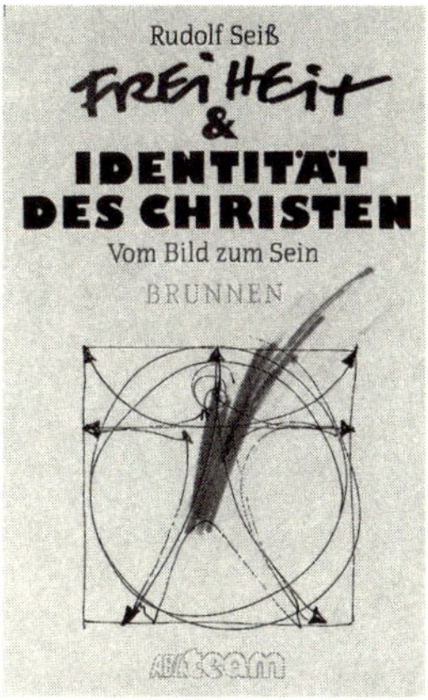

Die religiöse Sehnsucht des Menschen ist im tiefsten Grunde die Sehnsucht nach einem erfüllten Menschsein: «Wer bin ich und wozu lebe ich? Wo finde ich meine Identität?»

Professor Seiß analysiert kritisch die Fluchtwege, die der moderne Mensch einschlägt, um dem Dilemma seines Identitätsproblems zu entgehen: Intellektualisierung, Wissenschaftsgläubigkeit oder, neuerdings, die Suche nach religiösen Grenzerfahrungen bis hin zu Kontakten mit dem Bereich des Okkulten. Allerdings bewältigt keiner dieser Versuche das Problem der Endlichkeit, ohne das die Identitätsfrage nicht wirklich zu beantworten ist – denn wer dem Tod gegenüber keine Antwort findet, hat auch im Leben keine wirkliche Freiheit.